LE JOUR OÙ LACAN M'A ADOPTÉ

Paru dans Le Livre de Poche :

LES FOLIES MILLÉNARISTES

LACAN ET LE JUDAÏSME *précédé de*
LES SOURCES TALMUDIQUES DE LA PSYCHANALYSE

Collection dirigée par Jean-Paul Enthoven

GÉRARD HADDAD

Le jour
où Lacan m'a adopté

Mon analyse avec Lacan

GRASSET

© Éditions Grasset & Fasquelle, 2002.

ISBN : 978-2-253-09934-5 – 1re publication LGF

A la mémoire de mon père

Mes observations de malades se lisent comme des romans.

S. FREUD

Je ne laisserai point de disciples. Je ne suis pas un maître. Je ne suis qu'un témoin. Le témoin reste solitaire.

Aimé PALLIÈRE

Mémoires d'un transfert

Aurais-je écrit ces pages sans l'insistance de l'ami Richard Figuier, maître en maïeutique ?

« Vous portez en vous un ouvrage important, me répétait-il presque à chacune de nos rencontres, celui qui étudierait la place du judaïsme dans la pensée et l'œuvre de Jacques Lacan. »

Longtemps, je résistai, j'avais d'autres projets et celui-ci m'agaçait pour des raisons qu'il aurait fallu analyser. Vieux souvenirs, vieilles douleurs mal guéries du temps où je lançai, à contre-saison et en fausse note dans le concert des idées psychanalytiques admises, ce pavé dans la mare : il y a du texte juif dans les coulisses de la psychanalyse. Pas du texte kabbalistique, ésotérique, fascinant de mystère, mais du trivial texte talmudique, maïmonidien, ancêtre du discours des Lumières. Ce que Lacan avait perçu avant moi et m'avait transmis. Cette thèse, je l'affirmai et la développai dans deux ouvrages, écrits pour l'essentiel du vivant de Lacan et sous son regard [1].

---

1. *L'Enfant illégitime*, Hachette Littératures, 1981 ; et *Manger le Livre*, Grasset, 1984, Hachette Pluriel, 1998.

Au demeurant, dans un siècle où la question juive tient la place que l'on sait en Europe, dans sa culture et dans ses tragédies, quand des auteurs d'importance (de Sartre à Hannah Arendt) y ont consacré des réflexions qui ont fait date, pourquoi la psychanalyse, et Lacan plus particulièrement, qui cite à l'occasion l'ouvrage de Sartre pour le critiquer, serait-elle en dehors de ce mouvement historique des idées ? Quel univers habiterait-elle alors ?

Au-delà des vaines querelles d'un temps défunt, d'autres raisons m'ont un temps arrêté, avant que je ne me lance dans cette pesante étude. L'œuvre de Lacan, bien que traversant aujourd'hui son purgatoire, donna lieu tout de même, au fil des années, à un nombre impressionnant de commentaires, de lectures averties, de thèses universitaires tout à fait documentées. Aucune de ces analyses autorisées ne fait état, à ma connaissance, d'un quelconque intérêt de Lacan pour le judaïsme, encore moins d'une véritable pertinence de la question, ce que je persiste à soutenir.

Alors, au nom de quoi viendrais-je commettre « cette insupportable faute de goût » ? Qu'est-ce qui m'autorise à cette singulière lecture ? D'une seule justification, bien peu universitaire : de ma propre analyse, de mon lien personnel à Lacan, quotidien, poursuivi pendant douze ans.

Il me parut très vite nécessaire, en préambule à l'étude académique des textes, de la totalité des vingt-quatre séminaires, de l'épais volume des *Ecrits* et de quelques autres publications, indispensable évidemment et déjà sur le métier, d'entreprendre le récit de cette analyse. Mon analyse avec Lacan, qui m'apparaît toujours, malgré le temps qui passe, comme l'événement inouï de ma vie. Je ferai donc le récit de ma métamorphose d'ingénieur agronome, dont le sens et la trajectoire de l'existence semblaient fermement tracés, en psychanalyste. Au départ, je suis un technicien reconnu de la culture du riz comme arme contre la faim dans le monde, solidement adossé idéologiquement au marxisme-léninisme, version tropicale de surcroît, totalement détaché de tout intérêt et sous quelque forme que ce soit pour la chose juive, particularisme désuet au regard de l'universalisme prolétarien. Et voici que je suis conduit, dans le bouillonnement du chaudron freudien, non seulement à entreprendre dans sa totalité le cursus des études médicales, spécialité comprise, ce qui n'exige en définitive qu'une solide persévérance, mais surtout à un bouleversement idéologique total dont les manifestations externes seront l'étude de l'hébreu, des passages en école talmudique, quelques bonnes années de séjour en Israël et le retour au lieu de ma naissance subjective, le judaïsme. Métamorphose qui n'a pas concerné que moi mais dont l'onde a bouleversé tout autant la famille que j'avais fondée. On devine les épreuves collectives qu'il fallut traverser, vérifiant l'apport de la psychanalyse selon lequel la famille constitue l'infrastructure, le plus souvent inconfortable, de notre vie psychique et, à l'occasion, de nos productions théoriques.

Ce préambule à l'étude du judaïsme dans l'œuvre de Lacan, le récit de mon analyse donc, il me sembla a priori que quelques dizaines de feuillets y suffiraient, ce que l'éditeur accepta. Mais voici que, mis en chantier, ces prolégomènes se mirent à proliférer en centaines de pages et finalement acquirent par rapport au projet initial une pleine autonomie. Entreprise mémorialiste d'une expérience vécue il y a trente ans, avec ses repères temporels et chronologiques déjà brouillés, véritable travail d'historien sur documents d'archives, ici papiers personnels, fiches de paye, quittances de loyer, dates d'inscription en faculté, cherchant avec peine à combler des trous de mémoire déjà nombreux. Je n'ai, il est vrai, jamais pris une seule note au cours de mon analyse, trop impliqué en elle, dans une immersion totale qui ne permettait pas ce recul subjectif où l'on songe à tenir un journal.

Freud nota, à plusieurs reprises, que le récit complet d'une analyse relève de l'impossible. Impossible renforcé quand il s'agit de rapporter ce que l'on désigne improprement comme « analyse didactique », à savoir le parcours singulier par lequel quelqu'un devient un jour lui-même *psychanalyste*.

Le récit d'une analyse, le compte rendu de ses effets constitue, depuis quelques bons succès de librairie et de théâtre, un genre littéraire en soi, fort bien venu parfois. Ne renferme-t-il pas toujours quelque parfum de l'enquête policière, du roman, quelque chose de ce piquant qui capte l'intérêt ?

A ma connaissance, cependant, et jusqu'à ce jour, nul analyste n'a osé raconter dans son détail sa propre analyse. Ce serait se dépouiller de l'aura de mystère et donc de la distance nécessaire à conserver à l'égard de ses patients, à choir de son imaginaire. « Je forme une entreprise qui n'eut jamais d'exemple et dont l'exécution n'aura point d'imitateur », écrivait J.-J. Rousseau à l'ouverture de ses *Confessions*, et je pense, à mon tour, être le premier à tenter cette expérience.

Sans doute y suis-je encouragé par l'exemple du fondateur, Sigmund Freud lui-même, qui n'hésita pas à utiliser ses propres rêves, ses actes manqués, ses symptômes comme matériau privilégié d'analyse. Mais depuis, on a préféré tirer le rideau et le manteau de Noé ne masque plus les faiblesses de notre géniteur mais les nôtres propres. Le côté clérical et collet monté de la confrérie y trouve son compte. En une époque obscène où l'exhibitionnisme paraît sans limites, la confession sincère, pudique, le témoignage, seraient-ils seuls considérés comme déplacés ?

Le temps que nous vivons, crépuscule probable de la psychanalyse, me paraît imposer ce dévoilement. Dès ses premiers pas, la psychanalyse contracta une étroite alliance avec l'ensemble de la culture de son temps et Lacan contribua magnifiquement au renforcement de ce lien. Celui-ci paraît désormais quelque peu distendu, sinon rompu. La psychanalyse ne dialogue plus beaucoup avec les autres disciplines dites improprement « sciences humaines », pas plus avec la littérature ou la philosophie. On ne saisit plus ce qu'elle cherche à dire en son discours qui hésite entre parole ineffable et accessoire paramédical. Ce lien, j'ai cherché en chacun de mes ouvrages, à ma mesure, à le restaurer et je poursuis ici cette ambition. Même vouée à un certain échec, propre à toute œuvre, la tentative que l'on va lire m'est apparue souhaitable et utile. On saura ainsi concrètement qu'il exista une étrange et efficace pratique, pouvant changer radicalement un destin, voire soulager certaines souffrances particulières.

J'ai un jour tenté, fortement encouragé par Lacan, de témoigner devant mes pairs d'alors de l'expérience que je venais de traverser, ce que lui-même nomma *la passe*. Je ne fus pas entendu. Vingt ans plus tard, je fais du lecteur le dépositaire de cette confession.

Mais par-dessus tout, ce récit est un hommage rendu au psychanalyste que fut Jacques Lacan, homme admirable qu'une vilaine biographie traita récemment en chien crevé [1], donner de son art, de son style, un témoignage vécu. Lacan fut certainement un personnage irritant, ses choix techniques paraissent insupportables, scandaleux à certains (je n'en cacherai aucun dans les pages qui suivent). Il reste qu'il fut en France le promoteur d'une expérience intellectuelle unique, authentique, où l'on pouvait difficilement tricher, où l'on y jouait sa vie, parfois à en mourir. J'y ai, pour ma part, trouvé le chemin où je voulais et *devais* vivre et que je pourrai donc un jour quitter sans trop de regrets car « rassasié de jours ». De telles aventures ne sont pas légion, si même elles existent encore en la France actuelle.

Dès lors cette tentative inédite de dévoiler l'intimité d'un processus singulier qui a fait de moi, à ma propre

---

1. La seule existant à ce jour, d'Elisabeth Roudinesco, hélas ! laquelle pourtant, du vivant de Lacan, fit preuve à son égard – j'en fus plus d'une fois le témoin oculaire – d'une particulière obséquiosité.

surprise, *un* psychanalyste constitue un coup de force exotérique contre l'ésotérisme qui règne jusque-là en cette matière. L'esprit sagace devinera, derrière le romanesque d'un récit, une intervention théorique, en tout cas un hommage peut-être ultime à une discipline passionnément aimée, à laquelle je dois beaucoup et qui me semble en péril d'extinction.

Une vocation précoce

Ce fut très tôt, en Tunisie où je suis né, aux premières heures douloureuses de mon adolescence que je pris cette décision : *je serai psychanalyste*. Mon père en avait décidé, sans doute avant même ma naissance : le fils aîné serait médecin, il serait la revanche sociale d'un humble employé. Tant d'histoires juives de par le grand monde nous racontent cette histoire. Ce choix je l'avais endossé sans hésiter, avec gaieté et sérieux, dès l'école primaire. Je me projetais si bien dans ce vêtement qu'on me taquinait souvent du surnom « petit docteur ».

Il fallait tout de même imprimer ma jeune singularité sur cette volonté paternelle contre laquelle bientôt je lèverais l'étendard de la révolte. Je ne serais pas un simple médecin, mais un psychiatre, « médecin des fous » comme on disait, ce qui résonnait déjà comme une provocation, une dévalorisation du beau titre. Mais il était trop tôt pour prendre au sérieux les galéjades d'un adolescent difficile.

En vérité, ce choix plongeait au plus profond de mon âme, dans l'intimité de ma douleur psychique dont nul ne se préoccupait malgré les signes nombreux que j'en donnais. Depuis ma toute première enfance, je souffrais, avec des acmés torturantes, de ce que j'ai depuis appris à nommer du nom de névrose obsessionnelle. Petit juif sincèrement pieux, empli de ferveur religieuse, j'étais par moments envahi de pensées blasphématoires qui me clouaient au mur mental de la honte et du désespoir. Devenu adolescent et ayant découvert l'athéisme, je trouvais très élégant de me proclamer athée, ce qui, en une parfaite logique, rendait vide de sens toute pensée blasphématoire.

Je ne gagnai que peu au change. D'ailleurs une autre thématique obsessionnelle s'était entre-temps superposée à la précédente, des représentations cette fois à contenu sexuel, qui à leur tour me plongeaient dans une indicible honte et une insupportable douleur. Enfant précoce, je me retrouvais en classe avec des adolescents bien plus âgés, en butte aux grivoiseries homosexuelles qui appartiennent au fonds culturel méditerranéen. Mon « identité » sexuelle s'en trouva menacée par de scabreuses suggestions qui rendaient ma vie infernale et qui allaient désormais occuper tout l'espace cancéreux de la névrose. J'étais à mes yeux un monstre infâme pour susciter de tels propos et avoir de telles pensées.

Impossible de confier ma souffrance à qui que ce soit, pas même à un camarade. Les parents, il fallait encore moins y penser. Le sexe était tabou dans l'hypocrite discours familial. Il ne fallait pas que ma monstruosité, sans doute bien assez transparente déjà, soit découverte. J'étais convaincu d'être le seul être humain à abriter de pareilles affreuses pensées. Comment aurais-je pu révéler cette torture ? La lutte que je menais contre de telles représentations m'épuisait et j'alternais les moments de brillante réussite scolaire avec de sévères moments de dépression que nul dans mon entourage ne semblait ni ne voulait comprendre.

Mais voici qu'un jour je découvris, avec un indicible soulagement, un inimaginable bonheur, le nom de Freud et les rudiments de sa pensée. Surtout cette idée que le sexuel marque très tôt l'enfant de son fer rouge. On pouvait donc parler de ces choses, je n'étais pas ce monstre unique en son horreur. Mieux encore, j'entendais dans cette bonne nouvelle la possibilité de guérir de cette souffrance. Entreprendre une psychanalyse devint un rêve, une véritable terre promise où j'espérais bien un jour entrer.

C'est ainsi que mon choix se forma. Sous couvert d'études médicales et psychiatriques, j'entreprendrais ma propre analyse qui me libérerait du malheur. J'ai ainsi choisi Freud par la porte du symptôme.

On s'étonnera peut-être qu'une pareille idée ait pu éclore dans l'esprit d'un gamin habitant ce petit pays sous-développé et faiblement peuplé, qu'était alors la Tunisie. Comment le nom de Freud avait-il pu atteindre les rives de l'Ifriqya colonisée, avec une telle brillance qu'il en devint l'étoile qui guida mon existence ?

L'histoire et ses hasards y jouèrent leur rôle.

Un samedi soir de l'année 1954. Le Shabbat achevé, nous allumons la radio comme à l'accoutumée. Cette fois c'est une voix nasale, jamais entendue, qui tient d'étranges propos. Pierre Mendès France vient d'atterrir à Tunis et annonce la reconnaissance par la France de l'autonomie interne du pays. Deux ans plus tard cette autonomie deviendra indépendance. Nous ne pouvions deviner à quel point ce discours inattendu allait bouleverser nos vies. Mendès France était juif, cela nous rassurait et nous flattait et nous aimions d'un égal amour la Tunisie, notre pays, et la France, désormais réconciliées.

Un vent nouveau souffla bientôt sur l'ancien protectorat qui se réveilla de sa somnolence coloniale. Le pays sortait brusquement de sa coquille et, selon l'orientation de son visionnaire dirigeant, Bourguiba, il s'ouvrit au monde et à la modernité. On vit débarquer en nombre de nouveaux enseignants et de nouveaux techniciens venus pour aider à la modernisation du pays. Dès lors l'atmosphère du pays, son climat culturel se trouvèrent allégés de la pesante morgue coloniale qui régnait jusqu'alors. Temps du néocolonialisme. Tunis connut pendant ces années-là un véritable bouillonnement intellectuel auquel participa l'élite de sa population locale, toutes ethnies confondues. Les concerts symphoniques, les représentations théâtrales données souvent par des troupes locales qui rassemblaient professeurs et élèves des lycées, les conférences brillantes, se succédaient. Ces années-là étaient celles de mon adolescence torturée.

Je poursuivais alors mes études secondaires, commencées dans une école de l'Alliance israélite, poursuivies au collège Alaoui, fréquenté par une majorité de Tunisiens musulmans et arabophones. Le lycée Carnot, établissement encore contrôlé par la France, si chiche jusque-là en admissions d'élèves autochtones, ouvrit soudain grand ses portes, en particulier aux enfants juifs. Je refusai ce choix par fidélité à mon sentiment national et parce que je me sentais fort bien dans ce collège où j'avais connu tant d'excellents professeurs. L'un d'entre eux, Sicard, joua un rôle particulier dans ma formation. Le jour même de la rentrée des classes (j'entamais alors celle de seconde), en proie à une étrange fièvre, il nous fit cette déclaration surprenante : le XXe siècle est un des plus grands siècles de l'histoire de la littérature. Il envisageait donc de réduire le programme consacré à Molière, Racine, Corneille, d'immenses génies au demeurant, pour lui faire une place.

Or, en ces années toujours, un autre événement apparemment mineur, éditorial cette fois, allait contribuer à l'animation culturelle de Tunis : l'apparition du Livre de Poche avec déjà des centaines de titres à un prix abordable.

Sicard nous proposa de créer une bibliothèque de classe composée uniquement d'ouvrages contemporains. Chacun devait y apporter son obole et lui-même y contribua généreusement. Un après-midi ensoleillé d'octobre, nous partîmes tous ensemble, notre prof en tête, pour la grande librairie de la ville afin d'acheter par dizaines ces livres de poche, fascinés par leur couverture glacée, aux couleurs si violentes. Une vraie razzia culturelle.

C'est ainsi que je découvris Malraux et Camus, Bernanos et Sartre, et surtout, parmi tous ces ouvrages, l'*Introduction à la psychanalyse* de Freud. La lecture de ce livre, dès ses premières pages, me remua profondément. Mais je sus à partir de ces quelques pages que mon destin serait désormais lié à cette discipline nouvelle.

Notre professeur avait eu une autre idée saugrenue, celle de consacrer une heure de classe, chaque lundi matin, à la lecture des grands hebdomadaires littéraires, si nombreux en ces années-là, *Les Lettres françaises, Le Figaro littéraire, Arts et Spectacles*, choisis sans aucun a priori idéologique. Nous prenions ainsi connaissance des dernières productions de la pensée en train de se faire, littérature, poésie, essais réunis.

La tête pleine de ces lectures à peine découvertes, mal assimilées, mais qui nous enfiévraient, nous étions quelques-uns, en de longues promenades prolongées jusqu'à une heure tardive de la nuit, sous les frondaisons touffues des ficus de l'Avenue, dans le vacarme des piaillements stridents des moineaux, à refaire la philosophie, la littérature, la politique et l'économie, et le monde dans son ensemble que nous espérions socialiste. Nous lancions en l'air, jongleurs inexpérimentés, toutes ces idées. La pensée de Camus m'avait séduit, mon ami Dédé défendait la position de Sartre. La guerre d'Algérie faisait déjà rage.

Sans doute la majorité des jeunes juifs de ma génération goûtait-elle plutôt alors les charmes de la plage, l'émotion des premiers flirts et des parties de poker. L'avantage de la névrose, il y en a bien quelques-uns, fut de m'éviter cette oisiveté stérile.

La fièvre de mon adolescence fut de vivre en symbiose avec les débats du Quartier latin parisien, dont

Tunis était l'imaginaire proche banlieue, si bien que débarquant à Paris quelques années plus tard, j'y trouvai très vite mes repères, sans grande sensation d'exil.

Je découvris aussi, grâce aux Jeunesses musicales, aux auditions de disques que l'on donnait tous les vendredis soir dans un confortable auditorium aménagé dans une aile du lycée Carnot, la grande musique classique, de Beethoven à Schoenberg et Stravinski, musique que je me mis à aimer passionnément et qui accompagne depuis lors chaque jour de ma vie.

La métamorphose esthétique que la musique classique me fit connaître joua un grand rôle, j'en suis convaincu [1], sur mon devenir intellectuel.

Mais ce bouillonnement d'idées, ces émotions si fortes et quotidiennes, les conflits de toutes natures qui m'habitaient, ceux concernant mon identité, ceux de ma névrose, le fossé de plus en plus profond qui se creusait entre ma famille et moi, mettaient mes nerfs à rude épreuve. Je traversais des moments difficiles que mes parents attribuaient à la musique, à mes nouvelles lectures, source d'une solitude toujours plus grande, et ils voulaient, mais en vain, m'en priver.

Je redoutais de devenir fou. Pourtant mes études, avec d'inévitables irrégularités, étaient plutôt brillantes. Mon baccalauréat était à portée de main. Dans quelques mois j'allais débuter mes études de médecine, commencer mon analyse et je serais libéré de tous ces

---

1. Cf. mon livre *Freud en Italie*, Albin Michel, 1994. La peinture de la Renaissance italienne joua pour Freud ce même rôle.

tourments. J'avançais sur une voie royale, sans obstacle sauf celui de mes forces psychiques en chamaille. Pourtant cela n'eut pas lieu, ma route allait connaître une bifurcation inattendue.

L'année précédente, au cours d'un séjour à Paris que mon père m'avait offert en récompense de mes résultats à la première partie du baccalauréat, j'avais rencontré une jeune Allemande. Je connus avec S. mon premier émoi amoureux partagé, fort chaste au demeurant. Après quelques promenades main dans la main dans les rues du Quartier latin, nous regagnâmes notre pays respectif en échangeant le serment de nous écrire et de nous revoir l'été suivant pour des vacances bavaroises.

Notre correspondance s'avéra des plus sommaires. S. n'avait que de vagues notions de français et mon allemand, que je commençais à apprendre à l'Institut Goethe de Tunis, restait approximatif.

A l'approche de l'été les brèves missives que S. m'adressait devinrent de plus en plus étranges, inquiétantes. « Ne songe plus à nos belles vacances ensemble » fut le contenu de sa dernière carte. J'avais placé tant d'espoir en ce voyage que je refusai d'y renoncer et je partis, mon baccalauréat et quatre sous en poche, pour la petite localité de Weiden, à proximité de Nuremberg où S. résidait.

Relier Tunis à Nuremberg, avec la Méditerranée à traverser et à peu près sans argent, n'est pas simple. Mais la difficulté me parut bien mince et en peu de jours, en auto-stop, je franchis la distance de plusieurs milliers de kilomètres. J'appris alors, par son propre père, que S. avait été hospitalisée à l'hôpital psy-chiatrique de Munich. La nouvelle me terrassa. Sur-le-champ je repris mon sac à dos pour me rendre, toujours en auto-stop, à Munich où j'arrivai dans la nuit. Je dormis au Kolpinghaus, une sorte de foyer pour voyageurs désargentés, avec ses dortoirs et ses lits superposés. Je ne pus fermer l'œil. J'attendais dans la plus grande angoisse de pouvoir me rendre à cet hôpital psychiatrique et les heures me paraissaient intermi-nables. J'arrivai enfin dans l'imposante bâtisse grise, austère, à l'inquiétante propreté, carcérale, si différente des hôpitaux psychiatriques français que je connaîtrais plus tard.

Le père de S. m'avait remis un mot pour le médecin traitant de sa fille, si bien que je fus admis à lui rendre visite. Elle se trouvait, par erreur ou manque de place, dans le pavillon des grands agités, hurlant à la mort. Ce fut pour moi une effroyable épreuve, un choc.

Ressorti à l'air libre, je m'assis sur un banc face à l'hôpital et restai prostré de longues heures. D'irrésis-tibles sanglots venaient par moments me secouer.

Le lendemain et les jours suivants, je suis ainsi passé d'une visite à l'hôpital à des heures de prostration sur ce même banc. Cet état dura une semaine. Entre-temps, j'avais obtenu que S. quitte le pavillon des agités. J'avais quant à moi trouvé refuge à l'Auberge de jeunesse de Munich. J'y fis la rencontre d'une joyeuse équipe d'Italiens et je me liai d'amitié avec eux. L'été était magnifique. Peu à peu ma tristesse se dissipa. Si la visite de l'après-midi à l'hôpital resta sacrée, il me restait assez de temps pour fréquenter en belle compagnie les brasseries de Munich.

Pourtant je percevais qu'une faille s'était ouverte en moi. Cette première confrontation avec la maladie mentale, la folie que chaque homme porte en lui, m'avait terrorisé. Je fus convaincu de ne pas posséder les forces nécessaires pour un tel combat et je jetai les armes avant de les avoir portées. Je buvais abondamment, je riais, taquinais avec une fausse gaieté les jeunes filles allemandes, mais je me vivais intérieurement comme mort, un zombie.

Il me fallait pourtant décider : quelle voie choisir, quelles études entreprendre ? Assis sur mon banc, face au sinistre hôpital, je pris la décision de sacrifier mes aspirations intellectuelles sur l'autel de ma santé mentale. Je renonçai, dans les larmes, à la médecine, mais surtout à la psychanalyse, à la philosophie, à toutes mes ambitions en définitive, pour m'orienter vers une vie plus humble, plus saine. Je m'inscrirais à l'école des techniciens agricoles de Tunis, îlot de paix à la périphérie de la ville avec ses orangeraies et ses beaux oliviers.

D'où me venait cet attrait inattendu pour l'agriculture ? De mes années de militantisme dans plusieurs mouvements de jeunesse sionistes où l'on m'avait rabâché que le travail agricole était désormais le nouvel idéal du juif, la voie de sa rédemption. D'obscurs penseurs sionistes avaient proclamé que la régénération de l'homme juif, comme si celui-ci était dégénéré, passait par le travail agricole coopératif. Qu'il en soit donc ainsi ! La vie au grand air, au contact du monde rural simple et robuste m'apporterait sûrement cette paix de l'âme que la spéculation intellectuelle m'avait ôtée. Je n'étais plus sioniste mais patriote tunisien convaincu. Je me mettrais donc humblement au service de la jeune république tout en luttant pour l'avènement du socialisme, solution à tous les problèmes de l'humanité et aux miens en particulier. Sur le moment, et pendant les années qui suivirent, ce schéma de vie m'apaisa.

Le temps de ces curieuses vacances touchait à sa fin. Je rentrai. Mon père m'attendait au port de Tunis. « Il est temps de t'inscrire en première année de médecine », me dit-il.

Je lui fis part sans ménagement de ma décision : je renonçais à la médecine et envisageais de m'inscrire à l'Ecole d'agriculture de Tunis. Ce fut pour lui un coup terrible, l'effondrement de son rêve qui était aussi le mien. Il ne chercha pas à comprendre ce qui avait pu causer cette sorte de suicide mental. Il préféra donner libre cours à la plus violente des colères. Ce fut l'enfer pendant plusieurs jours. On voulait que je revienne sur ma décision, que je « craque ». Mes parents ne comprenaient pas que précisément j'avais craqué, que j'étais à terre incapable de me relever. Un soir, je pris mon courage à deux mains et, sachant que mon père se trouvait seul, attablé à une terrasse de café, j'allai lui parler. « Cette guerre est inutile, lui dis-je. C'est au-dessus de mes forces. Mon frère pourra dans un an commencer sa médecine. Il faut donc cesser de me tourmenter. »

Mon discours eut un certain effet. Le lendemain après-midi je me rendis à l'Ecole d'agriculture de Tunis pour m'y inscrire.

Une étrange providence a toujours tempéré mes plus graves errements. Je fus reçu par une personne maintes fois croisée ces derniers mois, l'animateur de l'auditorium des JMF que je fréquentais assidûment, un mélomane, passionné par la musique de Ravel. Mais j'ignorais quelle était sa véritable activité. Je découvrais soudain que cet homme, affable et cultivé, était un ingénieur agronome, un de ces coopérants techniques fraîchement débarqués. Après avoir examiné mon dossier, mes brillants résultats au baccalauréat, il me regarda en souriant. « Cette école n'est pas pour vous, me dit-il. Elle forme de bons techniciens agricoles, mais vous, vous devez préparer l'Agro. » Qu'était-ce donc que cet Agro ? Il me l'expliqua. Il pouvait m'attribuer une bourse suffisante pour assurer mon autonomie financière. Il me fallait aller en France et viser au meilleur niveau.

Cette sympathie me toucha, me releva de ma déréliction. Devenir agronome me parut soudain magique et cet entretien rapporté en famille agit comme un baume sur la blessure morale de mon père qui en retrouva le sourire. L'idée d'avoir un fils paysan, *fellah*, lui avait été une humiliation insupportable. Mais il s'était entre-temps informé et les renseignements obtenus lui avaient rendu sa fierté paternelle. Il fallait désormais agir très vite. En premier lieu, la bourse acquise, trouver une classe préparatoire dans un lycée français. J'écrivis à un grand nombre d'entre eux, à Paris et dans les grandes villes de province. Les réponses me parvinrent l'une après l'autre, négatives. Certains lycées me proposaient leur préparation aux écoles vétérinaires, la médecine encore. Ces refus étaient fondés. Me préparant à des études de médecine, je n'avais pas jugé utile de préparer un bac mathématiques.

Je finis pourtant par recevoir la réponse que je n'espérais plus. Le lycée Montaigne de Bordeaux m'acceptait dans sa préparation à l'Agro. Il était temps. Nous étions à la mi-octobre et la rentrée avait déjà eu lieu. Je pris le premier bateau pour Marseille, puis le train pour Bordeaux. Je quittais la Tunisie pour de longs mois, sans savoir que ce départ était définitif.

Agronome en formation

J'arrivai au pensionnat du lycée Montaigne, à Bordeaux, une nuit de la mi-octobre 1958. Je traînais une lourde valise en carton toute cabossée et portais un objet incongru, mon violon. Depuis quelques années je m'essayais sans grand talent à cet instrument et je ne m'étais pas résigné à le laisser à Tunis.

Ainsi équipé, je ne pouvais plus mal tomber, en pleine période de bizutage, que l'on pratiquait avec une brutalité particulière dans cet internat. Six mois auparavant avait eu lieu le putsch d'Alger qui avait porté au pouvoir de Gaulle, que l'on croyait alors partisan de l'Algérie française. J'étais, moi, acquis à la cause de l'Algérie indépendante et je n'allais pas tarder à le proclamer.

En vérité, je n'avais aucune idée du lieu et de la conjoncture où je me trouvais parachuté. Ma maladresse, mes dérisoires provocations, transformèrent en cauchemar mon retour à la réalité.

Mais je rencontrai aussi dans ce lycée d'excellentes personnes, de bons camarades, qui cherchèrent à m'aider en m'incitant gentiment à plus de diplomatie :

Michel Jarrige, mon camarade d'études, qui m'aida à recopier les quinze jours de cours que j'avais ratés, Mounoulou, qui deviendra un brillant savant, De Robert, qui, après avoir intégré à l'Agro, en démissionna pour se consacrer à la théologie. Je me liai surtout d'amitié avec Salah El Amami, mon parrain de promotion, futur agronome tunisien, que la maladie allait prématurément emporter. Entre les enfants de la rugueuse et généreuse Gascogne qui se retrouvaient en cet internat et moi, le courant finit par passer. Mais les premières semaines de cette vie d'internat furent terribles.

Le plus terrible cependant, ce fut l'intensité et le rythme effréné des études. J'étais loin de posséder le niveau moyen requis en mathématiques, discipline qui m'intéressait pourtant beaucoup. Je pris des cours particuliers, je m'accrochai. Il fallait travailler nuit et jour, sans pause, sans week-end, sans vacances. Quiconque n'a pas fréquenté une classe préparatoire ne peut se représenter l'effort que l'on demande à ces jeunes avec cette promesse qu'ils appartiendront un jour, s'ils intègrent la grande école de leurs rêves, à l'élite de la société.

Sous une telle pression, je perdis souvent pied. Aussi, à la fin de chaque trimestre, je retournais épuisé dans ma bonne ville de Tunis, chercher quelque réconfort. Mon père profitait de mon désarroi pour m'inviter à renoncer à mon projet insensé et à revenir à ma vocation première de médecin. Mais je n'ai jamais été d'humeur à m'avouer vaincu dans l'adversité.

Tant bien que mal je parvins à boucler ma première année de préparation. Cependant le rythme de la seconde année s'avéra plus terrible encore. Je ne supportais plus l'internat, véritable caserne. Je devins externe mais sans l'émulation de l'étude collective, la qualité de mon travail s'affaiblit dangereusement. Je retournai à l'internat avec l'indulgence du proviseur qui me reçut en son bureau pour essayer de comprendre ce qui m'agitait ainsi : « Je ne supporte plus le carillon de votre horloge, lui dis-je. A chaque heure qui sonne, qui passe, je prends la mesure de mon abyssal retard. »

Vers le mois de mars, à deux mois du concours, je décrochai. Je n'en pouvais plus. Pendant que mes camarades donnaient leur dernier coup de collier, je découvris... la beauté de la littérature américaine. Je lus ainsi avec passion *Le Bruit et la Fureur* de Faulkner, ce qui irritait profondément mes camarades d'études.

Mais j'étais incapable d'étudier ou de retenir quoi que ce soit. Je flottais en une étrange vacuité de la mémoire. Seules les mathématiques continuaient à m'intéresser. Etudier une fonction, résoudre une équation différentielle, m'apparaissait désormais comme un plaisant jeu de l'esprit.

A toutes ces difficultés objectives se surajoutaient mes problèmes névrotiques, aggravés par une houleuse liaison. L'amour dont j'espérais réconfort ne fit qu'accroître mes tourments.

Pourtant, quand les concours furent imminents, je connus un sursaut. Je me remis à travailler fébrilement, j'étudiai au hasard certaines parties des cours et surtout je décidai « de me battre, de vendre chèrement ma peau » sans bien savoir ce que j'entendais par là.

C'est avec ce paradoxal moral de vainqueur que j'abordai le premier concours, celui d'admission à l'Ecole de Grignon, la fusion avec l'Agro n'ayant pas encore eu lieu.

Les deux épreuves de français, d'un gros coefficient, m'assurèrent un petit capital de points, grossi par l'épreuve de mathématiques. J'évitai l'élimination en physique et biologie en puisant dans ma mémoire... et en m'aidant de quelques coups d'œil furtifs par-dessus l'épaule de mon voisin.

Une semaine plus tard, pour le concours de l'Agro, je répétai la même stratégie malgré la plus grande difficulté des épreuves.

Un mois plus tard les résultats nous furent télégraphiés. A la surprise générale, y compris celle du proviseur, surprise mêlée d'une certaine colère, j'étais admissible aux deux concours, apte à me présenter aux épreuves orales. Mais comme aucune manœuvre déloyale, ni tricherie sérieuse ne pouvait m'être reprochée, chacun ravala son dépit et je reçus quelques amicales félicitations.

Il fallait à présent se rendre à Paris pour les épreuves orales. Celles des écoles d'agriculture venaient en premier. De nouveau je ressentis ce même moral de vainqueur qui m'avait porté pendant les épreuves écrites, cette énergie qui me rendait apte à utiliser la moindre parcelle de mémoire, de savoir. Je fus reçu à un rang qui me permettait d'intégrer la meilleure des écoles, celle de Grignon.

Mais, après avoir puisé dans mes dernières énergies, la fatigue commença à m'envahir, accompagnée de mes démons familiers. Mon oral à l'Institut agronomique fut médiocre et je finis mon concours en un piètre classement. En vérité, j'étais soumis à ce rythme de l'humeur que la névrose imprimait à mes capacités, faisant alterner les moments de prodigieuse énergie et ceux d'abattement, montagnes russes de mon esprit que plus tard, sans le secours d'aucune thérapeutique chimique, mon analyse éradiquera.

*

Grignon représentait tout de même une belle consolation. Trois mois plus tard je me rendis dans la paisible école, blottie dans son beau vallon, avec son château, son bois aux allées bien tracées, ses grands champs de blé et de luzerne, qui plongeaient d'un seul coup en une douce rêverie bucolique l'âme la moins rurale.

J'ai beaucoup aimé cette école et ce qu'on m'y a enseigné. Les études d'agronomie restent à mes yeux parmi les plus formatrices par leur richesse et leur variété, où la biologie sous tous ses aspects se mêle à l'économie, à l'industrie et au maniement des machines, avec évidemment en valeur dominante le primat du bon sens dont j'avais grand besoin. L'influence profonde de ces études ne m'a jamais quitté. Je serai néanmoins surpris quelques années plus tard de lire, dans l'introduction au *Séminaire XI* que Lacan tint en 1964, que la psychanalyse présentait des similitudes avec... l'agronomie précisément, parce que toutes deux mettent en jeu un grand nombre de disciplines fort différentes et dont il faut savoir simultanément jouer.

L'idée devait lui tenir à cœur puisqu'il la répétera, en 1972, dans une des conférences données à la chapelle de l'hôpital Sainte-Anne sous le titre *Le Savoir du psychanalyste*. Mais en cette année 1960 où je pris mes quartiers en l'école de Grignon, le nom de Lacan m'était totalement inconnu, et aucune folle imagination n'aurait pu me laisser deviner ce qu'allait être bientôt mon parcours.

Cette paix de la nature, à laquelle j'aspirais et qui fut décisive dans le choix de ma profession, allait-elle enfin calmer le déchirement de mon âme ? Il n'en fut rien. Ma névrose, qu'exprimaient mes humeurs changeantes, mon comportement maladroit et irritant, ne tarda pas à reprendre son pouvoir. Phases de travail intensif, passionné, alternant avec les moments d'aboulie, à l'approche des examens.

J'éprouvais une cruelle insatisfaction, un manque affectif qui m'empêchait de trouver une quelconque quiétude.

Depuis des années, j'explorais une autre voie de salut. Une seconde vocation, celle de l'écriture – qui germa, elle aussi, dès mon enfance et qui ne me quittera jamais –, me tenait compagnie. Je m'étais d'abord essayé à quelques poèmes avant de me lancer dans un grand projet : raconter mon adolescence, ses affres, ses péripéties.

A défaut d'avoir déjà trouvé l'oreille attentive de l'analyste qui m'aurait aidé à débroussailler l'écheveau de mes souffrances, je confiais celles-ci au papier, à un roman dont l'essentiel était autobiographique. J'avais alors quinze ans. Malheureusement le collège, puis la préparation du baccalauréat, ne me laissaient aucun moment libre pour m'y consacrer à l'exception des vacances d'été que j'employai à cette tâche pendant trois années consécutives, dans la canicule de l'été tunisien, abandonnant à ceux de mon âge les plaisirs de la plage et des premières amours. Il me fallait surtout surmonter les sarcasmes familiaux, ceux de mes camarades : écrire un roman, quelle stupide vanité !

Les études à Grignon me laissaient enfin plus de loisirs et mon ouvrage avançait de quelques pages à chaque période de vacances. C'est ainsi que j'occupais mes premières vacances de Noël dans l'école désertée par ses pensionnaires.

Un soir de 31 décembre cependant, j'éprouvai soudain l'impérieux besoin d'un moment de fête et je pris le train qui conduisait de Plaisir à la gare Montparnasse. J'arpentai bientôt le boulevard Saint-Michel, en quête d'une bonne aventure. Justement, au seuil d'un petit hôtel de la rue Victor-Cousin, une jeune femme, à la peau très brune, me regardait en souriant. Je répondis à ce sourire, celui d'une « professionnelle » croyais-je. Je m'approchai d'elle. Dès les premiers mots, je compris mon vilain malentendu. La jeune femme ne parlait le français qu'approximativement. Elle attendait des amis sud-américains avec qui elle comptait fêter la nouvelle année. Spontanément, elle me proposa de me joindre à leur groupe si je n'avais rien de mieux à faire. Et en effet, lesdits amis ne tardèrent pas à arriver, parmi lesquels un Cubain, grand admirateur de Fidel Castro. Comme beaucoup alors, je m'étais enthousiasmé pour la révolution cubaine et cette présence me réjouit. Ma nouvelle amie, elle, était brésilienne. Elle se nommait Helena Tavares. Je passai donc en cette joyeuse compagnie le réveillon de la Saint-Sylvestre, chevalier servant de la belle Helena. « Connaissez-vous Jean-Paul Sartre ? » me demanda-t-elle à brûle-pourpoint. Quelle question ! De nom bien sûr !

« Aimeriez-vous le rencontrer ? » S'agissait-il d'une plaisanterie ? Helena me confia qu'elle était la fille d'un riche médecin brésilien et que sa famille avait hébergé récemment, et ceci pendant plusieurs semaines, le couple Jean-Paul Sartre et Simone de Beauvoir, qui venait d'accomplir un long voyage en Amérique latine, à Cuba particulièrement mais aussi au Brésil. Au cours de ce séjour, Simone de Beauvoir avait été sérieusement malade et la famille Tavares l'avait hébergée et soignée pendant plusieurs semaines. Helena avait recueilli ses amères confidences, celles qu'elle exprimera bientôt dans son livre *La Force des choses*. Elle aurait tellement aimé, lui aurait-elle dit, avoir un enfant de Jean-Paul Sartre, mais celui-ci s'y était toujours opposé. La paternité était inconciliable sans doute avec les brumes de sa doctrine de la liberté.

Confidence pour confidence, j'introduisis Helena dans mon petit secret, dont je craignais tant le ridicule : j'écrivais un livre. « Je dois rendre visite à Sartre après-demain, lundi soir, pourquoi ne pas m'accompagner ? »

Comment refuser une telle aubaine à laquelle, d'ailleurs, je n'osais croire tout à fait ?

Sartre habitait alors avec sa vieille mère, au dernier étage d'un immeuble de la place Saint-Germain-des-

Prés, au coin de la rue Bonaparte. Helena me demanda de l'attendre au café qui se trouvait au bas de l'immeuble, le temps de prévenir son hôte de ma présence. J'attendis ainsi de longues minutes, debout près du bar, désespérant d'entendre enfin la sonnerie du téléphone. Celle-ci ne venait pas. Que faire ? Forcer le destin ! Je pris mon courage à deux mains et montai sonner à la porte. Ce fut Sartre lui-même qui m'ouvrit. On s'apprêtait à m'appeler, dit-il, en me faisant courtoisement entrer dans son bureau où se trouvaient Helena et Simone de Beauvoir. Ce fut elle qui m'impressionna et me surprit le plus. Je m'étais construit une imprécise image de « pétroleuse » et je me retrouvais devant une aristocrate au visage sévère avec ses cheveux sagement tirés en un impeccable chignon.

Sartre, lui, parlait tout le temps. Il racontait sa rencontre avec Fidel Castro, en fumant les cigares et en nous proposant du rhum que le *Lider Maximo* lui avait offerts. Il se voulait surtout en grande colère pour ne pas avoir été poursuivi, mis en prison comme les autres membres du réseau Jeanson, les « 121 » qui avaient offert leur aide concrète au FLN algérien et auxquels il avait publiquement apporté son appui. Connaître la prison, on le sait, était son fantasme préféré, le sceau de vérité enfin apposé à sa philosophie.

Il me fut évidemment bien difficile de m'introduire dans ce monologue adressé à Helena. Je parvins néanmoins à faire état de mon admiration pour Castro, à mes yeux l'exemple à suivre pour les pays sous-développés comme la Tunisie. Helena profita d'un silence pour parler de mon projet de livre en cours d'écriture. Les deux éminents philosophes y prêtèrent attention et courtoisement m'invitèrent à leur soumettre mon manuscrit une fois fini. Peut-être pourraient-ils m'aider à le publier.

Après une bonne heure de conversation, nous prîmes congé et Sartre comme Beauvoir me renouvelèrent leur invite.

Le lendemain Helena retourna au Brésil et je n'eus plus jamais aucune nouvelle de cette charmante personne. Deux ombres s'étaient croisées dans ce grand carrefour qu'est Paris. Je ne sus pas, le moment venu, tirer profit de cette rencontre avec le couple célèbre. Quand mon manuscrit fut achevé quelques mois plus tard, je n'eus pas la présence d'esprit de l'envoyer à Sartre. Dans l'intervalle sa maison avait fait l'objet d'un attentat et il avait déménagé. Perdu parmi mes champs de maïs et de betteraves grignonnais, je ne savais trop comment trouver sa nouvelle adresse. Surtout, j'avais entre-temps été aspiré par de nouveaux et périlleux tourbillons. Cependant, ma relation avec Simone de Beauvoir connaîtra, elle, encore quelque développement.

Cette brève rencontre laissa néanmoins en moi une profonde empreinte. Elle m'ôta mes inhibitions. Ainsi il n'était pas impossible à un petit juif débarqué depuis peu d'une modeste colonie, les pieds dans la glaise agricole, de rencontrer les plus éminents esprits de l'intelligentsia parisienne. Quelques années plus tard, ce sera tout naturellement que j'échangerai une correspondance avec Althusser et mon désir inconscient n'aura pas à surmonter, pour rencontrer Lacan, d'infranchissables obstacles. Mon projet de livre, si hypothétique jusque-là, prenait soudain une nouvelle consistance. Je me mis à y croire, à y travailler plus activement et après quelques mois, aux premiers jours des grandes vacances d'été, j'achevai une première mouture de l'ouvrage. Il me restait à écrire, à partir de cette ébauche, la version définitive.

Ma première année à Grignon se terminait et je m'apprêtais à rentrer au pays quand éclata la tragique affaire de Bizerte. Bourguiba voulait débarrasser la Tunisie de cette dernière présence militaire française. Une immense manifestation pacifique, une marée humaine désarmée, se dirigea vers la base navale. L'armée française tira dans cette foule. Ce fut une épouvantable boucherie. On releva plusieurs milliers de morts et de blessés.

Mon père m'envoya un télégramme m'invitant à rester à Paris. Une tension extrême régnait à Tunis. Mais une fois encore, je refusai d'obtempérer. Si le pays était en danger, n'était-ce pas justement le moment, pour nous juifs tunisiens, suspectés de loucher en mauvais patriotes vers la France, de montrer notre attachement à la terre natale ? Je voulais servir, m'enrôler dans quelque unité. Je me mis donc en quête d'un avion, d'un bateau. Mais toutes les communications avec la Tunisie avaient été coupées.

Il me fallut ronger mon frein. Je pris une petite chambre dans un modeste hôtel, un bouge plutôt, près de la rue de la Huchette, et là, je consacrai mes jours et mes nuits à la version définitive de mon livre. Près d'un tiers en fut bientôt rédigé.

Un mois passa avant qu'un premier bateau ne quitte Marseille pour Tunis et j'en fus l'un des passagers. Un train de nuit devait me conduire à Marseille. Je libérai ma chambre en laissant pour quelques heures mes bagages à la réception.

Le soir tombé, je retournai à l'hôtel afin de récupérer mes deux valises, une grande et une petite. Là, terrible choc. La petite valise, contenant mon manuscrit définitif, avait disparu. Le gardien de l'hôtel nia. Je n'avais rien laissé d'autre que ma grande valise défoncée. Voilà qu'il devenait menaçant. Il me fallait très vite déguerpir, traînant mon lourd bagage restant. J'étais désespéré. Cinq années de travail, arrachées à mes vacances, à mes loisirs, ainsi détruites. Je n'avais plus qu'une envie, mourir, plonger dans la Seine toute proche.

Par chance cependant, et pour des raisons d'encombrement, le brouillon, l'esquisse complète, se trouvait dans la valise qui me restait. Assis dans le train qui me conduisait à Marseille, dans le sommeil agité que j'essayais d'apprivoiser, l'amertume se fit plus sourde. Il faudra serrer les dents et se remettre à la tâche. Mais quelle douleur. (Des années plus tard, une autre petite valise contenant une partie du manuscrit de mon livre *Freud en Italie* me sera volée et, de nouveau, je ressentirai la même terrible souffrance.)

Arrivé à Tunis, d'autres douleurs m'attendaient.

« Pourquoi es-tu rentré ? » Tel fut le rugueux accueil, habituel dans sa forme, de mon père. « Sais-tu que les étudiants tunisiens ne peuvent plus retourner en France ? » Il ne comprenait rien, comme toujours, à mes motivations.

Je me rendis le jour même à l'Union des étudiants tunisiens pour me porter volontaire. Mais à quoi ? Puis, comme à l'accoutumée, une longue promenade sur les deux grandes artères de Tunis allait me permettre de rencontrer mes amis, musulmans pour la plupart. De loin j'aperçus la silhouette de l'ami Noureddine. Lui par contre me dépassa, sans paraître me voir. Je lui saisis le bras. « Mais qu'y a-t-il ? Noureddine, tu ne me reconnais pas ? » Noureddine avait décidé de ne plus adresser la parole... aux juifs. Mais qu'avions-nous fait ? Certains, à Bizerte, auraient donné à boire à des paras français. Les juifs avaient collaboré... Et moi qui étais rentré pour manifester ma solidarité, ma présence...

Une lourde suspicion pesait sur les juifs qui, évidemment, n'avaient aucune responsabilité en cette affaire. Beaucoup, il est vrai, se demandaient s'ils avaient encore quelque avenir dans une Tunisie musulmane et louchaient vers la France. Dans les mois et les années qui suivirent Tunis allait se vider de la plupart de ses juifs, de vrais indigènes pourtant, si attachés au sol natal. Le reste les rejoindra un peu plus tard, quand éclatera la guerre des Six-Jours. Une véritable et indolore purification ethnique.

Ce jour-là quelque chose dans mon sentiment national se brisa. Quoi que je fasse, j'étais un traître potentiel. Pouvais-je vivre avec une telle suspicion, supporter les injures racistes dans les transports publics ? Mon patriotisme tunisien était une conquête de dignité. Si celle-ci s'avérait illusoire, qu'avais-je à faire de ce patriotisme ?

Pour l'instant, en tout cas, j'étais pris dans la nasse. Impossible de retourner à Paris et de reprendre mes études. Je saisis l'occasion pour me remettre à la tâche et écrire. Pendant des heures, sur une inconfortable petite table, dans la chaleur étouffante, et fenêtres fermées pour ne pas être dérangé par les bruits de la rue, je noircissais des dizaines de feuillets. L'esquisse conservée se révéla d'une aide précieuse et le travail de rédaction que je venais de perdre me revenait facilement en mémoire.

Vers la fin septembre, Bourguiba décida de jeter du lest et de se réconcilier avec la France. La tension, la fièvre nationaliste retomba du jour au lendemain et les étudiants tunisiens furent autorisés à aller reprendre leurs études en France. Je ne me le fis pas dire deux fois.

Entre-temps, je découvrais que l'écriture avait ses limites. Le récit le plus sincère n'est pas une thérapie et la littérature n'allège durablement aucune souffrance. Elle permet, tout au plus, la survie. Elle relève d'un autre registre. En d'autres termes ma névrose avait repris sa torturante action. Il me fallait imaginer d'autres stratégies. Celle qui me vint à l'esprit fut d'établir une vie de couple stable, avec la satisfaction sexuelle et l'apaisement qu'elle procure. Peut-être calmerait-elle cette douleur qui ne cessait de me ronger. J'ignorais alors que la rencontre d'une femme, cette rencontre énigmatique où un destin se noue ou se défait

44

dans l'ombre mystérieuse de l'inconscient, ressemble, selon la juste métaphore de Kafka, à un couteau qui peut à l'occasion exposer vos tripes à l'air et déchirer un confort narcissique si imparfait soit-il.

Cette rencontre espérée ne tarda pas à se produire le jour même de mon retour à Paris. Pendant mon dernier séjour à Tunis, je m'étais lié d'amitié avec plusieurs jeunes gens poursuivant leurs études à Paris et nous étions convenus de nous y retrouver. Une personne de ce groupe me présenta son amie, A., une étudiante italienne. Quelque chose d'inouï, d'éruptif, allait immédiatement se produire, une accélération sans précédent du cours de mon existence.

Etrange discours que je tins à A. lors de notre première promenade dans ce Quartier latin où elle habitait. Je lui fis une curieuse cour en lui parlant des axiomes de Peano : « Tout nombre a un prédécesseur et un successeur », lui dis-je, sans comprendre que j'énonçais là la quintessence du mystère de la paternité. D'emblée nous fîmes des projets définitifs.

Mon futur livre tenait une grande place dans le couple que A. et moi formions déjà. Il fallait taper le manuscrit et pour cela puiser dans nos maigres ressources. A. avait une amie « lectrice dans une importante maison d'édition » à qui elle remit un exemplaire du manuscrit. Quelques semaines plus tard, rongé par l'anxieuse attente, je reçus le verdict de la « lectrice », en substance : mon texte était trop médiocre pour que la dame entache sa réputation en le présentant à son éditeur. Nous restâmes, A. et moi, profondément accablés. J'avais fait de la parution de ce livre une affaire vitale. J'en parlai à un ami, comme moi militant au Parti. Pourquoi ne pas le soumettre à Pierre Gamarra, secrétaire de la revue *Europe* ? me dit-il. Je suivis ce conseil. Quelques semaines plus tard, lecture faite, Gamarra me reçut. « Vous savez, me dit-il après m'avoir prodigué quelques aimables politesses, les tiroirs de tout écrivain sont remplis de manuscrits impubliables. Continuez d'écrire. » J'étais invité, en somme, à commencer le remplissage de mes tiroirs.

Assommé, je quittai le bureau du camarade. Le pavé de Paris se dérobait sous mes pieds, le ciel avait pris une étrange couleur jaune, toute réalité semblait floconneuse, dissoute dans cette mélancolie que je portais depuis des mois, depuis que mon livre avait pris sa réalité, confronté à l'épreuve d'une impossible publication. Le spectre de la folie paraissait à nouveau planer au-dessus de ma tête.

Il me fallait parcourir jusqu'à son terme ce calvaire. L'idée me vint de proposer mon texte aux éditions Julliard, grands découvreurs de jeunes talents en ces années-là, depuis le triomphe récent des romans de Françoise Sagan.

Je me rendis dans le bel immeuble de la rue de l'Université, siège de la maison d'édition, pour présenter candidement et sans recommandation aucune, mes feuillets déjà chiffonnés. A l'accueil, une hôtesse m'informa que le dépôt des manuscrits se faisait une porte plus loin. Où ? Là, dans cette porte cochère, encombrée par un camion dont on déchargeait des caisses de livres, un grand hangar en somme où s'affairait un concierge en bure grise.

« C'est pour un manuscrit. » J'osai ces quelques mots adressés au cerbère peu aimable, accaparé par le déchargement du précieux camion et qui avait dû en voir défiler des manuscrits.

« Posez-le là, me répondit l'homme gris sans même me regarder, là sur cette petite table... on vous écrira.

– Comment saurez-vous où me joindre ?

– Mais inscrivez donc votre adresse sur la couverture ! »

Je m'exécutai, convaincu de la vanité de ma démarche, une bouteille jetée dans l'océan des manuscrits que personne ne lirait. J'abandonnai, l'âme en berne, ma pauvre chemise cartonnée sur une table poussiéreuse.

Il est vrai que d'autres événements m'avaient entre-temps durement touché. La brève lune de miel de ma vie de couple tout neuf s'était transformée en une laide grimace, en la forme où ma névrose allait définitivement se cristalliser. Un incident, futile en apparence, déclencha mon mal intime, part d'obscénité de mon existence. Une humiliation gratuite, infligée en public, par un ancien camarade de classe préparatoire, dont j'avais naïvement pensé que l'origine maghrébine aurait dû nous rapprocher, petite canaille antisémite, humiliation où ma compagne, à son corps défendant, se trouva mêlée. Surpris, je n'avais su que répondre, totalement paralysé, pensant que la réponse la plus conforme à mon idéologie tiers-mondiste était de feindre l'indifférence, là où un bon coup de poing aurait été la réponse adéquate. J'ai, comme le père de

Freud, « ramassé mon chapeau dans le caniveau ». A la suite de l'incident, je restai muet de douleur plusieurs jours d'affilée avant que le symptôme morbide ne prenne forme. Quelque chose comme le miroir qui soutenait ma présence au monde avait irrémédiablement volé en éclats.

Comment nommerais-je cette affreuse douleur qui allait saisir mon âme et ne plus me lâcher, paralysant mes énergies, me plongeant dans une tristesse inconsolable, que seul l'horizon de ma fin rendait supportable ? Ce fut pourtant cette obscène balafre secrète qui me conduisit à la psychanalyse et à retrouver mon chemin, perdu depuis tant d'années.

La lecture du célèbre roman d'Albert Cohen, *Belle du Seigneur,* me permit de donner à ce mal un nom allusif que les nombreux lecteurs du livre saisiront : le *syndrome de Solal*, cette épouvantable jalousie tout entière organisée autour de la personne aimée qui donne à celui qui l'éprouve un irrésistible désir de mort, mal pernicieux qui finit par engloutir les deux amants. J'ajoute que je n'apprécie aucunement ce livre, ni ne comprends rien à la renommée frelatée dont il jouit. Il n'y a chez Albert Cohen aucun écho de cette tendresse que l'on nomme paternité et filiation. Sans même évoquer la répétition d'incroyables jugements portés sur le plus sublime des musiciens, Jean-Sébastien Bach. Il reste que la description faite du mal dont souffre Solal, proprement clinique par sa précision, décrit parfaitement le mal dont je fus frappé au décours de ma vingt et unième année.

Je sais aujourd'hui que sans cette douleur, sans le combat engagé pied à pied contre elle, je n'aurais jamais accompli ce bout de chemin qui justifie mon existence. Lacan pourra à juste titre me répéter cet adage qu'il avait forgé : ce qui peut arriver de mieux à un être humain, ce sont les dégâts de son existence.

La mort précisément, la mort concrète, je n'allais pas tarder à l'approcher. La guerre d'Algérie, en cet hiver 1962, approchait de son dénouement et l'OAS, mouvement fascisant, multipliait ses attentats au cœur même de Paris. Le Parti communiste appela à une grande manifestation, laquelle fut interdite. Le mot d'ordre fut néanmoins maintenu et je me rendis au lieu de rassemblement, sur la place de la République. Je me retrouvai bientôt au milieu d'un immense cortège. Flottait dans les cris des militants un léger et grisant parfum d'insurrection. Pour moi, c'était déjà comme le début de la grande Révolution. Bientôt notre cortège s'arrêta. Sur notre droite, au croisement des boulevards Voltaire et Richard-Lenoir, venant de la proche place de la Bastille, surgit un autre immense défilé. Nous le laissâmes passer, applaudissant de toutes nos forces ce renfort. Nous ignorions que, quelques minutes plus tard, ce flot humain serait pour nous un bouclier sal-vateur. Puis nous reprîmes notre marche vers la place de la Nation, d'un pas vif, grisés par les mots d'ordre que nous criions, communiant dans ces slogans : *La paix en Algérie, OAS assassins*. Mais soudain, alors que nous venions de dépasser la place Léon-Blum, je vis la foule refluer, prise d'une folle panique. Des hommes couraient dans tous les sens. D'autres plus téméraires, brisant les grilles métalliques des arbres et armés de ces munitions, se précipitaient vers l'avant. Soudain là, à quelques mètres de moi, la forme monstrueuse d'hommes casqués, vêtus de noir : les CRS chargeaient à la matraque dans la nuit tombée. J'eus le réflexe de me réfugier dans le hall d'un immeuble où d'autres manifestants avaient trouvé abri. Par la porte légèrement entrouverte nous contemplions, impuissants, un flic s'acharnant sur un tout jeune homme. La scène dura quelques secondes qui me semblèrent une éternité. Puis un calme relatif se fit. On releva le garçon blessé, un étudiant. Un peu de sang maculait ses cheveux blonds. Je lui proposai de l'accompagner chez lui, près du Boul'Mich'. L'orage semblait apaisé. Pourtant, de retour dans la chambre de bonne que je partageais avec ma compagne, je m'affaissai. Le choc avait été terrible et je ne le ressentis vraiment qu'une fois à l'abri. Le lendemain encore, il me fut impossible de quitter ma torpeur et de retourner à l'Ecole de Grignon où les cours se poursuivaient.

Seul dans la chambre, j'allumai la radio. J'appris alors combien la manifestation du soir précédent avait été violente, dramatique. On avait relevé neuf morts parmi les manifestants ainsi que des dizaines de blessés, mes compagnons d'un soir. Le choc le plus violent s'était produit au métro Charonne, à deux cents mètres de l'endroit où je me trouvais, ravageant le cortège que nous avions laissé passer. Quelques jours plus tard eurent lieu les funérailles des victimes. Plus d'un million de personnes y assistèrent, foule silencieuse qui affirmait ainsi que la guerre d'Algérie ne pouvait plus durer.

Tous ces événements réunis, ces multiples traumas, me brisèrent. Prostré, rongé de jalousie, habité par un sentiment de persécution, il me fallait trouver une solution, consulter. L'heure de rencontrer la psychanalyse avait-elle enfin sonné ?

Sans moyens financiers, je m'adressai au dispensaire des étudiants, au BAPU. Ma dépression était spectaculaire, les sanglots m'oppressaient. Je fus reçu par le Dr G. qui me prescrivit des calmants. J'aurais préféré plus d'écoute. Mais avais-je le choix ? La médication, qui n'eut aucun effet sur mon état, était néanmoins accompagnée d'une « psychothérapie d'inspiration analytique ». Etrange vocable et étrange pratique. Je devais m'allonger sur une banquette plus proche d'une table d'examen médical que du divan de Freud et je devais parler. Il fallait « faire avec » et je me prêtais au jeu espéré depuis tant d'années.

A l'une des premières séances, je fus tout heureux de rapporter un rêve, signe incontestable que mon analyse avait bien commencé. G. m'arrêta immédiatement :

« Les rêves sont très importants en analyse. Mais ce que nous faisons ici, ce n'est qu'une thérapie d'inspiration analytique. »

A partir de ce jour, mes séances devinrent de longs moments de silence. Je n'avais vraiment rien à dire, la tête vide, embarrassé par cet étrange dispositif. Je payais une somme symbolique à chaque fois. Pourtant je m'accrochai à cet ersatz de cure comme celui qui se noie s'accroche désespérément au débris d'épave qui se trouve à portée de sa main.

Les événements ne cessaient de se bousculer. Quelques jours après cette crise aiguë qui m'avait contraint à consulter, ma compagne m'annonça, abasourdie, qu'elle était enceinte. Comment assumer une telle responsabilité dans les conditions matérielles qui étaient les nôtres, deux étudiants vivant dans une minuscule chambre de bonne, la fin de leurs études encore bien lointaine, et moi en pleine déconfiture psychique ? Une folie donc. Pourtant je n'hésitai pas un instant. Quelque chose en moi, et pour ce qui me concerne seul, rejetait l'idée d'avortement. Cet acte me révulse, je l'avoue. Commencer ainsi une vie amoureuse conduit le plus souvent cet amour à sa dissolution ou pire encore. Je proposai donc à ma compagne, hésitante, de nous marier et d'accueillir cet enfant dans notre misère.

Avec le recul et le savoir acquis depuis, il m'apparaît que cette grossesse soupçonnée avant même sa manifestation, fut peut-être la cause principale de l'orage psychique que je traversai. L'annonce d'une paternité provoque en tout esprit masculin un profond ébranlement, parfois un effondrement psychotique. Bien des peuples ont accompagné ce phénomène de rites conjuratoires appelés couvade [1].

---

1. Cf. Theodore Reik, *Le Rituel*, trad. fr. Denoël.

Notre mariage fut donc décidé. Mais cette annonce provoqua chez mes parents une nouvelle tempête. Leur fils aîné allait épouser une *goya*, une non-juive. Ils reçurent la nouvelle comme s'il s'agissait de la plus terrible des tragédies. Un matin, ils débarquèrent à Paris sans s'annoncer pour tenter de me ramener à leur raison. Mais le bruit et la fureur présents dans leurs lettres n'eurent pas de suite. En moins d'une heure ils furent conquis par le charme et la douceur de ma compagne. Il fallait néanmoins sauver les apparences, organiser une conversion et un simulacre de mariage religieux. La chose faite, ils retournèrent à Tunis.

Le mariage civil se révéla, à notre grande surprise, bien plus difficile à officier. Les bureaucraties de nos deux pays, l'Italie et la Tunisie, cumulaient leurs embrouilles. Six mois au moins furent nécessaires pour rassembler, traduire et estampiller les papiers.

Mais entre-temps, la plus merveilleuse, la plus inattendue des nouvelles avait allégé le poids de cette avalanche d'événements. Un soir de ce même hiver, avant de grimper l'escalier de service qui nous conduisait à notre chambre de bohème, au sixième étage de l'immeuble, notre attention fut attirée par une enveloppe à mon nom, froissée, un *pneumatique* comme il en existait alors, punaisé sur la planche du compteur à gaz. Imprimé sur l'enveloppe, le nom de l'expéditeur : Editions René Julliard. Avant même de l'ouvrir, j'en pressentais le contenu favorable, sinon pourquoi un pneumatique. Les doigts fébriles, j'en retirai un feuillet. Je me souviens encore des mots tremblant devant mes yeux. « Les rapports des lecteurs très élogieux... passez au plus tôt me voir pour un entretien dont l'issue ne saurait être que favorable... Signé : le directeur littéraire, René Javet. »

Quatre semaines exactement après l'homérique dépôt dans la poussière d'un entrepôt de la pauvre chemise enserrant ses feuillets mal tapés, Julliard me publiait. Ce fut le bonheur le plus indicible qui se puisse imaginer. Convaincre un éditeur de publier un livre reste pour moi, aujourd'hui encore, une des joies les plus pures, les plus belles, de véritables noces renouvelées comme ce soir-là dans mon escalier de service, quand je serrais dans ma main l'enveloppe magique, en étreignant A.

Le lendemain, à une heure décente, je téléphonai à l'éditeur et un rendez-vous me fut immédiatement donné.

Le directeur des éditions Julliard, Javet, me reçut avec beaucoup de chaleur. J'étais perdu dans un confortable fauteuil au milieu de son vaste bureau. Il m'offrit une boisson, un petit cigare. « Les comptes rendus de lecture sont très élogieux », me dit-il. Je n'en croyais ni mes yeux, ni mes oreilles. Sans perdre de temps, Javet me proposa un contrat avec une avance qui me parut somptueuse en regard de ma bourse d'étudiant. (Je la consacrerai à l'achat de ma première machine à écrire.)

Six mois plus tard le livre parut. J'en adressai un exemplaire à Simone de Beauvoir et à Sartre. La réponse de Simone de Beauvoir ne tarda pas. En sa lettre fort élogieuse, elle me demandait si j'avais écrit d'autres textes qu'elle me proposait de publier dans

Les Temps modernes. Elle m'informait aussi que Sartre était en train de me lire, qu'il aimait mon livre et qu'il m'écrirait sûrement, dès sa lecture achevée. Mais je ne reçus jamais cette lettre. L'année suivante, Sartre publiait sa propre autobiographie, *Les Mots*. Le récit de ma propre enfance qu'il avait donc lu en cette même année, aurait-il éveillé en lui le désir d'écrire la sienne ? Je m'amuse parfois à caresser cette hypothèse.

Je soumis à Simone de Beauvoir une nouvelle que je venais d'écrire et qui lui parut, à juste titre, insuffisante. Nos relations épistolaires cessèrent ainsi.

Je poursuivais cahin-caha mes entretiens hebdomadaires avec le Dr G. ou plutôt mes séances faites de silence, d'absences, de retour, acceptant ou refusant de m'étendre sur l'objet supposé être un divan. J'aimais mieux le face-à-face qui me permettait quelques échanges, parfois sur des sujets généraux, culturels. J'ignorais alors tout de la crise qui déchirait à l'époque le mouvement psychanalytique français. C'est par le Dr G. que j'entendis prononcer pour la première fois le nom de Lacan et je perçus l'admiration qu'il lui portait tout en ayant choisi le camp de ses adversaires.

Petit à petit je retrouvais mes esprits. Ma douleur était toujours présente, mais engourdie, mise à distance. Bien évidemment, j'allais payer du prix normal la calamiteuse année universitaire qui venait de se terminer. Il me fallut redoubler ma seconde année. Mon fils était né et mon livre publié. Nous habitions désormais la résidence universitaire d'Antony, ce qui améliora nos conditions d'existence. Finies les méchantes chambres de bonne ou la cave mal chauffée où nous avions passé quelques mois.

Mes études se déroulaient à Grignon à plus de trente kilomètres de notre résidence. Je pensai supprimer cette distance en achetant un vieux tacot pour partager mon temps entre mes deux domiciles.

Au mois de décembre 1962, une route enneigée, des freins défectueux et un camion faillirent mettre définitivement fin à ma médiocre existence. Transporté sans connaissance à l'hôpital Vaugirard, je découvris, mes esprits revenus, une des dernières et sordides salles communes où plusieurs dizaines de malades mêlaient leurs souffrances. Au petit matin, un de mes voisins fut emporté sur un chariot brun, le véhicule qui conduisait à la morgue. Après une semaine d'hospitalisation, encore mal assuré sur mes jambes, je regagnai mon domicile.

Je surmontai peu à peu ces coups du sort auxquels j'avais si souvent prêté le flanc.

Un nouveau projet avait germé en mon esprit sur les cendres du deuil de mon patriotisme tunisien. L'avenir au pays natal paraissait désormais irrémédiablement compromis pour nous juifs, condamnés au sort de citoyens de seconde catégorie. Mes parents eux-mêmes, si attachés à leur pays, avaient choisi comme tant d'autres l'exil parisien. Il me fallait donc tourner la page tunisienne, si essentielle, de mon existence. Que ferais-je de mon savoir agronomique ? Je décidai d'aller offrir mes services à la jeune république socialiste de Cuba, qui apparaissait alors comme une utopie enfin réalisée, un véritable paradis fraternel et ensoleillé.

L'espace-temps entre le surgissement mental d'une idée et sa mise à exécution n'a jamais été bien long chez moi. Je me rendis donc au consulat de Cuba, près de l'Opéra, où je fus reçu par l'attaché commercial à qui je présentai ma candidature. Il l'accueillit avec sympathie. A partir de ce jour, je reçus régulièrement un certain nombre de publications, de propagande évidemment. Mais que lisais-je d'autre alors, à travers la littérature du PC, le quotidien *L'Humanité*, les œuvres de Marx et Lénine ? Périodiquement, je rencontrais mon attaché commercial. Il m'informait qu'après étude de mon dossier, ma candidature avait été retenue par les autorités cubaines, qu'il fallait désormais attendre la conclusion de mes études.

Tout naturellement, je choisis donc de me spécialiser en agronomie tropicale. Les cours avaient lieu à Nogent-sur-Marne, ce qui du même coup supprimait le douloureux clivage entre mon domicile à Antony et ma nécessaire présence à Grignon. Je suivis durant cette année l'enseignement de René Dumont, qui deviendrait bientôt le porte-drapeau du mouvement écologiste français. Dumont nous fascinait. Il analysait devant nous, à partir de piquantes anecdotes tirées de ses voyages, les systèmes agricoles dits socialistes, ceux de Cuba et de la Chine principalement. Cette analyse était plutôt critique, en même temps qu'empreinte de sympathie pour ces expériences d'emblée vouées à l'échec. Malgré son charisme personnel, l'enseignement de Dumont me paraissait anecdotique, sans rapport avec l'enjeu des problèmes. J'avais plus de goût pour les systèmes que pour le pragmatisme.

Mon séjour à Antony demeure en ma mémoire comme la période faste dans ma formation universitaire. La résidence était l'un des bastions des étudiants communistes et j'en devins un militant actif. Dans cette « serre » que constituait la résidence nous fûmes nombreux à cultiver notre première formation politique. Parmi nous, Jospin et Allègre militaient dans les sections rivales du Parti socialiste. Le dimanche matin, une semaine sur deux, je vendais *L'Humanité-Dimanche* en compagnie de mon ami Olivier Kahn.

Mais Antony n'était pas seulement un lieu hautement politisé, c'était aussi un espace de culture, un forum permanent d'échanges entre étudiants poursuivant les formations les plus diverses. Je me liai ainsi d'amitié avec Paul Méfano, mon voisin de palier qui m'initia à la musique contemporaine. Il me confia que sa vocation musicale lui était apparue bien tardivement, après son bac. Il allait devenir un des jeunes compositeurs les plus prometteurs, reconnu déjà par Darius Milhaud et Pierre Boulez. De ces conversations, s'imprima sans doute en mon esprit l'idée que l'on pouvait changer tardivement d'orientation.

Mon séjour à Antony dura trois ans. Ce climat à la fois plus serein et pourtant bouillonnant de vie me permit de me reconstruire. C'est en cette période que naquit mon deuxième fils.

Il me fallait enfin clore mes années d'études par un mémoire. Je choisis pour sujet l'étude d'une étrange expérience de peuplement et de « développement » – mot clé des études que je menais – qui s'était déroulée à Madagascar, dans la région de la Sakay. Elle avait germé dans l'esprit d'un administrateur colonial après la grande révolte, noyée dans le sang, de 1947. Il s'agissait d'apporter un contrepoids démographique à la population malgache, devenue peu sûre, en installant à proximité de Tananarive des milliers de « petits Blancs » habitant les hauteurs surpeuplées de l'île de la Réunion, toute proche. Le mode de colonisation coopératif juif ayant abouti à la création de l'Etat d'Israël servait ici de référence, et ce fut sans doute un des motifs inconscients de mon curieux choix. Il eut une conséquence inattendue.

Le projet Sakay échoua lamentablement mais donna lieu à un nombre impressionnant de rapports et d'archives que j'entrepris de consulter. Or, dans la masse insipide de cette bibliographie d'administration, une référence revenait fréquemment : *Psychologie de la colonisation* d'Octave Mannoni[1]. Son titre me déplaisait, peu marxiste, voire réactionnaire d'allure. Je me décidai néanmoins à lire l'ouvrage. Ce fut un choc. Dans le désert des rapports répétitifs, enfin une lecture vivifiante qui entrait en écho avec mes véritables intérêts encore enfouis. Pouvais-je me douter à la lecture du titre, et dans un tel contexte, qu'il s'agissait de l'essai d'un psychanalyste ? Le sachant, l'aurais-je lu ? Tant de textes psychanalytiques que j'avais tenté de lire ces dernières années m'avaient rebuté. L'émotion éprouvée à la première lecture de textes de Freud était loin désor-

---

1. Republié en 1997 sous le titre *Le Racisme revisité*, Denoël. Je ne me suis pas livré à la comparaison du texte original et de sa réédition.

mais. Et voilà que je la retrouvais dans ce livre. Ce fut aussi ma seconde rencontre avec le nom mystérieux et auréolé d'un immense prestige, celui de Lacan, avec lequel Mannoni avait été en analyse et l'ouvrage en portait la trace transférentielle. Il existait donc une autre psychanalyse, passionnante, bien différente du brouet insipide qu'il m'arrivait de parcourir et de mes assommantes séances de psychothérapie.

Plus tard, après mon premier séjour africain, je parvins à rencontrer Octave Mannoni. Je lui dis combien son livre avait compté pour moi, qu'il m'avait en quelque sorte revivifié. Il m'écoutait plutôt lointain et distrait. Alors, sans trop savoir comment la chose serait possible, je lui demandai de me prendre en analyse. « Comment voulez-vous, alors que vous résidez en Afrique ? »

Lacan, à sa place, aurait sans doute trouvé d'autres paroles, peut-être m'aurait-il proposé de lui écrire, d'avoir quelques entretiens pendant mes périodes de vacances. On en resta là. Mannoni, en définitive, ne comprit rien à ma démarche, au chemin que je m'efforçais de frayer, tel un aveugle tâtonnant.

Des années plus tard, alors que nous étions tous deux membres de l'Ecole freudienne, il arriva que nous nous croisions lors de congrès. Mais il ne me reconnaissait pas et je ne voyais aucune raison de lui rappeler cet épisode. Les livres valent souvent mieux que leurs auteurs.

J'étais enfin possesseur d'un beau diplôme d'ingénieur agricole, doublé d'un certificat de spécialité en agronomie tropicale. J'entrepris alors les dernières démarches en vue de mon grand départ pour Cuba. Le consulat m'informa qu'un billet d'avion m'attendait à l'ambassade, avenue Foch. Je m'y rendis et l'on me remit ce billet. Qu'en était-il de ceux de ma femme et de mes deux enfants ? On m'expliqua qu'il était préférable que je parte seul, ceci afin de préparer leur venue dans les meilleures conditions.

Cette séparation me parut cruelle, mais l'argument avait toute l'apparence du bon sens et je l'acceptai.

Pourtant, cette sorte de providence qui se manifeste, quand mes pas me conduisent vers quelque gouffre, s'exprima à nouveau. Je devais prendre l'avion pour La Havane une semaine plus tard quand le journal *L'Humanité*, ma lecture quotidienne, commença la publication d'un passionnant reportage sur Cuba, sous la plume de Jacques Arnault, un membre du Comité central, par ailleurs responsable de la revue *La Nouvelle Critique* et que j'avais un jour croisé dans mes activités militantes. Ces longs articles confirmaient la représentation que je me faisais de Cuba : la réalisation enfin réussie de l'utopie socialiste, le paradis terrestre, en somme. Mon exaltation militante s'en trouva renforcée. J'étais cet heureux *homo viator* qui allait bientôt fouler le sol de cette terre bénie. Je m'en ouvris à Michel Dion, un camarade d'Antony, étudiant en sociologie, dont j'avais souvent apprécié le bon sens et l'amitié. « Pourquoi ne pas rencontrer Jacques Arnault et lui parler de ton départ ? Peut-être te donnera-t-il quelque bon conseil ? »

J'avouais ne pas y avoir pensé. Tout me paraissait si clair, si lumineusement évident. Mais l'ami Dion avait été convaincant et je téléphonai à Arnault qui me reçut le lendemain.

Je le félicitai pour ses beaux papiers, écrits sans cette « langue de bois » qui défigurait généralement la prose du Parti. Puis j'évoquai mon proche départ. Arnault sursauta.

« Tu es célibataire ?

– Non, marié, et père de deux jeunes enfants.

– Et ils t'accompagnent ?

– Non, ils me rejoindront une fois mon installation faite. »

Ces dernières paroles semblèrent l'horrifier. Son discours soudain bascula.

« Malheureux ! me cria-t-il. Tu ne reverras plus ni ta femme, ni tes enfants ! Tu n'imagines pas la situation qui règne là-bas.

– Mais tes articles... si enthousiastes... si encourageants...

– Mes articles sont une chose et la réalité en est une autre ! » m'avoua-t-il avec beaucoup de courage. Puis se reprenant, et retrouvant le langage prudent du militant, il ajouta :

« Tu comprends, les camarades là-bas ont beaucoup de problèmes. L'impérialisme ne leur fait pas de cadeaux.

– Justement je souhaite apporter mon aide aux camarades. »

Arnault dut alors saisir à quel genre de naïf abruti il avait affaire. Le brave homme avait cependant décidé de me sauver. Que serais-je devenu en effet, dans le chaos de l'île, citoyen tunisien en rupture avec son gouvernement ? Français, j'aurais sans doute pu me tourner vers l'ambassade de France pour un éventuel rapatriement. Arnault usa donc de ruse. « Pars puisque tu y tiens. Mais à ta place j'y mettrais une condition : que ta famille t'accompagne, sinon tu rends ton billet. »

Arnault m'avait reçu dans les locaux de *L'Humanité*, c'était un dirigeant du Parti. Son conseil résonnait donc comme une consigne politique que je suivis, discipliné comme toujours, avec parfois de maladroites ruades.

Je retournai à l'ambassade de Cuba et exigeai des billets pour ma petite famille. On me déclara la chose impossible. Je rendis alors celui en ma possession. Tout se passa en quelques minutes, dans une grise banalité. Un rêve cultivé depuis plusieurs années s'effondrait sans que rien dans l'ordre du monde n'en soit un tant soit peu affecté. Je restai orphelin de mon désir de servir.

En Afrique

Il me fallait désormais gagner ma vie avec un emploi trivial, devenir un « agent du néocolonialisme », quitter la résidence universitaire d'Antony et trouver un logement.

Mon premier emploi d'ingénieur, je le trouvai dans les bureaux parisiens de l'Institut de recherche pour les oléagineux, dans le département palmier à huile. Cette culture, menée avec les meilleures techniques agronomiques, me renvoyait aux beaux dattiers de mon enfance et à ma nostalgie enfouie. Ollagnier, le directeur de l'institut, était une étrange personne. Enfermé dans son bureau mal éclairé et enfumé, il dirigeait depuis Paris, et avec une exceptionnelle intelligence, l'ensemble des recherches menées en Afrique. On le disait pourvu d'un sixième sens, d'une sorte de télépathie avec les plantes qui poussaient à des milliers de kilomètres, une folie peu commune. Tirant sur un éternel mégot, il cherchait dans les propos de tout interlocuteur qu'il dévisageait en silence, la faille du raisonnement. Celle-ci trouvée, son visage s'éclairait alors du sourire de Méphisto avant d'y poser un doigt cruel et infaillible. L'homme me fascinait et me terrorisait en même temps. J'appréhendais et espérais à la fois les moments où il me convoquait dans son bureau car le déploiement de son intelligence était proprement magique.

Je dus lui donner satisfaction car, après les trois mois d'essai réglementaires, on m'annonça que je faisais l'affaire et que l'on m'accordait une petite augmentation. Mon salaire était en fait bien misérable après tant d'années d'études, à peine suffisant pour payer le loyer du petit appartement que nous occupions à Meudon-la-Forêt. Aussi avais-je émis le vœu d'être envoyé comme chercheur dans un pays d'Afrique, dès qu'un poste serait libre, puisque là-bas les salaires étaient plus importants. Ma titularisation à peine obtenue, je me lançai dans l'étrange projet de créer en cet institut, héritier des traditions coloniales des grandes plantations d'hévéas et de palmiers à huile, une section de la CGT et d'affirmer mes opinions communistes.

Je ne fis pas long feu. Un mois après m'avoir titularisé, on m'annonça mon licenciement. Mais il ne fallait pas faire de vagues. Puisque je tenais tant à connaître l'Afrique, on allait m'y envoyer... par les soins d'un autre institut, celui des cultures vivrières. La maladresse que j'avais commise s'est avérée une des grandes chances de ma vie.

L'accueil et les conditions de travail que je découvris à l'Institut des cultures vivrières étaient bien plus favorables. Finies l'atmosphère de suspicion et cette pression professionnelle de tous les instants accompagnée du sentiment de toujours être insuffisant.

Je fus aimablement reçu par le directeur adjoint, M. Van Poorten. Celui-ci souhaitait définir avec moi la spécialité à laquelle je voulais me consacrer, tout en tenant compte des besoins de l'institut. Van Poorten évoqua plusieurs postes disponibles. « Je ne pense pas que la riziculture vous intéresse.

– Si, précisément », lui répondis-je avec enthousiasme. En effet, au cours de mes études à Nogent, la culture du riz m'avait particulièrement intéressé. Cette céréale n'était-elle pas la plus importante, l'aliment principal de milliards d'hommes, nécessitant de surcroît une riche combinaison de techniques, l'usage de l'irrigation ? La riziculture ne constitue-t-elle pas l'infrastructure économique de civilisations complexes ? Le mot culture pouvait, en ce cas, s'entendre en ces deux sens.

« Ça tombe bien ! Nous manquons de spécialistes en riz. Il nous reste à organiser votre formation. Vous ferez un premier stage au Sénégal, dans la station de Richard Toll, puis vous passerez quelque temps dans nos stations de Madagascar, avant d'occuper votre premier poste, sans doute en Côte-d'Ivoire. »

Des stages, un salaire bien plus élevé, je n'en espérais pas tant. Surtout je m'étais métamorphosé en quelques secondes en enthousiaste adepte de cette petite plante, *Oryza sativa,* le riz, jusqu'à m'y identifier, lui prêter une âme, la mienne. J'allais bientôt consacrer au métier de riziculteur, la plus belle des spécialités agronomiques, une véritable passion dont je garde encore la nostalgie. La vue d'une rizière, dont le vert tendre du feuillage ne ressemble à celui d'aucun autre, peut aujourd'hui encore me bouleverser.

Quelques jours plus tard, accompagné de toute ma petite famille cette fois, je m'envolai pour Dakar. Je fis mes premières armes à Richard Toll, dans le Nord Sénégal, sous l'autorité bienveillante de M. Couey, un jovial Vietnamien qui aurait appartenu, disait-on, à la famille de l'empereur déchu Bao Daï. Il vivait avec bonhomie son exil en cette région ingrate du globe.

Couey avait conçu le projet de « m'endurcir ». « Il est trop tendre », disait-il à ceux qui s'étonnaient de me voir confier, à peine débarqué, les tâches les plus dures. Cette « tendresse » allait rapidement fondre sous le coup de réveils aux aurores pour aller implanter des essais dans le delta du fleuve à quelques dizaines de kilomètres de Richard Toll, à y suer toute l'eau de mon corps sous l'impitoyable soleil de cette frange méridionale du Sahara jusqu'en des heures tardives de l'après-midi. Pas un arbre et son ombre bienfaitrice en ces terres régulièrement inondées au moment de la crue. J'en voulais donc à ce bourreau chinois, dont les compétences agronomiques ne m'avaient pas convaincu. Je ne percevais pas la réelle sympathie qu'il me portait et que ces quelques misères allaient bientôt me permettre de mieux affronter ce métier difficile. Six mois de ce régime et je devins effectivement un riziculteur aguerri. Le pauvre Couey, lui, devait disparaître deux années plus tard dans un accident de la route, sur cette meurtrière tôle ondulée africaine.

Je partis ensuite seul pour Madagascar. Ma femme attendait la naissance de notre troisième enfant. Autant j'avais détesté Richard Toll, la vieille case délabrée,

67

les impitoyables nuages de moustiques, le paysage ingrat, les rizières mal entretenues, infestées de mauvaises herbes, autant la beauté de la grande île, avec sa pittoresque capitale, la douceur toute en courbes féminines de ses paysages, me séduisit.

Mon séjour à Tananarive fut bref. Mon stage devait se dérouler dans la grande station du lac Alaotra. Un tortillard m'y conduisit après un interminable voyage. Mêlé à la population locale, j'aurais dû pourtant apprécier ce pittoresque voyage entre les collines, les *tanety,* avec les arrêts répétés du train en de curieuses petites gares, ses vendeurs de fruits exotiques, de tubercules bouillis, de poulets, qui se pressaient aux fenêtres du wagon pour présenter leurs produits. Mais le cœur n'y était pas. J'étais là pour travailler. Je m'étonnerai plus tard, touriste à l'occasion, d'être resté insensible à tant de beautés. Pour l'instant, il me tardait d'en finir avec cet insupportable cahotement avant la nuit.

Arrivé à destination, j'appris qu'aucune fonction particulière ne me serait confiée. Mon séjour de trois mois fut une longue période d'oisiveté. Je partageais l'habitation et la table d'un jeune technicien expatrié qui avait à son service un excellent cuisinier malgache, répondant au curieux nom de Fet' Nat', ceci parce qu'il était né un 14 juillet. C'est à la fin de ce séjour que j'appris la naissance de mon troisième fils.

Mon année de formation était désormais achevée et j'attendais sereinement ma première nomination. Ce devait être, comme promis, la riche Côte-d'Ivoire. Il fallait créer dans la ville de Bouaké une première station de recherche rizicole. Brillante perspective, donc. Au dernier moment, on me jugea encore insuffisamment aguerri pour une telle responsabilité et on décida de confier le poste à un autre chercheur, lequel croupissait depuis plusieurs années dans une petite station perdue dans la brousse casamançaise du Sud Sénégal, Séfa. Il me revenait dès lors de croupir à sa place.

Ce fut une rude déception. Je connaissais la station de Séfa pour y avoir séjourné pendant quelques jours au cours de mon précédent stage au Sénégal. J'avais détesté l'endroit et l'équipe qui y travaillait.

Mais il fallut bien ravaler mon amertume. Mieux encore, je décidai, contre l'avis de mes supérieurs, de relever l'impossible défi et de faire du riz pluvial, considéré comme une malédiction, une chance pour le Sénégal. Effectivement, cette décevante nomination se révélera, après coup, comme la chance de ma carrière agronomique. « Ce qui peut arriver de mieux à l'homme, ce sont les dégâts de sa vie », refrain lacanien qu'il me fut donné de vérifier jusqu'à la lie. Je m'envolai donc avec mes trois enfants, dont l'un âgé d'à peine deux mois, pour ce poste perdu, en espérant qu'aucun ennui sérieux de santé ne viendrait nous frapper. Nous étions en effet séparés, que ce soit de Dakar ou de Ziguinchor, par un fleuve que l'on ne traversait que par de vieux bacs, après d'interminables attentes.

Séfa appartenait à un important complexe agro-industriel, la CGOT, créée après la Deuxième Guerre mondiale par le pouvoir colonial. La France manquait d'oléagineux et pour combler ce déficit, on avait défriché plusieurs milliers d'hectares de la forêt casamançaise pour y cultiver de l'arachide. Ce fut un désastre agronomique. On eut alors l'idée d'intercaler, en une rotation des cultures, le riz pluvial, un riz qui ne serait pas cultivé dans une rizière classique, submergée, mais à la manière du blé en Europe, en vastes espaces semés et récoltés mécaniquement.

Les rendements de ce riz pluvial furent très médiocres. On accusa le *déficit en eau* d'être la cause de cet insuccès. Le riz est si intimement mêlé dans l'imaginaire à la culture en parcelles submergées.

Les a priori m'ont toujours irrité. Je décidai d'en avoir le cœur net : est-ce bien le manque d'eau qui explique ces faibles récoltes ? Mon intuition me soufflait qu'il n'en était rien. Pour cela, je montai un essai où certaines parcelles de riz recevraient, à l'arrosoir, un complément d'eau, d'autres ne le recevraient pas, et j'en comparerais les rendements respectifs. Je voulais prouver que ce supplément d'irrigation, en cette région de forêts bien arrosée, n'avait que peu d'influence sur les récoltes de riz, qu'il fallait donc chercher ailleurs le facteur limitant. Si la nature m'a doté d'un don, c'est bien celui-ci, irritant pour l'entourage, de cultiver le paradoxe. Devant une impasse éprouvée par plusieurs, il convient d'essayer la solution opposée.

Mes collègues – nous étions trois ingénieurs à mal cohabiter dans cette petite station – me prirent pour un fou. Je gaspillais les pauvres deniers de la recherche et cela suscitait en eux une colère permanente. Je ridiculisais la station. Très vite l'atmosphère devint irrespirable et devant la bêtise épaisse, ma maladresse peut atteindre des sommets.

Je mis en place d'autres essais, à partir d'idées simples. Je cherchais ainsi à découper une difficulté en ses facteurs premiers. Peut-être les sols étaient-ils trop pauvres, lessivés par l'érosion ? Je le vérifierais en fournissant d'importantes doses d'engrais. Par ailleurs, l'a priori sur les supposés besoins énormes en eau du riz conduisait à le semer très tardivement, quand les abondantes pluies tropicales de juillet étaient bien installées. Or ces trombes d'eau avaient pour effet de lessiver les sols de leurs éléments nutritifs, ce qui expliquait sans doute la végétation souffreteuse. Je pris donc le risque de semis très précoces. J'expérimentai enfin quelques nouvelles variétés. Il me fallait, dans la hâte, déterminer le facteur limitant, la raison d'une végétation aussi souffreteuse. Mon impatience avait sans doute d'autres raisons, d'autres rendez-vous existentiels m'attendaient, mais cela je l'ignorais encore.

Cette année 1966, et la suivante plus encore, fut horriblement sèche. Ce qui me parut d'abord une catastrophe se révéla être une chance supplémentaire. Le ciel, après quelques bonnes pluies qui firent lever mes semences, se mit désespérément au bleu fixe. Je n'en dormais plus. Le moindre bruit, la moindre feuille tombant sur la tôle ondulée du toit de ma case me réveillait en sursaut : pleuvait-il enfin ?

A ma grande surprise, mes vaillantes pousses de riz, impeccablement alignées, résistaient. Elles s'enroulaient quand le soleil montait au zénith et se dépliaient à la rosée du matin. Puis les pluies finirent par s'installer. Le riz se développa superbement en une végétation touffue.

Vint la récolte. A ma grande joie, mais aussi à ma grande surprise après une telle sécheresse, les différences de rendement entre parcelles irriguées et celles qui ne l'étaient pas ne s'avéraient pas significatives, pas plus que celles dues à l'apport massif d'engrais. Le facteur limitant n'était donc ni l'eau, ni la fertilité des sols. Il était ailleurs, mystérieux, sans doute dans le type de variété de riz traditionnel que nous utilisions.

A quelques kilomètres de notre station, se trouvait une ferme expérimentale créée deux ans auparavant par une équipe d'agronomes formosans et dont le riz était la principale culture. Mes a priori politiques, teintés de maoïsme, me disposaient mal envers ces Chinois, de dangereux réactionnaires certainement. Je visitai néanmoins leur ferme en compagnie d'un collègue. Les distractions étaient si rares à Séfa. Ce fut un choc. Les Formosans avaient transformé une pauvre vallée en un magnifique jardin. Je n'avais jamais vu d'aussi belles rizières. Les épis étaient si nombreux, serrés les uns contre les autres, si pleins de grains que les diguettes qui entouraient les parcelles semblaient prêtes à craquer. Ils obtenaient des rendements triples des nôtres et répétaient leur prouesse deux fois par an. La gentillesse de leur accueil me toucha. J'étais sous le charme devant une telle merveille, jamais vue sous les ciels africains.

C'est alors que mon collègue français eut ces malheureuses paroles :

« Tu vois, ce que ces gens font n'est absolument pas adapté à ce pays. C'est une expérience artificielle, inapplicable.

« – Et leurs variétés ?

– Elles ne valent que dans leur système de culture. Autrement, c'est sans intérêt ! »

Ces mots étaient caractéristiques de l'état d'esprit des agronomes français envoyés au Sénégal comme coopérants techniques, état d'esprit contre lequel je ne tardai pas à me révolter. Les variétés « sans intérêt » que les Formosans cultivaient allaient bientôt envahir le monde sous l'étendard de la « révolution verte ».

Notre institut de recherche avait pour base principale la grande station de Bambey, située à l'est de Dakar. Des sommes considérables y étaient englouties sans grand résultat tangible. Un pesant préjugé paralysait la recherche : tout ce qui se faisait ailleurs, que ce soit dans les travaux de l'INRA en France, ou dans les grandes stations financées par les Américains au Mexique ou aux Philippines, était par définition inapplicable à l'Afrique. Il fallait inventer de toutes pièces des techniques proches du paysan africain. Bambey ressemblait à un ghetto où tout à la fois on s'autocongratulait et se déchirait en de vaines jalousies, manifestation originale d'autisme scientifique. Sous cette erreur stratégique, se dissimulait un préjugé colonial. Il me paraissait évident qu'avec les moyens limités dont ils disposaient, les paysans africains tiraient le meilleur parti possible de leurs pauvres sols latéritiques, fatigués par l'érosion. Pourquoi ferions-nous sensiblement mieux si nous ne changions pas fondamentalement les données agronomiques de base ?

Cet état d'esprit me révoltait d'autant plus que je venais de découvrir par hasard (le hasard fut sans doute, en toute mon existence, mon meilleur allié) les remarquables travaux de chercheurs japonais et formosans rassemblés à l'Institut du riz de Manille par les grandes fondations Ford et Rockefeller, travaux qui allaient conduire à la « révolution verte ». J'écrivis à cet institut, qui ne tarda pas à m'adresser le rapport de leurs travaux ainsi que les nouvelles variétés naines, adaptées aux pays tropicaux, que cet institut venait de mettre au point et qui donnaient de fabuleux rendements. Les variétés traditionnelles, avec leurs grandes tiges et leur feuillage exubérant, donnaient, elles, plus de paille que de grain. Je décidai d'introduire ces nouvelles idées dans mes recherches.

Mais il me fallut vite payer le prix de mon esprit frondeur, de ma volonté constante de prendre le contrepied des idées admises et ce prix était la solitude intellectuelle. Les deux autres ingénieurs de la station me prirent en grippe. Je n'étais qu'un fou dangereux, la honte de la station. Vivre en brousse n'est en soi pas toujours facile. Mais en un huis clos hostile, la situation devient vite intolérable.

Un nouveau coup du hasard allait pourtant alléger ma solitude et contribuer à préparer les bouleversements à venir.

J'avais depuis des années remisé mes aspirations intellectuelles, mon goût pour les livres et ne lisais plus que des revues techniques ou des magazines. Dans ce contexte de marasme spirituel, une étrange expérience, insignifiante et magique, allait, en un long processus souterrain, changer mon destin.

De passage à Dakar après une visite obligée à

Bambey, j'entrai dans une librairie pour acheter quelques journaux, avoir quelques nouvelles du grand monde dont j'étais coupé. Je parcourais ainsi des yeux les rayons d'imprimés, quand je ressentis une présence en mon dos. Cela peut paraître fou, incroyable. J'en ai pourtant gardé un souvenir d'une étrange vivacité. Je me retournai et ce que je vis, c'était un livre à la couverture grise. J'en lus le titre : *Pour Marx*, de Louis Althusser. Le nom du philosophe m'était connu. Etudiant communiste, j'avais lu avec intérêt certains de ses textes dans *La Nouvelle Critique*.

J'achetai l'ouvrage avec l'intention de l'offrir à ma femme, pour son prochain anniversaire. Mais quelques minutes plus tard, de retour dans ma chambre d'hôtel, je ne résistai pas à l'irrépressible envie d'ouvrir le livre. Ce fut une révélation. Moi qui avais perdu le goût des ouvrages abstraits, je sentis que mon esprit se réveillait à grande vitesse d'un engourdissement de plusieurs années.

Dans les mois qui suivirent, je me pris d'intérêt pour les « sciences humaines » et je ne tardai pas à me procurer quelques-uns des ouvrages dont les hebdomadaires parisiens faisaient grand cas : *Lire le Capital* d'Althusser bien sûr, Althusser que je venais d'élire dans un de ces emportements dont je suis coutumier « mon maître à penser », *Les Mots et les Choses* de Michel Foucault, mais aussi les *Ecrits* de Lacan, des revues dont un *Cahier pour l'analyse*. Tous ces ouvrages allaient s'accumuler sur ma table de chevet avant de reconstituer ma bibliothèque tombée en friche.

Après dix mois de cette vie africaine, épuisante et irréelle à bien des égards, dans la fièvre de la recherche et la plus extrême solitude morale, il me tardait de revoir Paris, de renouer avec d'anciens amis, camarades du Parti pour la plupart, retrouver mes repères tel un marin après une longue traversée en solitaire.

Deux mois de vacances m'attendaient, la vraie vie au-delà de cette parenthèse africaine. Cette espérance tourna rapidement au cauchemar.

Paris en sa fin d'hiver avait son visage blafard des interminables jours de pluie. Je n'appartenais plus à ce cadre de vie. Mes anciens amis étudiants avaient intégré une vie active où je n'avais aucune place. Quelque chose en moi s'effondra. Pendant plus de deux semaines, je connus une sorte de crépuscule où les repères temporels eux-mêmes s'estompèrent. Il m'arriva de confondre matinée et soirée. Je vivais ce brouillard qui avait envahi mon esprit dans une intense angoisse et un constant vertige.

Il me devint bientôt difficile de sortir pour éviter cette étrange irréalité des choses et des lieux, et même de quitter mon lit. Dans mes meilleurs jours, j'errais sans raison autour de la gare du Nord, après avoir quitté la sordide banlieue où habitaient mes parents et où nous étions hébergés.

Dans une agence de voyages, une jeune femme remarqua mon air effaré. Elle osa m'en parler. Je la rencontrai à deux ou trois reprises autour d'une tasse de café. Je retrouvai mon ami Olivier Kahn qui débutait sa carrière de chercheur. Peu à peu des fils se renouaient.

De cette crise émergea bientôt, comme en plusieurs autres moments de ma vie, un intense besoin de poésie. Je me mis, dans la fièvre, à écrire des poèmes, des petits textes en prose. Bientôt ces textes prirent la forme d'un dialogue avec mon « maître à penser », Louis Althusser, que j'affublais du pseudonyme « Pierre Mario ». Choisi apparemment au hasard sans y prendre garde, ce nom de Mario n'était pas tout à fait innocent. Quelques mois plus tard, je publierais un article dans l'hebdomadaire du Parti, *France Nouvelle*, et de nouveau réapparaîtra le pseudonyme de Mario, précédé cette fois de Gérard. Ma relation à Althusser trouvait ainsi son explication, partielle du moins, comme quête d'une filiation, cette filiation *intellectuelle* qui me faisait si cruellement défaut, quête qui finalement me conduirait à l'analyse.

Bientôt ces textes formèrent un recueil que j'intitulai « Le retour du non-Ulysse » puisque moi aussi j'avais fait un long voyage mais mon retour me laissait désemparé.

Je me rétablis ainsi, spontanément. Mon travail d'écriture m'avait aidé à m'extraire du gouffre. Peut-être cette crise signalait-elle aussi les transformations profondes qui s'opéraient en moi, comme en témoignait la référence à Althusser qui joua dans mon existence, et à son insu, le rôle de passeur.

Je repris, l'esprit libéré, le chemin de l'Afrique, de Séfa, noyée dans ses flamboyants et ses bougainvilliers de toutes couleurs, le chemin de mes parcelles de riz. Mais accompagné cette fois du désir retrouvé d'écrire.

Les périodes sombres de mon existence ne sont-elles pas celles où ce désir tombe en friche ?

J'occupai mes heures de sieste à la mise en forme définitive de mon recueil et l'adressai à l'éditeur P.J.O. dont j'avais trouvé l'adresse en une alléchante annonce dans un journal littéraire. Quelques semaines plus tard, je reçus la réponse, élogieuse. Mes textes étaient acceptés, à compte d'auteur évidemment. La qualité de mes textes justifiait, m'expliquait-on, un tirage substantiel. (Je découvrirai par la suite que l'éditeur se contentera d'imprimer une centaine d'exemplaires.)

Je me lançai à corps perdu dans une nouvelle campagne d'expériences, utilisant largement les variétés formosanes et celles que l'Institut de Manille m'avait envoyées. J'étais désormais épaulé par un jeune agronome dynamique, Lucien Séguy, devenu mon ami. Mes plantations étaient magnifiques, d'un vert intense et je passais des heures à les contempler. En deux ans à peine de recherches, mes hypothèses de travail se vérifiaient. Le riz pluvial ne souffrait pas d'un manque d'eau, mais de techniques erronées et de variétés peu productives. Les rendements avaient doublé. Déjà, je lançais un programme d'amélioration des variétés locales en les hybridant aux variétés formosanes. L'affaire fit assez de bruit pour que Francis Bour, à la fois patron charismatique de notre institut, mais aussi dirigeant d'une société de développement qui vulgarisait les résultats de nos recherches (SATEC), nous rendît visite au cours d'un passage au Sénégal. Le travail accompli l'impressionna :

« Pensez-vous que nous pourrions étendre vos

petites parcelles expérimentales à une opération de grande envergure ? me demanda-t-il.

– Nos résultats sont encore bien trop fragiles et nos techniques exigent un personnel bien formé, l'ai-je prévenu. Je pencherais plutôt pour une opération pilote de quelques dizaines d'hectares qui permettrait de former ce personnel, puis d'étendre progressivement l'opération. » Je réfléchissais désormais en « Formosan ».

Mais Bour était en quête urgente de nouvelles idées qui lui permettraient de lancer de grands projets financés par le Fonds européen ou la Banque mondiale, projets qui emploieraient un grand nombre d'ingénieurs et de techniciens. La coopération avec l'Afrique était en crise. Bour finalement n'écouta pas mes conseils de prudence et lancera deux ans plus tard, avec le financement de la Banque mondiale, une grande opération riz pluvial en Casamance qui échouera.

Quant à moi, depuis un an, je cumulais deux tâches. D'une part je poursuivais les prometteuses recherches sur le riz pluvial en Basse-Casamance, tout en cherchant aussi à les étendre à d'autres régions du Sénégal. D'autre part, j'avais la responsabilité de créer une nouvelle station de recherche, sur le riz traditionnel aquatique cette fois. Cette station se trouvait à Ziguinchor, capitale de la Casamance, et c'est là désormais que je résidai.

La culture du riz submergé était traditionnelle en Basse-Casamance. Les vaillants paysans diolas, armés d'une immense houe, semblable à une grande rame, le *cayando*, avaient depuis des lustres installé des rizières sur les sols marécageux de mangroves défrichées. Le rendement en était dérisoire.

Le programme de travail que je m'étais fixé était épuisant. J'agissais sur deux fronts, situés à plus de cent kilomètres l'un de l'autre, sans me résigner à sacrifier ou à réduire l'une ou l'autre activité. Malgré la prise consciencieuse de Nivaquine, je connus aussi les affres du paludisme.

Je me sentais surtout affreusement seul, ne trouvant aucun charme à la vie coloniale, à ses beuveries, à ses parties de chasse, à ses expéditions au cap Skiring. Le sourd désir d'une véritable vie intellectuelle me taraudait. Les affres de mon « syndrome de Solal » ne m'avaient pas non plus abandonné.

C'est alors que mon recueil de poèmes parut. J'en adressai un exemplaire à leur inspirateur, Louis Althusser. Quelques semaines passèrent quand, revenant de mes champs à mon bureau, je trouvai un après-midi sur ma table, au milieu de mon courrier, une enveloppe portant la prestigieuse adresse de l'Ecole normale supérieure. Je l'ouvris en tremblant. Elle était bien du philosophe qui avait entendu l'hommage masqué de mon petit recueil. Il m'invitait à lui rendre visite à mon prochain passage à Paris. Ce que je fis quelques mois plus tard.

Althusser me reçut dans son grand bureau de la rue d'Ulm. J'étais très impressionné. Nous avons parlé de mon travail de chercheur mais aussi de vulgarisateur. Je lui fis part d'une réflexion, née au contact des paysans sénégalais. Parmi les techniques que nous essayions de promouvoir, certaines rencontraient une invincible et incompréhensible résistance. Celle-ci ne relevait pas d'un rejet du progrès puisque d'autres techniques, comme la diffusion de nouvelles variétés, rencontraient, elles, un très vif intérêt et une mise en application immédiate. Parmi les élèves d'Althusser, un concept était alors en vogue, celui de *mode de production*, en particulier de mode de production asiatique, reposant sur les techniques de l'irrigation. Cette technique-là, précisément, semblait inaccessible au riziculteur casamançais qui se contentait de simplement retenir les eaux de pluie, sans chercher à les maîtriser. Y aurait-il donc, lui ai-je proposé, un mode de production spécifiquement africain ?

Ma remarque l'intéressa et il me conseilla de poursuivre mes observations, de rédiger quelque chose sur cette question.

Je repartis bientôt en Casamance, regonflé par cet entretien et l'encouragement qu'il me paraissait contenir. A mon travail d'agronome s'ajoutait désormais le projet d'une réflexion, d'une production théorique dans le champ du marxisme, ma haute ambition désormais possible. Elaborer une théorie à partir d'une intuition, d'observations fragmentaires est à mes yeux une aventure de l'esprit parmi les plus excitantes. La psychanalyse sur ce plan me comblera.

Je me mis donc à la tâche et très vite ma réflexion s'organisa autour de la question du travail humain. Il m'apparut bientôt que celui-ci s'organisait toujours autour de trois structures élémentaires. Il fallait à nouveau prendre sur mes heures de repos pour rédiger, ce dont j'avais perdu quelque peu l'usage. Au fil des mois une petite brochure prit forme que j'adressai à Althusser. Les semaines passèrent, longues, interminables, puis les mois. Je reçus finalement un bref message. Althusser évoquait à nouveau un mystérieux brouillard qui embrumait son esprit, son incapacité à lire, lui l'auteur de *Lire le Capital* qui m'avait si profondément impressionné. J'ignorais alors tout du mal où il devait bientôt basculer en une effroyable tragédie. Mais Hélène, sa femme, que je n'avais jamais rencontrée, avait lu et apprécié mon texte, me disait-il. Cet essai jouera son rôle dans mon analyse, quelques années plus tard.

Ma rencontre avec Althusser m'avait aussi rendu le goût pour l'action militante. Ziguinchor abritait l'état-major du PAIGC (Parti africain de l'indépendance de la Guinée et du Cap-Vert), mouvement de guérilla dirigé par Amilcar Cabral, qui menait avec succès, en Guinée-Bissau toute proche et dans les îles du Cap-Vert, une lutte armée contre le colonialisme portugais. Je me liai d'amitié avec un jeune agronome formé à Cuba qui me présenta à Luis Cabral, frère d'Amilcar. Celui-ci, plus tard, pendant une brève période, présida le nouvel Etat indépendant. Par son intermédiaire, je pus interviewer Amilcar Cabral peu avant son assassinat. L'entretien parut dans l'hebdomadaire *France Nouvelle*, toujours sous la signature de Gérard Mario.

Je fis également connaissance, dans les locaux du PAIGC, d'un jeune médecin portugais, juif de surcroît comme je l'apprendrai plus tard, communiste pur et dur comme moi, qui avait déserté l'armée portugaise et vivait misérablement dans une chambre avec sa femme française et leur bébé. Je m'efforçai d'aider ce petit monde avec mes faibles moyens en remettant à l'agronome quelques kilos de mes meilleures variétés de riz, en offrant les jouets de mes enfants aux petits réfugiés, en répondant aux demandes du médecin chaque fois qu'il lui fallait des pansements, des médicaments. Il m'arriva de l'accompagner dans ses visites à « l'hôpital du Parti », un simple hangar avec deux rangées de lits de camp où des paysans guinéens, des enfants, des femmes, recevaient quelques soins, un concentré de la misère du monde.

Mon romantisme révolutionnaire, souvenirs de Malraux et de la guerre d'Espagne, de Cuba et du Che, ne m'avait pas quitté. Visiter lors de longues et dangereuses marches à pied les « zones libérées » par la guérilla en est, chacun le sait, la plus belle expression. Je demandai donc à Luis Cabral de m'autoriser à visiter les zones libérées de la Guinée-Bissau. Il accepta.

Un dimanche matin (nous étions en fin de saison sèche), un véhicule vint me chercher à mon domicile. Mon ami l'agronome guinéen s'y trouvait, vêtu d'un treillis militaire, ainsi qu'un chauffeur-garde du corps. Nous partîmes sur des pistes de latérite, entre les rizières grises et sèches en cette saison et les rachitiques bosquets de palmiers à huile. Après avoir roulé pendant une dizaine de kilomètres à peine, le chauffeur s'arrêta. Nous avions atteint la frontière supposée entre Sénégal et Guinée-Bissau. Il fallait désormais continuer à pied, encadré par deux hommes armés.

Le paysage n'avait pas changé, terres grises craquelées et touffes de palmiers sous un magnifique ciel bleu. On traversa quelques marigots à sec. Après une petite heure de marche, nous atteignîmes une vaste clairière où je distinguai un groupe d'une cinquantaine d'hommes armés de fusils-mitrailleurs, portant des uniformes vert olive qui me semblèrent presque neufs.

Un officier lança un ordre et la compagnie se mit au garde-à-vous. On me rendait tout simplement les honneurs militaires, pour la première et dernière fois sans doute de mon existence. L'officier prononça une brève allocution en créole guinéen dont je ne compris pas un mot. Sans doute me présentait-il, à juste titre, comme un ami du peuple guinéen et de son valeureux président Cabral.

Il me fallut bientôt, à mon tour, dire quelques mots. Je m'entendis alors prononcer ces étranges paroles :

« Je vous apporte le salut de la classe ouvrière française solidaire de votre combat. »

Je n'étais alors français que depuis quelques mois. Un article du *Journal officiel* m'avait appris que j'avais été naturalisé. Ce fut avec soulagement mais sans joie puisque je perdais ainsi mon attache légale à la terre natale que j'aimais, la Tunisie. Peut-être un observateur étranger aurait-il éclaté de rire en entendant mon discours dans cette clairière.

Dans ce bouillonnement de pensée et d'action, je percevais de plus en plus nettement que je n'étais plus à ma place. Pourtant mes recherches sur le riz me passionnaient et cette passion m'empêchait de tirer la conclusion qui s'imposait : retourner en France. Pour quelle tâche nouvelle ?

Deux petits événements, deux incidents, allaient pourtant précipiter ma décision.

Je fus un jour convoqué au consulat de France de Ziguinchor pour recevoir mon nouveau passeport. Une surprise m'y attendait. Agé de vingt-huit ans et résidant à l'étranger, une loi me dispensait du service militaire. Eviter l'armée avait constitué une raison suffisante pour rester en Afrique. Cette raison venait de tomber.

Mais le déclic définitif eut lieu avec la rentrée des classes. Mon fils aîné avait atteint l'âge scolaire. L'école était tenue par des missionnaires. L'idée m'était déjà pénible mais ce fut pire dès le premier jour de classe. Le cours préparatoire comptait plus de soixante élèves et se déroulait sur deux ans. Enfin l'assistance aux prières était obligatoire.

Il me parut insupportable que mes enfants suivent une scolarité au rabais et soient en outre transformés en parfaits petits chrétiens. Je décidai sur-le-champ de rentrer.

Le projet riz pluvial entrait alors dans une phase pré-opérationnelle. A l'occasion de mes vacances et de mon passage à Paris, Francis Bour m'invita à le rencontrer pour en parler. Je profitai de l'occasion pour lui annoncer ma décision de revenir en métropole. Je m'en étais au préalable ouvert auprès de Jacques Mayer, l'un de ses plus proches conseillers. Mayer venait fréquemment en Casamance suivre nos recherches. Nos relations étaient excellentes, pleines de gaieté. (Une mauvaise route africaine allait hélas prématurément l'emporter.)

« Et que comptez-vous y faire ?

– Je chercherai un travail, n'importe quoi, mes enfants ne pâtiront pas de ma carrière. »

Bour resta silencieux quelques secondes. « Accepteriez-vous de travailler ici, au siège de la SATEC ? Vous épaulerez Jacques Mayer. Je vous enverrai en Afrique pour des missions de quelques semaines. Mais votre famille restera pendant ce temps à Paris. »

Cette proposition me comblait. J'acceptai. Oui, j'avais, pour une fois, assez bien joué ma partie. « Mais vous vous engagez à assurer la mise en place de la prochaine campagne d'essais en Casamance. »

Bien évidemment ! Je pouvais ainsi faire mes adieux à mon cher riz pluvial, à la station de Djibelor que j'avais commencé à développer. Ce dernier séjour dura quatre mois. Puis je revins à Paris pour occuper mes nouvelles fonctions de conseiller agronomique à la direction de la SATEC, rue de l'Université, à quelques mètres de l'Assemblée nationale.

Ma première expérience professionnelle, la pratique du paradoxe à laquelle mes recherches sur le riz pluvial m'avaient contraint, avaient profondément marqué mon esprit, mes processus de pensée, mon rapport à l'impossible. Je suis, d'une certaine manière, resté un agronome, les bottes dans la tourbe des rizières et l'esprit fasciné par les abstractions.

La « clinique » du Dr Lacan

Le matin même de ma prise de fonction, Jacques Mayer me convoqua dans son bureau :

« J'ai du boulot pour toi. Ici on ne chôme pas. Tu sais que l'opération Haute-Volta bat de l'aile. Va voir sur place si on peut encore y faire quelque chose. Je sais, c'est une mission désespérée, c'est pour ça qu'on t'y envoie. »

L'ami Jacques savait trouver les mots justes.

Peu après l'indépendance de la Haute-Volta[1], la SATEC avait lancé, sur financement gouvernemental français puis européen, une ambitieuse et coûteuse opération de développement des cultures vivrières sur le plateau mossi, de Ouagadougou à Koudougou, à grand renfort d'ingénieurs et de techniciens expatriés. Cette opération, parallèlement à celle du développement de l'arachide au Sénégal, avait conféré à la SATEC le statut d'une grande société d'étude et de développement. Le principe en était simple : les Voltaïques manquaient de vivres. Pour en produire plus, il fallait accroître les

---

1. Devenue Burkina Faso.

surfaces cultivées en mil, principale plante vivrière du pays. Mais les surfaces qu'un paysan peut préparer et cultiver avec sa houe manuelle sont limitées. Pour les accroître, il suffisait d'équiper ce paysan d'une petite houe traînée par un âne. Cette houe, sorte de petite herse aux dents souples, mise au point par la mission catholique du village de Manga, reçut ce nom. On envisageait également l'usage de faibles doses d'engrais.

Le projet reposait donc sur une certaine définition des facteurs limitant la production vivrière. Seulement cette définition était fausse. Les Mossis ne cultivaient pas de surfaces plus grandes, parce que celles réellement cultivables manquaient. La densité de population de la région était en effet très élevée et les sols latéritiques si épuisés qu'aucune fertilisation ne pouvait en augmenter le rendement.

Comment les concepteurs de l'opération avaient-ils pu se tromper aussi grossièrement ? Simplement parce qu'ils avaient observé l'existence de surfaces importantes laissées en jachère. Il leur avait échappé que ces terres-là étaient devenues stériles.

L'opération fut donc un total fiasco. Les paysans tuèrent l'âne qui leur avait été remis, le mangèrent et utilisèrent la houe à de tout autres usages.

Le Fonds européen décida de mettre un terme à l'hémorragie. A moins qu'une nouvelle idée, convaincante, ne prenne la relève de l'humble houe manga. On finançait donc ma mission en désespoir de cause.

C'était pour moi une magnifique gageure, un nouveau combat avec l'impossible. « Et je pars quand, Jacques ?

– Dans deux ou trois semaines. Il te faut préalablement étudier ce qui a déjà été fait. »

Je m'attelai sans perdre une minute à la tâche et pour commencer, je grimpai au sixième étage où se trouvait notre service de documentation :

« Il me faut toutes les archives concernant la Haute-Volta, demandai-je à la dynamique personne qui gérait le service. J'aimerais également consulter une carte des sols et une carte des populations. »

Une heure plus tard ma table de travail se trouvait envahie par une dizaine de dossiers et de volumes. Je commençai la lecture de cette masse de rapports insipides, répétitifs, décourageants. Il n'y avait rien à en tirer. Mes collègues, ensablés dans une idée fausse, avaient très vite été saisis par le doute et le découragement. Avec les moyens du bord, on ne pouvait pas faire mieux que les paysans. Il fallait donc reprendre les choses d'une tout autre manière.

La documentaliste m'avait déniché une pépite, un document comportant une série de cartes sur transparents. L'idée de superposer une carte démographique et une carte des sols me sauta au visage : les sols les plus pauvres étaient les plus peuplés. Par contre, en marge du plateau mossi ainsi que dans certaines dépressions de celui-ci, se trouvaient des îlots non peuplés. Leurs sols n'étaient plus latéritiques mais argileux, a priori plus fertiles. Il me sembla retrouver mes bons vieux amis, les sols hydromorphes de Casamance, mal drainés, mais qui convenaient merveilleusement à la culture du riz.

Je me lançai fiévreusement dans l'esquisse d'un nouveau projet que j'appelai « action terroir ». Je raisonnais à nouveau en Formosan. Il s'agissait de se concentrer sur quelques zones, riches en bas-fonds et terres argileuses que l'on aménagerait et que l'on travaillerait à la charrue. La culture du riz y tiendrait une place de choix.

Au bout de quelques jours, les choses étaient suffisamment précises et je pus exposer mes idées à Mayer. Son visage s'éclaira :

« Il faut rapidement vérifier tes idées sur le terrain. Mais ça m'a l'air intéressant. Rédige une petite note là-dessus que j'enverrai aux responsables locaux. Parles-en aussi à Rège. En tout cas, bravo, voilà au moins de l'air frais ! »

Claude Rège qui supervisait l'opération m'écouta avec intérêt.

Je venais d'avoir vingt-neuf ans, j'occupais un poste important à la direction d'une société dynamique, j'exerçais un métier passionnant, en un mot tout me réussissait. Mais derrière un masque jovial, conquérant, qui n'en laissait rien paraître, les pinces de crabe de la névrose n'avaient pas desserré leur étreinte. Le syndrome de Solal était toujours là, sous-jacent, comme son ombre de laideur qui doublait mon existence. Aussi, ces premiers succès, encore fragiles, peut-être même illusoires, provoquaient en moi un étrange vertige.

C'était un vendredi de septembre 1969 – le souvenir précis m'en est resté gravé. Je me trouvais sur le boulevard Magenta, non loin de la gare du Nord. Je venais de rendre visite à mes parents, en banlieue. Sur le trottoir opposé du boulevard, l'agence du Crédit

Lyonnais où j'avais mon compte et quelques pas plus loin, un bureau de poste en briques rouges. Tout me sembla soudain d'une terrible et angoissante pesanteur, irréel. Fallait-il que mon existence soit ainsi constamment gâchée ? Les paroles du Dr G. me revinrent à l'esprit : « Quand vous en aurez les moyens, faites une analyse. » Ce moment était venu.

Je traversai le boulevard et entrai dans le bureau de poste. Sur un rayon une série d'annuaires. J'avais en tête le nom du Dr B.M., un communiste qui avait publié dans *L'Humanité* une tribune en faveur de la psychanalyse. Le Parti commençait alors son aggiornamento. Le freudisme conservait cependant, y compris à mes yeux, des relents de science bourgeoise. L'ouvrier-de-Billancourt pouvait-il entreprendre une analyse ? Par conséquent, une analyse avec un camarade du Parti représentait tout de même une garantie. Mais, après avoir feuilleté les annuaires en tous sens, je ne trouvai pas les coordonnées de B.M. Remettre à plus tard une décision aussi grave ? Il me sembla que ce n'était pas souhaitable.

Me revint alors en mémoire un autre nom, celui d'une dame, L.I., dont j'avais lu un intéressant article dans les *Cahiers pour l'analyse*, se référant à Lacan. Je me replongeai dans mes annuaires. A nouveau sans succès.

Soudain une phrase me traversa l'esprit, un fragment de l'entretien que Lacan avait donné dans ces mêmes *Cahiers pour l'analyse*, texte lu à Ziguinchor, à l'heure de la sieste, quelques mois auparavant : « Je rencontre chaque jour *dans ma clinique* des schizophrènes dont l'ironie radicale... » Je cite de mémoire. J'ignorais alors le double sens du mot « clinique », lieu de soins et pratique médicale.

Lacan possède donc une clinique. Il est dix-huit heures – j'apprendrai bientôt qu'à cette heure, Gloria, la fidèle secrétaire, se fait remplacer par Paquita, le souffre-douleur du docteur –, le numéro de téléphone est là, sous mes yeux, avec l'adresse : 5, rue de Lille. J'appelle. Une voix de femme me répond :

« Je voudrais faire une analyse avec quelqu'un qui serait l'élève du Dr Lacan.

– Un instant, s'il vous plaît. »

Je suis bien à la clinique du Dr Lacan. La standardiste, évidemment. Bientôt, une autre voix féminine se fait entendre au bout du fil. Je réitère ma requête. De nouveau, une pause, la voix disparaît. La clinique doit être grande. On me promène sûrement entre ses différents services. Puis, très vite, une voix qui me décoche un bref message :

« Demain matin, dix heures. » Je n'ai le temps de rien dire, on a déjà sèchement raccroché. Je suis très ému. Où est donc cette rue de Lille ? Là, sur un plan, parallèle à cette rue de l'Université que je connais si bien, les éditions Julliard, la SATEC.

Le lendemain matin, un petit nuage d'angoisse au cœur, je sors de la station Saint-Germain-des-Prés. J'ignorais l'existence de cliniques psychiatriques en ce quartier. Mais Paris est si plein de mystères. Je suis rue des Saints-Pères et je vais tourner au coin de la rue de Lille quand soudain une idée étrange, la plus inattendue qui soit, m'envahit. Une représentation qui m'avait parfois visité durant mon adolescence, en mes années de ferveur religieuse : *Je me tiens debout, immobile et silencieux. Je suis tout regard et ce regard est tourné vers le voile qui cache le Saint des Saints du Temple de Jérusalem.*

Cette représentation est pure, il n'y a ni avant, ni après. Aucun affect perceptible ne l'accompagne. Le silence absolu règne. Elle dure quelques secondes, puis s'évanouit. Ce jour-là, au coin de la rue de Lille, elle me bouleverse, moi l'athée, le militant communiste, qui, depuis des années, rejetais totalement la chose juive, sa culture et ses textes dont je n'avais au demeurant qu'une connaissance très superficielle.

Me voilà devant le 5, un immeuble cossu mais qui ne ressemble en rien à une clinique. Je franchis le portail et je croise, sortant de sa loge, le concierge :

« Où est la clinique du Dr Lacan ? (Je persévère quelques minutes encore dans mon malentendu, comme s'il m'offrait la bouée nécessaire pour traverser ce défilé.)

– Au premier étage de l'escalier au fond de la cour. »

Je me rends à une réalité que je comprends mal. Je sonne à la porte du premier. Une jeune femme m'ouvre – je l'appellerai bientôt par son prénom, Gloria – et sans mot dire, me fait entrer dans une petite pièce attenante à la porte que je viens de franchir. Mais j'ai eu le temps d'entrevoir dans l'enfilade de l'entrée, un vieil homme aux cheveux de neige, Lacan lui-même, dont je connaissais le portrait pour l'avoir vu dans quelque journal, raccompagnant une personne. La porte de la pièce où je suis assis est désormais poussée, mais je peux entendre cet échange de paroles :

« Venez tôt le matin, les rêves sont plus frais.

– Je ressens une grande angoisse.

– L'angoisse n'est pas en soi une maladie. Il faut faire avec. »

J'ai alors le sentiment rassurant d'avoir enfin atteint la bonne rive. Ici, on interprète les rêves, il s'agit bien de psychanalyse.

Je jette un coup d'œil sans curiosité sur le lieu, un petit salon à la moquette élimée, une cheminée en faïence sur laquelle je remarque une image d'Epinal représentant saint Joseph portant un enfant et un poisson en porcelaine bleue, la gueule béante. Deux fauteuils recouverts de velours vert, usé, un petit canapé de même facture, une table ronde, un porte-revues avec quelques magazines d'art. En vérité, mon attention ne se fixe sur aucun de ces objets, je suis dans une autre réalité. Pendant toutes les nombreuses années où je fréquenterai quotidiennement ce lieu, seuls les livres de la bibliothèque auront pour moi une véritable réalité.

La petite pièce a deux autres portes. L'une, par laquelle Gloria vient de disparaître. Face à elle, une autre porte qui bientôt s'ouvre et Lacan apparaît, souriant. Il m'invite à le suivre d'un chaleureux : « Venez, mon cher. » Nous traversons un espace plutôt sombre, avec sa plus grande paroi couverte d'un rayonnage, une grande table espagnole contre une fenêtre. Cet espace, je le surnommerai bientôt le *no man's land*, avec ses quatre portes : celle par laquelle je viens de passer, celle qui me conduira vers la sortie, une troisième qui mène à la bibliothèque, enfin la plus importante qui ouvre sur « l'autre scène », celle où Lacan opère.

Le cabinet de Lacan n'est pas très vaste, simple pièce rectangulaire, étroite ; contre le mur du fond, le divan (enfin !) ; à sa tête, collé à lui, un imposant fauteuil.

Lacan m'invite à m'asseoir sur un petit siège crapaud, placé près de la porte de la pièce, le dos tourné à son unique fenêtre. Lui-même prend place à son bureau, un magnifique Boulle d'ébène noir. « Alors, où en êtes-vous ? » me demande-t-il la voix enjouée comme si nous nous connaissions déjà. A la méprise qui m'a conduit chez lui, semble répondre la sienne. Lacan peut difficilement imaginer que je débarque chez lui en droite ligne des rizières africaines. En septembre 1969, nous sommes encore dans les remugles de Mai 68 et affluent dans son bureau les désemparés du grand soir, dont m'a tenu éloigné mon séjour en Afrique. Je bafouille. Je prononce le nom d'Althusser. « Althusser vous a conseillé de venir me voir ? demande-t-il surpris.

– Non, il s'agit de l'article qu'il vous a consacré. »

Je parviens enfin à organiser mon discours, à lui parler de la grande souffrance que je traîne avec moi depuis tant d'années, depuis l'affront traumatique qui a déclenché ce syndrome de Solal que je ne nomme pas ainsi alors. Il m'écoute, désormais sans me regarder, et ce silence possède l'effet étrange d'aspirer vertigineusement ma parole qui devient de plus en plus sûre, de plus en plus vraie. Seule une question parfois, puis enfin Lacan résume le monologue que je viens de tenir en me demandant s'il est resté fidèle à mes propos.

Je ressens à ce moment la nécessité d'ajouter quelques mots, sans rapport avec la plainte que je viens d'exprimer. « A l'instant, en m'approchant de chez vous, une vision incongrue s'est présentée à mon esprit. Je me tiens debout en un immense respect, réduit à mon regard devant le voile du Sanctuaire du Temple de Jérusalem, *ha-parokhet,* et, sans l'exprimer, mon désir de contempler son au-delà, le contenu de l'Arche. »

Lacan semble alors pâlir, se raidir sur son siège. J'en suis gêné, je veux m'excuser :

« Je n'avais aucune intention de vous dire cela en venant vous voir. Cette idée m'est venue comme ça.

– Je le sais et, comme vous le constatez, j'en accuse le coup. » Puis il ajoute : « Vous allez curieusement commencer votre analyse par le point où, dans le meilleur des cas, elle se termine. »

Ses mots sont restés définitivement gravés en ma mémoire. Que signifient-ils ? Des années plus tard, je comprendrai qu'il s'agissait de l'émergence de mon « fantasme fondamental », avènement qui, « dans le meilleur des cas », se produit à la fin d'une analyse. Ce fantasme inattendu de mon regard dirigé vers le Saint des Saints deviendra le fil rouge de mon analyse, son nom secret. Sur le coup, une vague inquiétude m'envahit. Est-ce bien nécessaire alors d'entreprendre cette analyse ? Que ferai-je alors de ma douleur lancinante ?

« Je pense néanmoins que cette analyse vous sera utile, ajoute-t-il après quelques secondes. Je pense qu'il est même urgent de l'entreprendre. Il est très important de ménager, avant une analyse, ce que nous appelons "des entretiens préliminaires" et de ne pas négliger cette phase. Mais je n'ai pas l'intention, en ce qui vous concerne, de la prolonger inutilement. Trois ou quatre rendez-vous seront, me semble-t-il, suffisants...

« Le critère pour entreprendre une analyse, c'est le souhait d'en faire une, souhait dont il faut tester la sincérité. Ce critère, vous le remplissez à l'évidence. Il est d'ailleurs rare de rencontrer un désir comme le vôtre...

« Je ne lis pas en vous à livre ouvert, car vous avez la chance d'avoir un inconscient... »

Je viens de rassembler les paroles qu'il me dit ce jour-là et qui sont toujours en ma mémoire. Je l'informe de mon prochain départ pour Ouagadougou et de mes probables fréquents voyages en Afrique. Comment allions-nous gérer cela ?

« D'autres analystes vous diront que cela n'est pas possible. Mais je ne partage pas cette opinion. Est-ce vous qui fixez vos missions ou vos supérieurs hiérarchiques ?

– Ma direction. Dans quelle mesure influencerai-je leur décision... »

Il écarte cette tortueuse réserve. « Il faut au préalable savoir que l'on traverse inévitablement, au cours d'une analyse, des moments pénibles, des moments de lassitude. Ce sont souvent des moments très importants, ceux où quelque chose bouge dans la structure, et la tentation est grande, sous le premier prétexte venu, de l'interrompre. Prévenez-moi donc suffisamment à l'avance de vos départs. »

Il me décrit le processus analytique, la place qu'y occupent les actes manqués, les rêves. Il me propose le rythme de trois séances par semaine. « Je tiens à vous revoir rapidement, lundi prochain. »

Puis il se lève, me signifiant que cette première rencontre est terminée. Combien a-t-elle duré, une demi-heure, plus, moins ? Je l'ignore. J'ai surtout gardé le sentiment d'une durée de grande plénitude, d'un moment où des choses essentielles avaient été dites. « Je vous demanderai pour cette consultation (il hésite un instant)... 200 francs... »

Pour mon salaire d'ingénieur, 3 000 francs en cette année 1969, cette somme de 200 francs me paraissait considérable, inhumaine. Je possède bien quelques économies, dont je lui ai parlé, et qu'il a nommé d'un terme qui me parut alors étrange, « votre petit pécule ». Lacan saisit immédiatement mon vacillement. « Ce sont les honoraires pour un analyste de mon niveau et ce n'est pas cher. Ceci dit, si ma tête ne vous revient pas, je peux vous adresser à d'autres analystes, mes élèves et qui sont, disons-le, mes égaux. Mais je vous déconseille de consulter des analystes débutants... »

J'avais en effet évoqué certains noms, dont celui de L.I. « Non, non, je préfère que ce soit avec vous. »

Mais il se dirige déjà vers la salle d'attente, me laissant seul retrouver le chemin de la sortie.

La porte palière refermée, je retrouve le trottoir parisien en cette belle journée d'automne, je ressens une infinie étrangeté, un vertige où la réalité s'estompe. Le sol sous mes pieds paraît cotonneux.

Je quitte le psychanalyste le plus célèbre de France, rencontré par la grâce d'un malentendu, par un jeu de mots qui me permit d'oser frapper à sa porte. Il avait alors soixante-huit ans et j'en avais vingt-neuf. Réputé hautain, ce célèbre intellectuel m'avait pourtant reçu le lendemain même de mon appel téléphonique, dans une grande simplicité et avec beaucoup de chaleur, à l'exception du scabreux moment du règlement d'honoraires.

Cette chaleur du premier entretien caractérisait le style de Lacan, plus marqué encore, je le découvrirai, quand le consultant était une femme. Il n'hésitait pas alors à prendre en un geste paternel la main de la personne, souvent au bord des larmes, à lui parler avec des mots affectueux, « mon petit, ma bien chère ». Beaucoup de psychanalystes pensent qu'il convient, pour ce premier entretien, d'adopter une attitude distante, de se draper dans le silence. Que l'on songe pourtant au désarroi que connaît alors celui qui consulte, quel appel à l'aide, parfois en dernier recours, représente cette première rencontre avec l'analyste.

Bien des années ont passé et je reste sous le coup de cette disponibilité à autrui, rare chez le commun des intellectuels de quelque notoriété. Plus tard, en un autre moment crucial de mon existence, je retrouverai la même ouverture chaleureuse chez celui qui fut mon second maître après Lacan, Yeshayahou Leibowitz.

Mais d'autres impressions, moins favorables, contredisaient les précédentes. Je me reprochais, moi le militant communiste, porteur de ce fond plébéien qui ne m'a jamais quitté et qui rend problématiques mes rapports avec les coteries parisiennes, d'avoir rencontré un bourgeois, un homme du monde, au langage clair certes, mais marqué de préciosité, étalant sur son bureau le journal honni par tout homme « de gauche », *Le Figaro*.

L'après-midi de cette première rencontre, je me rendis, comme je l'avais projeté, à la fête de *L'Humanité* retrouver des camarades du Parti. Mon étrange état, une sorte d'ébriété, ne m'avait pas quitté. Je rapportai mon aventure matinale à une amie écrivain, Catherine Claude. Elle parut horrifiée, précisément parce que j'avais mis mon argent en jeu. Elle me déconseilla vivement, dans une sorte de colère, d'aller plus avant, on était justement en train, au Parti, d'organiser des groupes psychanalytiques qui me permettraient de faire mon analyse, sans gaspiller mes quelques deniers. Mais ces objections n'eurent que peu de prise sur la farouche volonté qui m'habitait désormais.

Le lundi suivant était jour de grève dans les transports. Depuis mon retour du Sénégal, et en attendant la fin de quelques travaux que j'avais entrepris dans mon appartement de la rue Lisfranc, travaux qui asséchèrent mon « petit pécule », j'habitais chez mes parents, à Garges-lès-Gonesse. A aucun prix, je ne voulais rater mon deuxième rendez-vous. Pour me rendre à Paris, j'empruntai donc la vieille « deux-chevaux » paternelle. Embouteillages monstres, mauvaise connaissance de la circulation parisienne, tout semblait se liguer pour empêcher mon véhicule – symbole, selon Freud, de l'analyse elle-même – d'avancer. Je parvins au 5, rue de Lille avec un quart d'heure de retard, fébrile, angoissé. Lacan me reçut sur-le-champ. Il paraissait en grande colère. « Je n'aime pas ça », répéta-t-il. Ce retard reflétait certainement le conflit qui m'habitait, il y avait en moi une force qui souhaitait une analyse mais une contre-force qui s'y opposait.

Je rappelai, mais en vain, les conditions particulières de cette journée. Puis, comme il fallait enchaîner, j'abordai la question de ses honoraires, arguant qu'un tel prix, compte tenu de mes revenus, sans parler de mes charges familiales, rendait la chose impossible. Il s'empara immédiatement de ces paroles :

« Je le savais bien que votre retard avait d'autres raisons. » Puis, se radoucissant, il ajouta :

« Ne m'aviez-vous pas parlé d'un pécule que vous possédiez ? En tous les cas, cette somme correspondait au tarif de ma consultation. Mais ce n'est pas ce que je vous demanderai pour vos séances d'analyse... Ce sera... disons la moitié, 100 francs, soit pour trois séances hebdomadaires, compte tenu des périodes de vacances, environ 1 000 francs, un tiers de vos revenus, ce qui est la norme admise pour le coût d'une analyse. »

L'aventure devenait jouable, tout en restant éprouvante. Désormais ma dernière réticence tombait.

Il me déclara être attendu et regretter de ne pas pouvoir prolonger cet entretien. Je découvrirais plus tard la part de comédie bouffonne qu'il me jouait là et dont il usera à plusieurs reprises. C'était sans doute sa façon de « briser les résistances », une escroquerie peut-être, mais que la technique imposait, après la généreuse réduction de moitié de ses honoraires. Le cadeau donné à un obsessionnel n'est pas sans sérieux inconvénient pour l'avenir de sa cure. Je partais pour Ouagadougou une semaine plus tard. Il souhaita me rencontrer à nouveau avant mon départ. A cette troisième rencontre, dont je n'ai gardé qu'un vague souvenir, nous avons surtout parlé des modalités pratiques de mon analyse, du paiement des séances, des vacances, des horaires, à l'établissement de ce que l'on nomme parfois le « contrat analytique », contrat purement factice et illusoire. Lacan ne tardera pas, pour ce qui me concerne, à le bouleverser complètement. L'analyse est foncièrement une dynamique dont on ne peut prévoir au départ les développements.

Je réglai mes trois premiers entretiens préliminaires au même douloureux tarif. Il feignit de me faciliter l'opération par une mise en scène de plus. « Vous pouvez me payer comme cela vous convient, par semaine ou par mois, par chèque ou en espèces. Vous trouverez à l'entrée un petit meuble où vous pouvez déposer votre règlement. » Le petit meuble était en effet plein de chèques et de billets de banque. Mais bientôt, je lui remettrais ses honoraires en main propre, en espèces et quotidiennement.

Je partis le lendemain de cet entretien pour ma première mission en Haute-Volta. L'accueil des responsables locaux de la SATEC fut cordial. Avoir persévéré dans l'échec pendant cinq ans les avait éprouvés. Mon idée de concentrer nos moyens sur quelques régions à bon potentiel correspondait à leurs vœux.

Le responsable voltaïque de l'agriculture était un camarade de promotion. Il m'invita à dîner, un couscous au fonio, délicieuse petite céréale locale, un des meilleurs couscous que j'aie jamais mangé. Mon projet, me dit-il, correspondait à ses vœux, et il le soutiendrait. Les relations tendues entre ma société et les cadres africains s'en trouvaient du même coup grandement améliorées.

Je partis explorer les cinq régions repérées sur carte. Sur l'une d'entre elles je retrouvai en action mes Formosans, qui furent un peu mes maîtres en riziculture. Mon hypothèse se confirmait : de bons sols argileux, riches, existaient bien en bordure du grand plateau latéritique épuisé et ces sols se prêtaient parfaitement à une culture intensive du riz.

La veille de mon départ, je me rendis seul à Manga, à la frontière du Ghana. Le lieu était désolé, peu peuplé, mais les sols de la région, avec de nouvelles techniques, me paraissaient prometteurs. Je passai la nuit dans une vieille case à l'abandon, qui avait autrefois servi à quelque cadre régional. La saleté y était repoussante et je ne disposais que d'un lit souillé de déjections. J'aperçus soudain, au pied du lit, une chatte. Elle émettait par ce que je croyais être son anus des petits sacs gélatineux. Je ne pouvais détacher mon regard de la scène malgré mon dégoût. Je compris enfin qu'elle mettait bas ses chatons qui commencèrent à bouger dans leur sac amniotique. D'un coup de patte elle en écrasa un, le dévora peut-être. Mais j'avais détourné mon regard. Cette nuit ressemblait à un long cauchemar éveillé. Le désespoir du lieu, de cette Afrique de nulle part, m'avait saisi. Allongé sur mon lit de misère, sur lequel j'avais étendu un sac de couchage emprunté, j'écrivis à Lacan. Je lui parlai de mon voyage, lui indiquai ma date de retour et lui demandai de me fixer un rendez-vous. Nous étions convenus, ayant alors à l'égard du téléphone quelque vieille phobie, que je pouvais lui écrire.

Aux aurores, je demandai à mon chauffeur de quitter ces lieux inhospitaliers. Il me tardait de retrouver le confort douillet du grand hôtel de Ouaga, prendre un bain, un vrai repas.

Quelques jours plus tard, satisfait de mes investigations, je rentrai à Paris. Je rédigeai hâtivement mon rapport de mission qui fut immédiatement mis en application.

Je trouvai à mon retour une lettre de Lacan, quelques mots griffonnés. Il m'attendait un jeudi soir dans les derniers jours d'octobre. Ses lettres – il m'en adressera deux ou trois pendant mon analyse – auront toujours ce caractère lapidaire. Je relevai cette curieuse formule : « compte tenu de mon temps à moi ». Je découvrirai bientôt qu'elle s'appliquait à toute sa pratique, à ses fameuses séances brèves.

Ce rendez-vous qui suivait mon retour d'Afrique serait-il la première séance, tant désirée, de mon analyse ? Il n'en fut rien. Après cette absence de plusieurs semaines, Lacan voulait que nous reprenions contact, face à face. Je lui confirmai ma détermination. Puis je voulus lui raconter un rêve fait en Afrique. Il m'arrêta :

« Nous parlerons de vos rêves dans le cadre de votre analyse. » Et la séance fut levée par les mots suivants :

« Eh bien, nous commencerons demain, *puisqu'il le faut*. » En prononçant ces derniers mots qu'il souligna, il eut un très profond soupir comme si l'entreprise lui demandait un grand effort, une charge supplémentaire, laquelle, à juste titre, l'angoissait.

Ce jour-là aussi, je découvris une deuxième salle d'attente, la bibliothèque, où j'allais passer tant d'heures de ma vie. Plusieurs personnes attendaient mais cela ne me dérangea pas. J'attribuai la hâte de Lacan au début de mon analyse fixé au lendemain et non à cet afflux de patients en cette heure tardive.

Je suis né un vendredi soir et ma première séance d'analyse eut lieu de même un vendredi à la nuit tombée. En me recevant, Lacan me parut ému, et ses mouvements avaient une étrange fébrilité. Il prit sur la cheminée un petit mouchoir blanc qu'il posa sur l'oreiller du divan en m'invitant à m'y allonger. Ce petit rectangle blanc me fascina, page blanche sur laquelle, selon le vœu de Freud, devait s'écrire *de novo*, comme au premier jour, une analyse. « Nous allons faire une séance d'essai. Je vous indiquerai la prochaine fois *la règle d'or* de la psychanalyse. »

J'étais donc enfin sur le divan d'un analyste, ce projet poursuivi depuis mon adolescence. Comme un ressort trop longtemps comprimé ma parole brimée jaillit, impétueuse, libérée. Qu'ai-je dit ce jour-là ? Je n'en ai conservé aucun souvenir, mais seulement l'impression de mots importants que j'habitais pleinement, des paroles vraies.

Lacan accompagnait mes propos d'encouragements, « oui... oui ». Il fit quelques pas dans la pièce avant de s'asseoir dans son fauteuil à la tête du divan. Mais le caractère de sa parole avait imperceptiblement changé. Elle semblait décalée, à distance, m'obligeant à me décoller de mes propres mots, à ouvrir la longue marche du discours à venir. J'en éprouvai une discrète déception.

Au bout de quelques minutes, Lacan m'arrêta. « Il n'est pas bon que la première séance soit trop longue. Cette séance a été excellente. Comment vous sentez-vous ? »

En vérité, il m'inscrivait ainsi d'emblée dans le rythme infernal des « séances brèves », cette technique qu'il s'était aménagée et dont j'ignorais alors l'existence. Mais je n'en tins pas compte ce jour-là, lui accordant désormais toute ma confiance. Je ressentais un léger vertige qui se dissipa rapidement.

« Nous continuerons lundi prochain. »

Me retrouvant dans la rue, j'eus le sentiment que les paroles que je venais de prononcer, encore toutes fraîches en ma mémoire, avaient une cohérence qui m'avait échappé en les énonçant, qu'elles disaient autre chose. J'éprouverai souvent cette impression à la fin de mes séances, surtout dans les premiers temps de mon analyse.

Je rentrai chez moi, l'esprit un peu égaré, sentiment qui m'accompagnera pendant des années et contre lequel il me fallut lutter pour mener à bien ma tâche quotidienne. Mais je n'en serai pas toujours maître, oscillant entre une légère exaltation et des moments d'abattement parfois profonds.

Je déclarai à ma femme que je venais d'avoir ma première séance. Tout en ne soulevant aucune objection, je percevais de sa part, depuis le départ de mon projet, une muette réserve. J'imposais au budget familial une sévère ponction. Et où tout cela allait-il encore nous mener ?

Soudain une immense et douce tristesse m'envahit, sans raison, et je sentis la tiédeur de larmes roulant sur mes joues. Cette émotion inattendue fut brève et inexpliquée. Je commençais le deuil de ma propre existence.

Advenir là où c'était

Ma rencontre avec Lacan eut des effets immédiats. Une profonde certitude m'habitait, celle d'avoir été, pour la première fois de mon existence, entendu dans ma singulière vérité, certitude qui me plongeait dans une douce euphorie. Elle me conférait une assurance nouvelle. Si bien que j'abordais mes rapports à la hiérarchie avec une aisance remarquée. L'agilité d'esprit jusque-là cantonnée au domaine, somme toute étroit, de la riziculture, pouvait désormais conquérir de nouveaux territoires, oser des combinaisons nouvelles, hors des sentiers battus de l'agronomie post-coloniale. L'opération « terroirs » en Haute-Volta en était la manifestation. J'étais donc au mieux de ma forme, morale aussi bien que physique. La sourde angoisse, le boulet de dépression masquée qui m'habitait depuis longtemps, depuis toujours peut-être, semblait m'avoir définitivement quitté. La sédation, bien provisoire, de ces affects créait une sorte de lune de miel analytique.

Cette euphorie se traduisit par la disparition de mes rêves. Cela m'irritait. Si « le rêve est la voie royale d'accès à l'inconscient » comme Lacan me le rappela, ne pas rêver me privait de cet accès. « Ne vous inquiétez pas, ajouta-t-il, vos rêves reviendront. »

La place des rêves dans mon analyse sera bien différente de ce que j'avais imaginé. Le plus souvent, Lacan n'y accordait aucune attention particulière, comme s'il s'agissait d'un vain bavardage. Mais il y aura aussi, pendant ces longues années d'analyse, quelques rêves qui éveilleront chez lui un vif intérêt et qui s'avéreront effectivement des moments cruciaux de ma cure. Ils marqueront, après interprétation, mes virages subjectifs.

Je me souviens très clairement du premier rêve que je parvins à déchiffrer avec beaucoup de peine. J'étais alors très engagé dans l'action contre la guerre au Vietnam. Voici ce rêve :

Je me trouve dans les ruelles de la vieille ville de Jérusalem. Soudain deux Indochinois m'agressent et me réclament une somme de 300 francs. Je suis choqué par la malveillance de ces personnes alors que je dépense tant d'énergie pour défendre leur cause. « Nous ne sommes pas des Vietnamiens », me répondent les deux voleurs.

Que signifie cette étrange histoire ? Pourquoi Jérusalem que je ne connaissais alors pas, tout ce qui concerne la chose juive me restant toujours étranger ? Les venelles de la vieille ville ressemblaient à celles de la médina de Tunis. Mais que venaient faire ces deux Indochinois, non vietnamiens comme ils tenaient à le préciser ? Me vint finalement à l'esprit qu'ils étaient nécessairement *Lao*tiens et *Cam*bodgiens. Les

premières syllabes de chacun de ces deux mots for-
ment... Lacan. Le sens du rêve apparaît dès lors :
derrière mes chaudes déclarations transférentielles, je
vivais subjectivement une tout autre relation, violemment hostile au point de traiter Lacan de brigand.
La somme de 300 francs était bien celle que je lui
remettais chaque semaine. Ce rêve l'irrita pour ce qu'il
révélait de ma jouissance masochiste. Tout l'art de la
cure consistera désormais à alléger cette jouissance
destructrice. Comment ? En en rajoutant du côté du
sadisme, jusqu'à l'écœurement. Le rêve, comme
toujours, condensait d'autres significations. N'avais-je
pas, depuis mon adolescence, défendu la cause des
peuples arabes, y compris du peuple palestinien, et ce
sont deux d'entre eux qui auront balafré ma vie ?

Si l'on m'avait alors demandé quelle était à mes
yeux mon activité la plus importante, celle qui donnait
son sens à ma vie, j'aurais sans hésiter répondu : celle
de militant communiste et syndical. Je n'allais pas
tarder en effet à créer au sein de la SATEC, cette fois
avec l'accord du directeur, une section de la CGT.

Le Parti, de son côté, allait bientôt me proposer, au
vu de mon expérience africaine et des quelques articles
publiés dans la presse du Parti, de collaborer à une
commission du Comité central chargée des problèmes
africains que dirigeait formellement – le vrai pouvoir
étant confié à un discret permanent – Jean Suret-
Canale. Je serai peu après « élu » président d'un petit
groupe dont le programme était celui de soutenir les
mouvements de guérilla qui s'étaient développés dans

les colonies portugaises. Mes liens avec les dirigeants de Guinée-Bissau, ma longue interview d'Amilcar Cabral justifiaient ce choix.

Mes « racines » juives étaient, elles, totalement oubliées, méprisées. Ma communauté, c'était désormais les « copains » du Parti, la grande famille anti-impérialiste. Quant à cette représentation surgie à mon premier rendez-vous avec Lacan, je l'avais comme oubliée, une curiosité ectopique.

J'abordai mon analyse dans cette disposition mentale. Elle persista longtemps.

Au-delà du soulagement de ma souffrance morale, j'attendais de l'analyse quelque chose d'indéfinissable. Une séance du séminaire de Lacan, quelques années plus tard, m'éclairera. L'analyse, dira-t-il ce jour-là, n'est pas une *initiation*. C'est ce que certains lui demandent. Et il ajouta qu'il n'y a plus dans notre monde moderne d'initiation possible. Ces mots me touchèrent au vif. J'étais bien en quête d'une impossible initiation. Cette question sera, plus tard, au centre de la thèse que je publierai dans *Manger le Livre*.

A ma seconde séance d'analyse, je ne manquais pas de revenir sur la promesse faite de m'indiquer la fameuse « règle d'or ». Cette expression ne recelait-elle pas l'initiation tant désirée ? Lacan me répondit avec agacement que, tel Monsieur Jourdain et la prose, je l'avais mise en application spontanément : dire tout ce qui passe par l'esprit pendant la durée de la séance, quel qu'en soit le caractère, futile, obscène, apparemment hors sujet. Ces impressions qui pouvaient accompagner nos pensées et qu'il fallait suspendre pendant la séance, n'étaient que la manifestation de la censure exercée sur le discours de l'inconscient.

De mes premières séances, deux souvenirs importants gardent encore toute leur vivacité. Ils ont peut-être marqué le véritable démarrage de ma cure.

Je confiai à Lacan le sentiment selon lequel j'avais sans doute commencé mon analyse avec un insurmontable retard. Comme si j'avais manqué quelque indéfinissable et décisif rendez-vous. De quel retard, de quel rendez-vous manqué pouvait-il bien s'agir ? Être né trop tard, selon le thème romantique ? Pourtant, sans parvenir à définir la chose, avatar de mon syndrome de Solal, celle-ci me semblait bien concrète et m'emplissait d'une vague et lancinante tristesse.

Lacan intervint alors. « Ce sentiment-là, me dit-il, est un trait de votre structure sur lequel nous aurons certainement à revenir plus d'une fois. » Puis il ajouta, bondissant littéralement de son fauteuil et se dirigeant vers la porte du cabinet, comme il le fera à maintes reprises pour manifester l'acte de coupure qu'il introduisait :

« On ne vient jamais trop tard à la psychanalyse ! »

Cette phrase eut une importance considérable dont je ne perçus pas immédiatement toute la portée. Elle agit comme un coup de balai dans mes inhibitions, le point d'appui qui me permit bientôt d'entreprendre le projet fou et que j'ignorais encore pour lequel j'avais en réalité demandé une analyse.

A une autre séance, je lui parlai d'un ouvrage que j'avais lu dans mon adolescence et qui avait aiguisé mon intérêt pour la psychanalyse. Il s'agissait de *Croisade sans croix* d'Arthur Koestler. Le héros du roman, un révolutionnaire, se trouve soudain frappé d'une paralysie « nerveuse ». Une amie psychanalyste entreprend de le guérir en usant de l'art freudien. Pendant quatre-vingt-dix jours, pendant des heures entières, le héros parle jusqu'au moment où lui revient le souvenir d'un mauvais traitement qu'il infligea à son frère. Il se trouve alors guéri de sa paralysie. J'aurais tant aimé que mon analyse se déroule ainsi, à un rythme soutenu, et qu'on en finisse en une durée de temps ramassée.

Lacan, qui se promenait dans la pièce comme il aimait souvent le faire, réagit par un petit rire dont je comprendrai bientôt le sens.

Un prétexte allait en effet modifier le dispositif soigneusement mis au point au cours des séances préliminaires. La SATEC m'envoyait au Ghana pour une courte mission d'une dizaine de jours. Suivant nos accords, les séances manquées pendant mes missions devaient être récupérées. Comme je venais déjà trois fois par semaine, cela se traduirait pendant deux semaines par une séance quotidienne. J'allais du même coup éprouver combien ce rythme-là me convenait ou plutôt combien il s'imposait de lui-même au regard de l'intensité de ce qui se jouait, sans pouvoir encore deviner où cet élan me porterait. Il constituait une sorte d'adaptation du dispositif du roman de Koestler.

Lacan accompagnait cet élan. Merveilleux vieillard, avec sa belle chevelure blanche que son énergie, sa sensibilité, démentaient. Il réagissait à certains de mes propos – comme à ceux de ses autres patients, j'en ai

113

été fréquemment le témoin – par des soupirs d'angoisse et d'émotion, par des poignées de main certains jours plus appuyées ; en m'accompagnant amicalement jusqu'au seuil du cabinet ; ou bien encore, ouvrant la fenêtre du couloir donnant sur la cour de l'immeuble que l'on traversait après avoir quitté sa « clinique », il criait : « A demain ! A demain ! » comme si je risquais d'oublier notre prochain rendez-vous. Cette agitation, dont la sincérité ne fait pour moi aucun doute, je la ressentais comme l'éperon du cavalier me poussant aux limites de mes possibilités. Il pouvait aussi en d'autres circonstances, bien plus fréquentes, feindre l'irritation, « faire la tête », éviter la rituelle poignée de main. Toute une série de petites satisfactions ou de privations, si importantes dans la relation de transfert intense qu'il suscitait, venaient ainsi dynamiser la cure.

Ces souvenirs me plongent aujourd'hui encore dans l'étonnement. A la fin d'une carrière si longue, comment Lacan avait-il gardé un tel enthousiasme pour sa pratique, une telle sensibilité dans l'écoute ? Comment pouvait-il encore assumer de telles semaines de travail, recevant tôt le matin, dès sept heures – il m'arriva d'avoir des séances à ces heures-là et je découvrais que je n'étais pas le premier –, s'accordant une courte pause vers midi pour reprendre vers quatorze heures et ne plus cesser de recevoir jusqu'à vingt heures passées ? Il faut avoir soi-même pratiqué la psychanalyse pour mesurer la lassitude qui s'empare parfois du praticien après quelques années de cet étrange enfermement autistique. Celui qu'affectueusement j'appelais *le vieux* y était manifestement insensible.

Malgré quelques lectures, plutôt désordonnées, que savais-je en vérité de la psychanalyse, de son déroulement concret, de ses effets, de sa finalité, au moment où je m'engageai à corps perdu dans mon analyse avec Lacan ? Peu de chose en vérité. J'étais animé par une foi quasi religieuse, religiosité qui englue toujours, pour leur malheur, toutes les chapelles psychanalytiques, qu'elles soient d'obédience « catholique » – celle de l'Association psychanalytique internationale – ou « réformées » – les lacaniennes, qui restent ma famille, pathogène comme toutes les familles, bien que je n'appartienne à aucune d'entre elles.

Une image, souvenir de mon premier livre d'histoire, me revenait en mémoire avec sa légende : « Bernard Palissy brûle ses meubles pour découvrir la porcelaine. » Cette image représente Bernard Palissy animé d'une fureur sacrée, brisant son plancher à coups de hache afin d'alimenter son four tandis que sa femme serre contre sa jupe ses petits enfants effrayés par la féconde folie du père. Bernard Palissy était devenu mon idéal. Je cherchais moi aussi à découvrir le secret de la porcelaine freudienne.

La rumeur parisienne me parvint très vite que Lacan avait transformé la crudité robuste de l'expérience freudienne en affaire de signifiants, c'est-à-dire de discours, de bla-bla, de jeux de mots calembouresques, dans le meilleur des cas en une expérience intellectuelle et philosophique au détriment de la clinique et du soulagement des souffrances névrotiques. L'inanité de ces jugements malveillants n'allait pas tarder à s'avérer. La pratique de Lacan avait plutôt pour effet la mise à nu du soubassement pulsionnel de toute parole, pulsions orale, anale et tutti quanti mises à nu, vécues comme à l'aurore de la psychanalyse. A maintes reprises, j'ai éprouvé dans ma chair la minceur de l'écran qui séparait théorie et vécu, ceci sans attendre la fin de ma cure, mais dès ses premiers mois.

Dans un premier temps, je découvris, après chaque séance, que le bric-à-brac des quelques phrases jetées précipitamment dans la brièveté du temps imparti, phrases le plus souvent sans lien apparent, prenaient, une fois la porte franchie, une cohérence inattendue, parfois jusqu'à m'éblouir, une signification totalement imprévue qui faisait retour et me surprenait. Se manifestait ainsi à l'évidence une autre parole, un autre sujet que celui de ma pauvre conscience. Lacan m'interrompait, une fois que mon propos avait décrit une boucle fermée, laissant dans son creux une signification mystérieuse.

Mais ce premier phénomène allait très vite s'accompagner de manifestations physiques. A la fin de la séance, renvoyé sur le pavé parisien, je ressentais dans ma bouche comme une brûlure, une faim impérieuse. Je pris la fâcheuse habitude, après chaque séance, de me rendre dans une pâtisserie pour y manger un gâteau ou une friandise qui m'apaisaient. Cette mauvaise habitude ne tarda pas à évoluer. A la pâtisserie, je substituai la librairie Le Divan qui se trouvait alors sur la place Saint-Germain-des-Prés. J'y feuilletais les nouvelles parutions, les revues de psychanalyse, et souvent je finissais par acheter, en édition de poche, les ouvrages de Freud qui me manquaient encore. Plus tard, quand je commencerai à assister au séminaire de Lacan, ce sera le tour des dialogues de Platon.

Un autre phénomène allait bientôt m'intriguer. Lors de certaines séances, ma parole coulait fluide, impétueuse parfois. D'autres fois, sans raisons apparentes, mon discours se bloquait, les mots semblaient s'arracher douloureusement à mon gosier, à mon corps crispé et transpirant sur le divan. Je ne tardai pas à mettre en relation cette curieuse alternance à la scabreuse affaire fécale, à la succession rétention-constipation-diarrhée. La pulsion anale n'était pas une élucubration délirante de la doctrine mais bien une dimension constitutive de mon être, de mon symptôme obsessionnel. Dans la plus grande honte, j'osai exprimer cette idée. « Excellent ! Excellent ! me lança Lacan en interrompant la séance et en me serrant longuement la main. Vous avez mis dans le mille. »

Les choses n'en restèrent pas là. Un dimanche après-midi, je fus pris de violentes douleurs abdominales, un désir d'expulsion impossible à satisfaire, un fécalome. Les heures passaient et la douleur revenait en spasmes éprouvants. Je suais d'angoisse. S'agissait-il d'une occlusion intestinale ? Il fallut appeler un médecin qui ne décela aucun signe inquiétant, prescrivit des calmants pour apaiser les spasmes. La nuit fut pénible, mon abdomen se contractant douloureusement par intermittence. Le lendemain, il me fallut garder le lit. Dans l'après-midi seulement, alors que je désespérais et envisageais de consulter à nouveau, la libération survint. « J'ai sans doute vécu un fantasme de grossesse et d'accouchement », dirais-je en séance.

Je connaîtrai ainsi, tout au long de mon analyse, de pareils télescopages de la théorie et de mon vécu. Pourquoi ne pas en donner d'autres exemples ? Un jour où la morsure névrotique plantait cruellement son croc, je ressentis une violente douleur à l'épaule, accompagnée d'un sentiment de profond bien-être mental. J'éclatai de rire. Je compris que je venais de m'hystériser et l'avantage énorme que présente ce type de symptôme. Je pouvais à mon tour jouer « la belle indifférente ».

Lacan détestait par-dessus tout le ronronnement du discours obsessionnel, esthétisation de la plus extrême violence refoulée. Toute sa technique poussait à l'hystérisation du discours du patient et quand il l'obtenait, il ne manquait jamais de manifester sa satisfaction. Avec moi, il fut servi.

Je vécus une autre expérience mémorable quelques années plus tard, à propos du narcissisme. J'étais alors très hypocondriaque et l'analyse avait provisoirement aggravé cette tendance. Mes plaintes à propos de mes douleurs lombaires, de mon angoisse du cancer, agaçaient « le vieux ».

Je participais alors à un groupe de travail, un cartel dans notre jargon, et je fus désigné pour présenter à l'une de nos réunions, le texte de Freud *Pour introduire le narcissisme*. Cet essai ne m'était pas inconnu et je le trouvais ennuyeux. Mais cette fois-ci, il s'agissait de *l'étudier* puis d'en exposer la substantifique moelle. J'allais bientôt vérifier quel abîme sépare la lecture, même attentive, d'un texte et son étude aux fins d'en rendre compte devant un public. Dès les premières lignes, cet essai, qui m'était tant de fois tombé des mains, me fascina. A un moment, totalement absorbé par ma lecture, je découvris la relation faite par Freud entre narcissisme et hypocondrie. Quelques minutes passèrent. Soudain je ressentis dans la région lombaire une terrible douleur, un coup de poignard. Puis la douleur se calma et, peu à peu, un étrange bien-être s'installa. A partir de ce jour, mon hypocondrie a quasiment disparu, ramenée en tout cas à de raisonnables dimensions, en même temps que s'estompaient mes douleurs dorsales. Depuis lors, l'article de Freud sur le narcissisme m'apparaît comme un de ses textes majeurs, le « deuxième pilier de la psychanalyse ».

L'importance de l'imaginaire et du corps, que j'ai souvent méconnue, glorifiant démesurément la raison et le symbolique, a pourtant souvent noué mon lien, en de véritables moments d'épiphanie, aussi bien à la psychanalyse que, plus tard, à la pensée de Maïmonide.

Cette question de l'imaginaire qui se révélait à moi à travers l'œuvre de Lacan allait précisément m'inspirer mon premier texte théorique. Depuis le début de mon analyse, le gros volume des *Ecrits,* telle une Bible, ne me quittait plus. Au moindre loisir, particulièrement au cours de mes voyages en Afrique, je me plongeais dans sa lecture. Parmi les premiers textes du recueil, on trouve précisément le célèbre article, le plus facilement lisible sans doute, sur *le stade du miroir comme fondateur de l'imaginaire.*

A cette période, je fis un rêve particulièrement angoissant. J'assistais en spectateur horrifié à une séance de torture. Le supplicié était un de mes meilleurs camarades, membre de la cellule du Parti de mon quartier. On lui coupait le bras en tranches, comme on le ferait d'un saucisson. L'horreur absolue ! De telles représentations barbares et angoissantes, caractéristiques de la problématique obsessionnelle, se produisirent à quelques reprises au cours de mon analyse.

Ce camarade n'était sans doute que mon substitut. Racontant ce rêve en tremblant d'angoisse, j'osai cette interprétation : « Il s'agit du fantasme du corps morcelé », fantasme qui était au cœur de l'article sur le stade du miroir.

« Ex-cellent ! » me dit Lacan en insistant sur la première syllabe du mot qui résonna en moi comme un coup de tonnerre. Ce fut un de ces ébranlements qui peu à peu allaient me transformer.

D'autres interprétations pourraient sans doute compléter la précédente, sadisme, castration, qu'importe ! Les conséquences de ce rêve furent importantes. Peu de temps après, une idée d'article jaillit en mon esprit, toute prête, achevée. La littérature serait le miroir où les sociétés, en s'y reflétant, élaborent leur unité imaginaire, au-delà des conflits qui les agitent.

Je me mis à écrire, dans la fièvre de l'inspiration. C'était la première fois que je parvenais à une élaboration théorique, saint des saints de l'écriture, ai-je longtemps cru. Du même coup, je renouais avec mon goût de l'écriture dont l'agronomie m'avait longtemps tenu éloigné.

Lacan me demanda de lui communiquer ce texte. J'en adressai un exemplaire à Louis Althusser qui restait, pour un temps encore, ma principale référence. Après quelques semaines de silence, alors que je n'attendais plus de réponse, Althusser m'écrivit. Mon essai l'avait vivement intéressé et il l'avait transmis pour publication à la prestigieuse revue *La Pensée*. Il parut en définitive dans cette revue du Parti avec pour titre *La Littérature dans l'idéologie*.

Ce texte produisit quelques remous parmi les intellectuels du PC. Deux d'entre eux publièrent une réfutation de ma thèse dans le numéro suivant de la revue. A ma grande surprise, j'étais accusé de stalinisme, de jdanovisme, ce qui était plutôt drôle. J'appris également que mon texte fut discuté à l'université de Vincennes. C'était tout de même faire beaucoup d'honneur à l'inconnu que j'étais. Avec le recul, ce texte, au-delà de ses faiblesses, m'apparaît comme la première esquisse de ce que j'élaborerais plus tard comme théorie psychanalytique du Livre.

Les premières semaines de mon analyse se poursuivaient ainsi, avec ce caractère fécond, incroyablement éruptif. Quelques échanges de ces premiers temps d'analyse me sont restés en mémoire. Lacan tint à me le signifier : « Votre analyse a remarquablement bien commencé. »

Ma docilité entière à son égard n'était en fait qu'apparente et mon sens inné de la révolte était toujours sur le point de se manifester.

Je me souviens de la souffrance insupportable que m'infligeaient ces séances si brèves, ces quelques minutes, ces quelques phrases qu'il me permettait difficilement d'énoncer. De surcroît, Lacan s'ingéniait à perturber ces brefs moments. Il lui arrivait de marcher dans la pièce en lisant un document, ou bien, assis à son bureau, d'agrafer bruyamment des feuillets, de compter les liasses d'argent qui emplissaient le tiroir médian de son bureau, d'écrire quelque lettre ou de lire son journal. Puis, à certains moments, il se rapprochait du divan où je gisais et plantait son regard dans le mien, pour donner à mon propos une importance que je n'avais pas perçue. Ainsi mon discours, soigneusement préparé dans les minutes qui précédaient la séance, dans le plus pur style obsessionnel, se trouvait-il désarticulé, haché, perdant ses repères mais trouvant un rythme inattendu, syncopé. De fait, Lacan m'ouvrait de nouveaux horizons.

D'ailleurs malgré la brièveté des séances, mon analyse ne connaissait pas de trêve. Elle se poursuivait tout le temps, je ne pensais qu'à ça, ce qui ne m'empêchait étrangement pas d'être pleinement efficace à mon poste, mieux encore, de manifester au regard de tous un surprenant dynamisme. Mais le bruit de fond de l'analyse ne cessait jamais.

Ma première révolte, bien anodine, se produisit après la lecture d'un ouvrage de Serge Leclaire, que l'on considérait alors comme l'héritier désigné de la pensée du maître. Leclaire employait à l'égard du célèbre patient de Freud surnommé *l'homme aux loups,* une expression qui me parut blessante. Il y raillait la docilité du pauvre Russe et cette raillerie me piqua au vif. N'étais-je pas moi-même excessivement docile et par là même en train de rater mon analyse ? Je portai donc en séance ma révolte et ses attendus. « Vous choisissez bien mal vos références ! » me répondit Lacan d'un ton cinglant, et il leva la séance. Je restai abasourdi. Leclaire, une mauvaise référence ? Que signifiait ce désaveu de l'élève supposé le plus proche de son enseignement ? Je découvrirai plus tard la violence du conflit qui opposait les deux hommes, sans bien en saisir les raisons profondes et multiples.

Je n'en restai cependant pas là et me révoltai à nouveau contre ces insupportables séances. J'eus alors droit à cette phrase sibylline :

« La coupure fait partie du discours. »

Il paraissait en même temps fort satisfait de mon mouvement de révolte. Je « m'hystérisais » enfin.

Une autre séance aura des répercussions lointaines. Je rapportais un souvenir d'enfance. Je me plaignais une fois encore de mon père, de son éternelle incompréhension à mon égard, de son inattention face à mes difficultés, quelle qu'en soit la nature, accompagnée d'incessantes colères, qui furent le calvaire de ma jeunesse. On avait décelé la myopie de mon frère et il portait désormais des lunettes. J'éprouvais moi-même des difficultés de vue quand, assis au fond de la classe, je ne parvenais pas à lire au tableau, ce qui me causa de sérieux ennuis comme mon échec au concours d'entrée en classe de sixième qu'on imposait aux enfants de nationalité tunisienne. Mais mon père n'en voulait rien savoir. Mes plaintes, selon lui, n'avaient d'autre cause que ma jalousie fraternelle.

Lacan eut alors une sorte de ricanement qui me blessa. D'une manière générale, ce genre de plainte, cette explication du symptôme par l'éducation reçue sans mise à nu de sa propre participation au maintien du trouble, le laissait de marbre. A la séance du lendemain, je ne manquai pas de protester, de m'élever contre l'affront que j'avais cru subir. Sa réponse fut, comme souvent, à côté du propos, fidèle à la technique du déplacement qu'il affectionnait :

« Mais l'humour est l'une des manifestations principales de l'inconscient. Freud a écrit sur la question un de ses livres les plus importants, *Le Witz et ses rapports avec l'inconscient.* »

Il aimait employer, quand il se référait à Freud, les mots allemands de celui-ci, *Wunsch, Witz* (si bien que je finirai par reprendre des cours d'allemand). Ce jour-là, en quittant la séance, je me précipitai à la librairie Le Divan pour me procurer l'ouvrage, *Le Mot d'esprit et ses rapports avec l'inconscient*, et j'en commençai immédiatement la lecture. Je découvris que ce livre était aussi une merveilleuse anthologie d'humour juif. La question juive n'avait encore pour moi aucune consistance, malgré la mémorable vision du premier rendez-vous, mais le sillon commençait à se creuser en moi. Ce livre sur l'humour juif fut peut-être le premier coup de charrue dans la latérite de mon refoulement. Ces histoires juives, ce merveilleux humour yiddish que je découvrais, firent longtemps mon bonheur.

Une autre séance aura une portée considérable. Il m'arriva de prononcer en je ne sais plus quel contexte, ces quelques mots : *J'ai très peur de ça.*

Déjà près de la porte, la main sur la poignée et sur le point de lever la séance, Lacan me demanda :

« Qu'entendez-vous par *ça* ?

– La folie ! (Ces mots jaillirent de ma bouche comme malgré moi, tout étonné de les prononcer.)

– C'est exactement ça ! Excellent ! »

Ces mots avaient littéralement claqué. J'en éprouvai en retour une véritable secousse, une onde « électrique » qui parcourut tout mon corps. Oui, c'était bien cela, je tenais le principal facteur qui avait jusque-là gauchi ma vie, l'arrachant à son lit naturel, jusqu'à abandonner ma vocation de psychanalyste. Oui, j'étais terrorisé par la folie et cette terreur m'empêchait même de penser. J'aurais pu ajouter, mais il fallut quelque temps pour que la chose me soit consciente : *cette terreur, je l'ai désormais presque surmontée.*

Ce triomphe s'exprima bientôt de curieuse manière. J'annonçai tout de go à Lacan que désormais je me sentais guéri. « Vous avez parfaitement raison », me répondit-il. Mais surtout une idée s'imposa, tyrannique, à mon esprit et je n'osais pas l'exprimer. Mon outrecuidance me paraissait inavouable. Mais elle insistait et il fallut bien, quelques jours plus tard, tremblant, jeter le masque.

« Il faut que je vous dise... je crois que la véritable raison de ma demande d'analyse... c'est que je souhaite moi-même devenir analyste... »

Comment avais-je osé, moi le paysan encore crotté par la boue des rizières, soutenir un tel aveu qui devenait ipso facto une demande plutôt insensée.

A ma grande surprise, mes paroles ne déclenchèrent chez Lacan aucune marque de mépris ou d'indifférence. Bien au contraire, il reçut mes paroles avec sympathie :

« Vous ne m'en aviez pas parlé, il me semble, pendant nos entretiens préliminaires.

– En effet.

– C'est une chose très importante que vous venez de dire et j'en prends note. Mais pour l'instant c'est votre propre analyse qu'il s'agit de faire. »

J'avais en tête certains clichés sur l'analyse dite didactique. Je les devais à ma précédente relation avec le Dr G. Celui-ci m'avait déclaré un jour qu'il existait deux types d'analyse : la thérapeutique destinée au traitement des troubles psychiques et la didactique qui permettait aux futurs analystes de se former. Pour cela, le didacticien, au fur et à mesure que la cure progressait, expliquait à son patient ce qui s'était passé pendant la séance et ainsi celui-ci apprenait le métier.

J'étais, il est vrai, en grand manque d'explications. Lacan, d'une grande présence, n'apportait à mes propos aucun véritable commentaire qui m'aurait permis de savoir « où j'en étais ». Il coupait net. A plusieurs reprises, certes, il me félicita sur le bon déroulement de ma cure. Ma requête comportait ainsi une subtile ruse : en demandant une analyse didactique, je le poussais peut-être à quitter ce silence que je vivais douloureusement. Mais l'essentiel de l'affaire était bien le retour, assumé cette fois, de ma vocation d'adolescent.

« Vous saurez, ajouta-t-il, que je ne fais aucune différence entre analyse didactique et thérapeutique. C'est de l'expérience elle-même que le candidat tirera son savoir de clinicien. »

Cette réponse eut un effet puissamment permissif. La voie m'était ouverte. Mais comment l'emprunter ?

Lacan devait dans quelques jours reprendre son séminaire. Une petite pile d'affichettes l'annonçant était posée sur la table. Le titre en était cette année-là *L'Envers de la psychanalyse*, celui que ses élèves désignent souvent comme « le séminaire des *quatre discours* », séminaire à mes yeux de la plus grande importance et qui orientera plus tard, quand j'en prendrai connaissance, ma réflexion.

Dans la nouvelle voie où j'espérais m'engager, participer à ce célèbre séminaire me parut tout naturel. Je demandai à Lacan l'autorisation d'y assister. J'aurais pu évidemment m'en passer et me perdre dans l'immense foule de ceux qui assistaient à ces conférences si particulières. Mais cela ne pouvait me venir à l'esprit. La parfaite clarté de notre relation exigeait que ma participation au séminaire ne fût pas clandestine. « C'est trop tôt », me répondit-il. Je respectai son refus.

Il me sembla dès lors que seule l'université pouvait me fournir le complément de savoir indispensable et les diplômes nécessaires pour m'afficher socialement, dans quelques années, comme analyste.

Je demandai donc mon inscription à l'université de Vincennes-Paris-VIII, haut lieu du lacanisme dans l'immédiat post-68. Cette université offrait de surcroît des facilités aux étudiants engagés dans une profession. Deux mois à peine s'étaient écoulés depuis le début de mon analyse et déjà ma vie connaissait ses premiers bouleversements.

L'enseignement en psychologie comprenait un grand nombre d'unités de valeur. Je m'inscrivis à deux d'entre elles, introductives, qui avaient lieu le samedi matin, mon jour de congé. J'appris que mon diplôme d'agronome me conférait une équivalence pour un certain nombre d'unités. Mais il fallait attendre la décision de la commission ad hoc pour savoir quelles étaient ces unités.

Je mis évidemment Lacan au courant de ma démarche. La semaine se terminait et je conclus la séance du vendredi soir par l'habituel « A lundi » quand Lacan, prenant un air suave, m'arrêta :

« Non, il est très important que vous veniez demain matin.

– Mais, monsieur, ne vous ai-je pas dit que j'ai un cours à Vincennes le samedi matin ?

– Qui commence à quelle heure ?

– A neuf heures.

– Très bien. Venez à huit heures. Je vous recevrai tout de suite. Vous aurez ensuite tout le temps de vous rendre à Vincennes. »

Il m'était, une fois encore, impossible de me dérober.

Après une dure semaine de labeur, il fallait encore, ce matin-là, me lever tôt pour être à huit heures au rendez-vous. Gloria me dirigea vers la bibliothèque, que je surnommerai bientôt *les oubliettes*. Les minutes passaient, j'attendais. Je finis par être admis à son bureau. La séance ce jour-là durera bien plus longtemps que de coutume. Finalement je quittai le cabinet dix minutes avant neuf heures. Je me précipitai à Vincennes, métro puis bus, interminables attentes, et j'y arrivai avec un retard de près d'une heure. Mais la tolérance académique en ces années-là était infinie. L'enseignant avait d'ailleurs repéré mon air hagard, caractéristique, selon lui, de ceux qui entreprennent une analyse, et c'était pour lui un motif supplémentaire d'indulgence. Il m'arriva, épuisé, de carrément m'endormir à cette assommante introduction à la psychologie expérimentale où l'on m'expliquait, à travers les brumes de mon esprit, de curieuses expériences sur des rats.

Le même manège se répéta chacun des samedis suivants, et ce jusqu'à la fin du semestre, à la mi-février. J'appris alors simultanément que j'avais obtenu les deux UV auxquelles théoriquement j'assistais, mais aussi que la commission des études m'avait généreusement accordé une équivalence pour dix-huit unités de valeur parmi lesquelles... les deux malheureuses unités que je m'étais épuisé à suivre. J'avais sans effort obtenu les deux tiers d'une licence. L'effet de cette bonne nouvelle fut paradoxal : elle m'écœura. Je m'étais ainsi donné tout ce mal pour rien. Combien de samedis devrais-je encore subir ce calvaire ? Mes forces me lâchèrent. J'abandonnai définitivement ces études de psychologie dont j'avais entre-temps découvert combien elles m'intéressaient peu. Pour le reste, on verrait. J'en informai Lacan.

Le vendredi suivant, je le quittai de l'inévitable :

« A demain.

– Non, reprit-il avec ce sourire diabolique dont il avait le secret, à lundi. »

Je ne compris pas immédiatement, pas clairement en tout cas, comment la manœuvre des derniers mois n'avait eu pour objectif que de me décourager d'aller à Vincennes. Pour quel autre objectif ? Je n'en avais pas la moindre idée. Le savait-il lui-même ?

Mes missions en Afrique devenaient de plus en plus fréquentes et elles me perturbaient grandement. Elles rendaient impossible toute organisation de ma vie familiale. Réserver une place de théâtre était problématique puisque à chaque instant un coup de fil de Mayer, sur instruction de Bour, m'annonçait mon prochain départ pour le Ghana, la Haute-Volta ou le Dahomey. La séparation d'avec ma famille, mes enfants en bas âge auxquels j'étais si attaché, m'était à chaque fois douloureuse. S'y ajoutait aussi désormais l'interruption de mon analyse. Le rythme quotidien des séances était devenu la règle. Mais Lacan tint à préciser :

« Il ne s'agit pas seulement de rattraper les séances que vous auriez dû faire, il y a une autre raison que vous saisirez plus tard. »

J'ignorais de quelle raison il pouvait bien s'agir, mais j'acceptais ce rythme car j'en ressentais profondément la nécessité. Parfois même, après la séance et la rituelle phrase de séparation : « Je vous revois quand ? » et ma non moins rituelle réponse, agacée : « Demain ! », il me reprenait : « Non, allez m'attendre dans la bibliothèque. » Quelques instants plus tard j'étais invité pour une autre séance. Pour quelle raison ? Parce que, semblait-il, quelque chose d'important paraissait sur le point d'émerger, ou bien mon discours, le fil de mon désir s'était peut-être perdu en quelque marécage ; une seconde séance, payable au

130

même tarif bien sûr, me permettrait de me ressaisir. Il m'arriva aussi de réclamer moi-même, à deux ou trois reprises, cette séance supplémentaire, portant le nombre hebdomadaire de l'étrange exercice à six ou sept séances, tel l'élève qui demande au maître zen le fameux coup de bâton sur l'épaule qui lui permet de reprendre le cours de sa méditation.

Ce rythme infernal me coûtait évidemment des sommes folles et mes missions en Afrique avec les indemnités afférentes me permettaient de compenser le torrent de mes sorties d'argent. J'oscillais ainsi entre ces deux exigences. Mais une sérieuse lassitude à l'égard de mon métier de jet-agronome, qui me passionnait pourtant, commençait à m'envahir.

Nous étions au début du mois de juin de l'année 1970 et on me demandait à nouveau de partir pour le Sénégal. « Jacques, dis-je à mon supérieur, c'est trop. Je rentre à peine et tu m'as prévu pour le début juillet cette mission avec la Banque mondiale au Sénégal. Est-ce bien indispensable ? Envoie donc quelqu'un d'autre ! Il y a tellement d'ingénieurs au siège qui s'ennuient et qui aimeraient bien eux aussi voyager un peu.

– Tu as raison, me répondit Mayer, je vais envoyer X. »

Quelques semaines plus tard, j'appris qu'au cours de ce voyage, X avait perdu la vie. Son véhicule avait fait une embardée sur la tôle ondulée d'une mauvaise piste. On étouffa la nouvelle. Mais l'aile de la mort allait quelques semaines plus tard me frôler à nouveau.

Tout allait décidément trop vite et ne semblait pas près de se ralentir. Tant d'événements en si peu de mois. Mon dynamisme étonnait et agaçait.

Pourtant, il y avait un domaine, de la plus grande importance à mes yeux, celui de mon action militante, où, depuis peu, je me sentais comme frappé d'une étrange paralysie, d'une inhibition qui me gênait cruellement.

Président fantoche d'un groupuscule de soutien à la lutte anticoloniale dans les colonies portugaises, j'en devins le poids mort. En vérité, le véritable pouvoir au sein de notre comité était confié à Maurice G., un personnage bien trouble, un psychopathe aux allures sympathiques. Le Parti était ainsi organisé. Des personnalités officielles, éventuellement placées au sommet de la direction, mais en vérité sans pouvoir réel, obéissaient aux directives d'une caste de permanents agissant dans l'ombre.

Le grand animateur de notre groupe fut un jeune médecin, lui aussi récemment revenu du Sénégal, Gilles Tchernia, qui réussit à mettre sur pied notre action concrète la plus spectaculaire. Avec l'aide de son ami, le professeur Léon Schwartzenberg, nous donnions notre sang tous les mois, à tour de rôle, et les flacons partaient par avion pour Dakar.

Le dynamisme de Tchernia soulignait cruellement ma passivité, mon absence totale d'idées. J'accomplissais bien les tâches concrètes que l'on me confiait, mais le cœur n'y était pas. Je ne comprenais pas ce qui m'arrivait. Consciemment, j'adhérais pleinement aux idéaux révolutionnaires et pourtant le corps et surtout l'esprit ne suivaient pas. Pourquoi ? Comment surmonter cette paralysie ? Mes camarades commençaient à me reprocher de m'être lancé dans cette aventure individualiste et bourgeoise de la psychanalyse. J'étais le jouet d'une volonté inconsciente dont la finalité m'échappait.

Une première lueur aurait dû se produire ce jour où, me trouvant dans un café, au coin du Boul'Mich' et de la rue des Ecoles, je fus témoin d'une manifestation violente, sans doute interdite. Policiers et étudiants s'affrontaient. Les tables du café furent renversées dans la bousculade. Une pensée, qui me parut blasphématoire, me traversa l'esprit : je n'éprouvais aucune solidarité, aucune identification avec ces jeunes turbulents, avec leur violence destructrice, en un mot avec... la Révolution, jusque-là rêve de ma vie. Je m'en sentis horriblement coupable.

Ma séance avait lieu quelques instants plus tard. Oserais-je communiquer les sentiments que je venais d'éprouver ? Je le fis dans la plus grande honte. J'étais convaincu que Lacan m'en blâmerait. Si je l'avais choisi comme analyste, c'était avec la conviction qu'il était d'extrême gauche, qu'il partageait les idéaux de la Révolution. Ses fréquentes allusions à Marx, la caution d'Althusser, ses relations avec les membres de la Gauche prolétarienne maoïste et avec celui devenu entre-temps son gendre, avaient renforcé cette illusion. Certes il lisait *Le Figaro* tous les matins. Mais je n'étais pas à une contradiction près. Les hommes d'envergure peuvent se compromettre avec le diable en gardant leur intégrité. En vérité, je n'avais pas saisi son projet d'après Mai 68, celui d'attirer à lui ces jeunes intellectuels fascinés par l'action violente et le terrorisme à la mode allemande des années de plomb, éviter que cette jeune élite intellectuelle ne s'égare dans les sables mouvants du terrorisme. C'est à lui, bien plus qu'à Sartre, dressé sur son tonneau, que l'on doit ce sauvetage de l'élite d'une génération. Mais avait-il prévu le revers de la médaille, à savoir que ces gauchistes analysés, voire devenus psychanalystes, sans faire le deuil de leur fascination totalitaire, allaient injecter dans le mouvement psychanalytique cette mortelle maladie de l'esprit qui frappera en premier lieu son propre enseignement et sa transmission. Du coup, l'institution analytique finira par ressembler à une association mafieuse ou sectaire.

Sur le pas de la porte, ce vendredi-là, je fus surpris par sa poignée de main et son sourire chaleureux. Lacan ne me blâmait pas. En le quittant, je ressentis un étrange bien-être. Je mis provisoirement ma « pensée blasphématoire » sur le compte des idées obsessionnelles dont je souffrais. Il me fallut quelques années encore avant de saisir qu'il s'agissait de bien autre chose, que lentement et souterrainement, ma fascination pour le totalitarisme qui m'aliénait me quittait. Pour l'instant, je freinais cette évolution de toutes mes forces. Seule ma femme, très attachée au Parti, avait d'emblée perçu cette évolution et s'en inquiétait.

Ce fut en juillet 1970, quelque neuf mois après le début de mon analyse, que mon destin véritablement bascula. Je devais, comme prévu, me rendre au Sénégal, afin de superviser le démarrage de l'opération riz pluvial lancée, en principe, sur la base de mes expérimentations à Séfa, avant de me joindre à une mission de la Banque mondiale intéressée par le développement de la riziculture en Casamance. Entre les deux moments de cette longue mission de deux mois, un court séjour en Haute-Volta était prévu, en compagnie de Jacques Mayer et Claude Rège, cette fois pour l'opération « terroirs ».

Cette mission ne suscitait en moi aucun enthousiasme. Mais on me pressait, ma venue en Casamance était réclamée, urgente, indispensable. Je ne pouvais m'y dérober.

Je pris donc l'avion pour Dakar où j'arrivai en milieu d'après-midi. Je pensais que l'un des nombreux cadres de l'agence locale m'attendrait à l'aéroport. Ne m'avait-on pas réclamé ?

Personne. Quelques minutes plus tard je reconnus le chauffeur de l'agence et me dirigeai vers lui. Il me demanda où il devait me conduire. « Vous n'auriez pas une lettre pour moi, un message ?

– Non, monsieur.

– Alors emmenez-moi à l'agence. »

Les bureaux étaient vides. Un technicien était occupé à quelque travail d'écriture. Il ignorait tout de ma venue. Une nonchalante secrétaire m'apprit, sans autre explication, qu'une chambre d'hôtel m'avait été réservée.

Cet accueil glacial manifestait mieux que de longs discours une franche hostilité dont la cause m'était inconnue.

Il ne me restait plus qu'à rejoindre mon hôtel. J'étais abasourdi, assommé. Je me plongeai dans la lecture des *Ecrits* de Lacan que j'avais eu soin d'emporter avec moi, avant de trouver un mauvais sommeil.

Le lendemain, à la première heure, je retournai à l'agence. P., le directeur, s'y trouvait déjà. Il me salua à peine. Qu'avais-je donc fait à cet énergumène colonial, reconverti dans la coopération technique, laquelle lui assurait un somptueux salaire, une magnifique maison sur la corniche et des loisirs qu'il consacrait à sa passion, la navigation en mer ?

« Puis-je savoir pour quelle raison vous m'avez demandé de venir ? lui dis-je excédé et fatigué.

– Je n'ai rien demandé.

– Je fais donc quoi ici ?

– Je pense que B.S., le responsable de l'opération riz en Casamance, vous attend à Ziguinchor. Dans quinze jours, je crois, vous devez participer à la mission de la Banque mondiale. »

Il lui semblait... Il croyait... Je me pinçais. P. était tout de même un des principaux cadres de la SATEC. Une telle désinvolture me mit hors de moi. Rien d'autre à faire qu'à réserver une place dans l'avion pour Ziguinchor le lendemain à l'aube. J'errai, morose, toute cette journée dans les rues de Dakar, ville que je n'aimais pas. Personne de l'équipe locale ne m'avait même invité à boire un verre, comme il est de coutume. J'étais l'objet d'un inexplicable boycott. J'aurais tant donné pour être à Paris, parmi les miens, partir en vacances avec eux. Au lieu de quoi, j'étais livré à moi-même, rejeté dans la moiteur de la saison des pluies débutante, face à cette mystérieuse hostilité.

Je finis par rentrer à l'hôtel, mettre en marche le climatiseur et reprendre ma lecture des *Ecrits*.

Je m'éveillai à l'aube pour me rendre à l'aéroport. Le vieux DC3 n'était rempli qu'à moitié et parmi les passagers une dame, au type méditerranéen. Dans la salle d'attente déjà, elle m'avait dévisagé avec insistance. Elle était intriguée, me dira-t-elle plus tard, de rencontrer à une heure aussi matinale, dans un aéroport sénégalais, un Blanc plongé dans la lecture des *Ecrits* de Lacan. Nous nous retrouvâmes assis à deux sièges voisins. Bientôt, plutôt à son initiative, la conversation s'engagea. « Dr B.S., se présenta-t-elle. – Seriez-vous parente de B.S., l'agronome ? – Son épouse. » Heureuse coïncidence. On parla un peu de psychanalyse, de Lacan. Mais nous atterrissions déjà. B.S., que je connaissais, attendait sa femme. Il fut surpris, plutôt désagréablement, de me voir, et ma surprise n'était pas moindre. N'avait-il pas été avisé par Dakar ? P. ne m'avait-il pas dit qu'il m'attendait ?

« Je ne t'attendais que dans deux semaines pour la mission Boumendil de la Banque mondiale.

– Mais le siège a insisté pour que je vienne t'apporter mon appui technique.

– Ecoute, me dit-il avec la brutalité que je lui connaissais, ne te mêle pas de mes affaires. Tu es très fatigué, je le vois. Prends une chambre à l'hôtel Jacquot. Repose-toi, promène-toi, mange bien et dans une semaine, j'envoie un véhicule te chercher pour une visite de l'opération. »

137

B.S. détestait plus que tout que l'on mette le nez dans « ses affaires ». N'était-il pas assez compétent pour mener seul l'opération, sans l'immixtion du blanc-bec que j'étais ? J'allais donc d'une mauvaise surprise à l'autre. Sans l'heureuse rencontre de Mme B.S. qu'aurais-je fait à Ziguinchor ? Le siège de l'opération riz se trouvait à Kolda, à plus de cent kilomètres, sans aucun moyen de transport, privé ou public, pour m'y rendre. J'étais débarqué dans la brousse africaine sans raison, sans repères, sans moyens.

« Mais dans une semaine, je dois rejoindre Mayer et Rège en Haute-Volta et je tiens à voir l'opération.

– Bien, je viendrai alors te chercher dans trois jours. »

Je gagnai le confortable hôtel Jacquot, que je connaissais bien, envahi par un amer sentiment d'infinie absurdité, laissant les époux B.S. partir pour Kolda. Ils venaient de convoler et ne cessaient de s'étreindre, ce qui m'agaçait passablement.

Je passai le plus clair des deux journées suivantes, profondément découragé, dans ma chambre d'hôtel. Je rendis bien quelques visites à mes anciens collègues de l'IRAT, à mes équipes d'ouvriers et de contremaîtres que je retrouvai avec plaisir. Mon amour pour le riz, les résultats obtenus, me conféraient à leurs yeux prestige et affection. Nous avions partagé, à travers les multiples essais que j'avais lancés, tant de mémorables émotions. Chérif, mon ancien chef d'équipe à Séfa, m'informa avec tristesse que le chercheur qui m'avait succédé à Séfa, un vieil ingénieur, bon botaniste mais sans idées, avait tiré un trait sur mes travaux. On retombait dans les ornières du passé, les semis tardifs, les vieilles variétés, et le riz retrouvait son aspect chétif. Tant d'efforts pour rien. J'en fus profondément mortifié et je lisais la même tristesse dans le regard de mes anciens collaborateurs sénégalais. Ne les avais-je pas trahis en partant trop tôt, sans avoir véritablement conforté les nouvelles techniques ? Des années plus tard, je ferai ce cauchemar de mes parcelles de riz dévastées, les semences de mes nouvelles variétés éparpillées sur la terre humide, déracinées, tels les enfants du père indigne que j'étais. On devine aisément l'écho sexuel sous-jacent de cette scène de désastre prise à la lettre du verset biblique *tu ne répandras pas en vain ta semence.*

Je n'avais plus rien à faire en ces lieux et, la mort dans l'âme, je retournai à Ziguinchor où je ne quittais plus ma chambre qu'au moment des repas.

J'en pleurais de rage. Ce gâchis rejoignait le gâchis de ma vie amoureuse, conjugale, de mes noces impossibles et ratées, source de ces affres qui me broyaient l'âme à mort. Je crus trouver un dérivatif à ma douleur en écrivant une sorte de poème.

Soudain, du fond de ce désespoir, une idée puissante, lumineuse, m'envahit. A la question : qu'étais-je venu faire en cette galère, une réponse fulgurante s'imposa. Il me fallait arrêter tout cela, l'agronomie tropicale, les incessants voyages et devenir psychanalyste. Par la grande porte cette fois, celle de la médecine, de la psychiatrie, retour impétueux du vieux projet de mon adolescence, retour du refoulé. Il fallait donc reprendre mes études, celles de médecine.

En même temps que l'idée, les moyens de la réaliser se disposaient devant moi, en un projet cohérent, comme jailli tout préparé d'un puissant ordinateur. Je vendrais mon appartement, je ferais fructifier ce petit capital, je demanderais et obtiendrais sûrement de Francis Bour un emploi à mi-temps pendant les périodes d'études, avec retour au travail à plein temps pendant les vacances scolaires. Ce dispositif me permettrait de traverser au moins les trois ou quatre premières années d'études. Après, on verrait.

Le surgissement de ce projet bien ficelé me transfigura. Désespéré quelques minutes auparavant, j'étais désormais empli d'une joie lumineuse. J'écrivis immédiatement à Lacan pour l'informer de ma décision et lui demander un rendez-vous pour les premiers jours d'août. Un sentiment d'urgence m'habitait, une fébrilité irrépressible. Il me fallait rentrer à Paris dans les plus brefs délais, l'affaire me paraissait vitale. N'étais-je pas requis pour une mission d'un mois et demi avec la Banque mondiale ? Tant pis. On s'était assez moqué de moi ainsi. Je m'expliquerais avec l'expert, je raconterais que des nouvelles graves m'étaient parvenues, que mon père était souffrant, mourant... Rien ne pouvait désormais m'arrêter.

Le lendemain B.S. vint me chercher à l'hôtel. J'étais un autre homme. Sur la route de Kolda je lui confiai ma décision. « Tu es fou, me dit-il. – Je n'ai plus rien à faire ici », lui répondis-je. Sans doute avait-il perçu combien son comportement avait été brutal. L'hospitalité qu'il m'offrit dans sa maison de Kolda fut parfaite. Je fus hébergé, nourri comme un frère, un ami de vieille date. Sa femme déploya beaucoup d'amitié, touchée par mon projet de laisser là une carrière brillamment commencée pour l'ascèse d'interminables études médicales. Je venais d'avoir trente ans. B.S. me fit visiter les différentes zones de l'opération et je perçus d'emblée que nous allions à l'échec. Aucune de mes recommandations techniques n'était observée. On avait d'emblée lancé une grande opération incontrôlable, la même erreur que sur le plateau mossi de Haute-Volta.

Cet échec programmé me conforta dans ma décision de changer de voie. Je m'envolai pour Ouagadougou rejoindre Mayer et Rège.

J'aimais bien ces deux hommes et les revoir me fit oublier le désastreux accueil de l'agence sénégalaise. Nous visitâmes, inséparables, les quatre sites choisis pour l'opération, riant et plaisantant comme des potaches dans le véhicule mis à notre disposition par l'agence de Ouaga. Ils ne prenaient pas très au sérieux mon projet de reconversion. « Ce n'est pas ainsi qu'on fait carrière », me firent-ils remarquer amicalement. Ils avaient raison. Je n'ai jamais su faire carrière, passant d'un champ à l'autre, atopique malgré moi, et il m'arrive parfois de le regretter, avec mon érudition bancale et lacunaire, touche-à-tout, polymathe. Parce que j'ai toujours trouvé le monde trop merveilleux, plein d'infinies richesses, et que je ne suis jamais parvenu à renoncer complètement à aucune d'entre elles. L'inventaire de mes pôles d'intérêt est d'une hétérogénéité grotesque où se mêlent un goût pour les mathématiques, le machinisme agricole, les langues, les industries laitières, la psychanalyse, l'agronomie, la philosophie, les courses de chevaux, la musique, la politique, la médecine, la finance, la littérature... Mais cette dispersion sans limites bien définies m'a aussi procuré tant de joies. Avatar sans doute de ma problématique obsessionnelle où, à défaut de posséder toutes les femmes, j'ai désiré toucher, effleurer au moins, tous les savoirs.

Nous avions fini l'inspection du dernier site, celui de Manga. L'après-midi avançait et nous roulions déjà sur la large piste de latérite qui nous ramenait à Ouaga. La nuit tombe vite sous les tropiques et la voiture filait à toute allure, comme à l'accoutumée. Je n'aime pas la route aux heures du crépuscule, entre chien et loup. Dans la traversée des villages, plus vite que d'habitude, les poules, les enfants, se réfugiaient sur le bas-côté. « Nous allons vraiment trop vite, dis-je, nous allons finir par écraser quelqu'un. »

Rège est assis à l'avant et notre attention se tourne vers le chauffeur que nous prions de ralentir. Mais celui-ci ne nous entend plus. Son corps, tendu à se rompre, s'agrippe de toutes ses forces sur le volant et son pied écrase l'accélérateur. Il tremble violemment. Sa bouche émet une sorte de râle terrifiant et la bave commence à couler des commissures des lèvres. Je ne comprends rien à ce qui se passe et j'ai du mal à contenir ma panique. Notre chauffeur fait une crise d'épilepsie.

Fort heureusement, Rège ne perd pas son sang-froid, il tente de s'emparer du volant, mais ne réussit qu'à dévier le véhicule qui quitte la piste sur la gauche, passe miraculeusement entre deux arbres dont une branche brise la vitre arrière de mon côté et me blesse légèrement. Rège poursuit son combat avec le chauffeur inconscient, qui émet désormais d'inquiétants ronflements. Le véhicule revient sur la piste, mais part cette fois sur la droite. Nouvelle tentative de redresser le volant, mais nous sommes alors sur un talus pentu et le véhicule, fort miraculeusement, cale. Dix mètres plus loin le remblai atteint une hauteur de plusieurs mètres. Nous éclatons alors tous trois d'un rire nerveux, nous revenons de loin. Entre-temps le chauffeur a terminé sa crise et Rège, avec son merveilleux sang-froid, prend le volant.

Le lendemain nous racontâmes notre aventure aux agents locaux de la SATEC. « Ah ! Mamadou a encore fait sa crise », fut leur réaction. L'épilepsie du chauffeur était bien connue et pourtant on le laissait conduire. J'étais de nouveau abasourdi par l'irresponsabilité des anciens coloniaux travaillant sous les tropiques – bien tristes, en effet. Cette mésaventure me conforta dans ma décision de quitter au plus vite cet univers gratuitement et stupidement dangereux.

Le lendemain, j'abandonnai Rège et Mayer pour retrouver à Dakar les deux experts de la Banque mondiale que je devais accompagner. Auparavant, et de toute urgence, changer mon billet de retour pour Paris. Malheureusement, pour la fin juillet, les avions sont littéralement pris d'assaut. C'est la saison de retour en métropole des coopérants, m'explique l'employé d'Air Afrique. J'insiste. Il me faut absolument une place, en première classe au besoin. Je viens de recevoir des nouvelles alarmantes de ma famille, de mon père gravement souffrant. L'employé finit par me trouver une place pour le 27 juillet. Il me reste un peu plus d'une dizaine de jours au Sénégal. Ma hâte paraît superflue, incompréhensible. Elle s'avérera bientôt miraculeuse, effet d'une mystérieuse intuition, du hasard, comme on voudra. De tels effets « miraculeux » furent nombreux tout au long de mon analyse.

Mon nouveau billet en poche, je rencontrai le soir même les deux experts de la Banque mondiale et leur annonçai mon départ précipité. Boumendil, le responsable, s'en montra surpris. N'étions-nous pas convenus d'un mois de travail en commun ? Je débitai à nouveau, sans conviction, mon alibi, celui du pauvre-vieux-père-au-plus-mal. Etrange rôle que je faisais jouer à cette figure du père mourant sur le chemin de mon désir. Je m'empressai d'ajouter :

« Je pense que les renseignements techniques que je dois vous fournir peuvent l'être en deux ou trois séances de travail. Une dizaine de jours nous suffiront largement pour visiter les différents sites de l'opération. »

Dès le lendemain, nous partîmes en voiture pour cette belle région de Casamance qui me reste chère – Malraux en fut lui-même séduit « par son nom de romance ». J'eus du plaisir à travailler avec ces experts, avec Boumendil dont je perçus très vite la remarquable intelligence, la finesse avec laquelle il menait ses entretiens, et j'aurais pu, à ses côtés, apprendre bien des choses sur la conduite d'une étude. Mais j'étais appelé ailleurs. Je quittai le Sénégal où j'avais vécu des moments si importants. Je n'y suis jamais revenu.

Je rentrai à Paris, toujours habité par la même fièvre, le même sentiment d'une urgence. Pour A. ma décision fut un terrible choc. Comment ferons-nous ? Vendre l'appartement ? Il vient à peine d'être aménagé. Il ne se vendra que plus facilement. Où loger avec les trois enfants ? On louera. Remettre ton projet à l'an prochain. C'est maintenant ou jamais, ce qui se vérifiera. Lacan m'avait envoyé un mot, m'invitant à venir le voir dans les premiers jours d'août.

Mes parents, frères et sœur, furent tout aussi catastrophés en apprenant ma décision. On me soupçonnait de folie. Mon père qui, autrefois, hier encore, désirait tant me voir devenir médecin, fut, comme à chacune de mes initiatives existentielles, hostile. Sans me prévenir, et pour la première fois, il me rendit visite à mon bureau. L'immeuble cossu, la délicieuse jeune secrétaire qui l'accueillit, mon cadre de travail, l'impressionnèrent. « Tu abandonnes tout cela sans savoir où tu vas ?

– Je sais où je vais. Ma décision est prise et sans appel. »

Nous en restâmes là, dans cette incompréhension mutuelle qui ne cesserait jamais.

Entre-temps, il me fallut en trois petits jours régler dans la hâte un grand nombre de problèmes. Le lendemain de mon arrivée, je me rendis rue de l'Ecole-de-Médecine pour m'inscrire en faculté. Une surprise de taille m'attendait. Pour la première fois, et comment l'aurais-je su, les inscriptions qui jusqu'alors pouvaient se prendre jusqu'en septembre, étaient désormais closes le 31 juillet. Sans ma hâte, sans cette fébrilité qui m'avait ramené à Paris bien avant la date prévue, mon inscription aurait dû être reportée à l'année suivante. Avais-je un an à perdre à mon âge ? Mon élan aurait-il supporté d'être ainsi différé ? Un an plus tard, de surcroît, un concours très sélectif d'admission en seconde année serait instauré et j'aurais très bien pu le rater. Que d'étranges et bienfaisantes coïncidences m'accompagneront tout au long de mon analyse, comme si une bienveillante providence cherchait à favoriser mon projet. Existerait-il une « providence freudienne » qui accompagnerait un désir prêt à tous les renoncements ?

Il me fallut patienter des heures dans d'interminables files d'attente, retirer un dossier, le remettre, passer de longs moments à fouiller dans mes papiers toujours en désordre, à la recherche de ma vieille attestation de réussite au bac. Je parvins finalement à boucler toutes les démarches administratives et à remettre un dossier complet d'inscription un vendredi 31 juillet, le dernier après-midi de la date limite.

D'autres rendez-vous importants, urgents, m'attendaient, m'emportaient en une hâte fébrile dans un Paris déjà à moitié vidé de ses habitants.

En premier lieu, il y avait mon rendez-vous avec Lacan : comment « le vieux » allait-il accueillir ma folle décision ?

Il me reçut dans l'après-midi du lundi 3 août. La salle d'attente était vide. A l'évidence, j'étais cet après-midi-là son seul patient, c'est-à-dire qu'il avait interrompu ses vacances pour me recevoir. Sur le moment, la situation ne m'étonna pas outre mesure, comme s'il était naturel qu'un analyste, telle une mère à l'heure des périls, soit toujours à la disposition de son patient.

Il m'invita à m'allonger comme à l'ordinaire, se tenant à son bureau, à quelques pas du divan, apparemment plongé dans un travail personnel. Mais la « densité » de son écoute, ce jour-là, avait quelque chose de particulier, de quasi palpable. Je lui exposai mon projet, les mesures que j'avais prises pour l'engager sérieusement, mon inscription bouclée, la plénitude de ma décision dans laquelle j'étais entièrement engagé. Je faisais intempestivement retour sur la scène de mon destin. Il m'écoutait dans un profond silence, rythmé par cette respiration forte qui était la sienne dans les moments d'émotion ou d'angoisse.

Après de longues minutes, alors que j'avais à peu près dit tout ce que j'avais à dire, il me donna congé sans bouger de sa chaise et sans lever les yeux de ses papiers. Alors, déjà sur le seuil du cabinet, je me tournai vers lui et avec une voix soudain inquiète je lui demandai :

« Croyez-vous que cela soit possible ?

– *Et pourquoi pas ?* » bougonna-t-il, avec ce mélange d'irritation et de chaleur dont il avait le secret. Ce « pourquoi pas ? » résonna à mes oreilles comme le plus puissant encouragement que je pouvais recevoir. Ce serait mon viatique pendant les longues années de souffrances et de privations qui m'attendaient.

Quelques jours plus tard, je me trouvais chez mes parents pour déjeuner. Mon père ne décolérait pas. C'était son mode de relation au monde et à moi en particulier. Au cours du repas ma mère me demanda :

« Connais-tu un certain docteur La... je ne sais quoi ?

– Lacan ? Oui, pourquoi ?

– Parce qu'il m'a téléphoné quand tu étais au Sénégal. Ta femme était là aussi et ta belle-sœur. C'est moi qui ai décroché. Il m'a demandé : "Je voudrais parler à Mme Haddad." Je lui ai dit : "Il y a plusieurs Mme Haddad ici." Alors il m'a dit : "Je veux parler à la mère de Gérard. – C'est moi. – Où est Gérard ? – Hou là là ! lui ai-je dit, il est très, très loin." Alors il m'a dit : "Merci madame, vous êtes très gentille." Je me demande pourquoi il a dit que j'étais *très* gentille.

– Il voulait savoir si le cordon ombilical était coupé », ricana mon père.

Ainsi donc, en des moments exceptionnels, Lacan pouvait pousser ses interventions jusque-là, jusqu'à téléphoner à ma mère pour se faire une petite idée du point où elle en était quant à son désir me concernant. Cet engagement radical dans les cures qu'il menait permettait de supporter l'amère pilule des séances si brèves le plus souvent.

Ce témoignage fera peut-être contrepoids à bien des ragots. On a tant médit de Lacan, en particulier d'avoir poussé au suicide certains de ses patients. L'histoire la plus connue est celle de l'ethnologue Lucien Sebbagh, le plus brillant de sa génération selon Lévi-Strauss. On le disait fiancé à sa fille, Judith. Sebbagh était un juif tunisien et j'avais quelques liens avec sa famille. C'est dans leur maison de vacances à Carthage que je rencontrai l'amie qui me présenta A. J'ai toujours eu le sentiment que le souvenir de cette tragédie tenait une place dans le transfert qui nous liait. Comme

Lucien Sebbagh, j'étais juif tunisien, communiste, croyant en cette folie des lendemains qui chantent dont Lacan dira qu'elle conduit au suicide. (Mon livre *Les Biblioclastes* sera le lieu où j'enterrerai ce fantasme mortifère.) J'étais donc particulièrement sensible à cette tragédie.

Ce suicide agitait encore quelque peu la scène parisienne en ces années-là. On me mettait donc en garde contre l'apprenti sorcier qui avait détruit une des plus prometteuses intelligences de l'époque. Sur la ligne de crête où je m'engageais, n'allais-je pas connaître le même destin ? Je m'en ouvris donc à lui, quelques mois plus tard, à l'une de mes séances. Lacan sursauta. Mon propos semblait avoir rouvert une blessure non cicatrisée. « Sachez, me dit-il sur le seuil, en ce lieu où il avait coutume de prononcer les mots les plus décisifs, le visage bouleversé, sachez bien que j'ai *tout* fait, absolument tout, pour le sauver. »

Je savais depuis le coup de fil à ma mère et par d'autres interventions qu'il eut, ou dont j'ai eu écho, jusqu'où ce *tout* pouvait aller. Sebbagh était mort parce qu'il avait décidé de mourir et que rien ne pouvait changer sa décision.

Lacan fit une discrète allusion à cette tragédie dans l'interview qu'il accorda à la télévision et qui parut en ouvrage sous le titre *Télévision*, l'interviewer étant son gendre, Jacques-Alain Miller, qui succéda dans le cœur de sa fille à Sebbagh :

« Sachez seulement que j'ai vu plusieurs fois l'espérance, ce qu'on appelle : les lendemains qui chantent, mener les gens que j'estimais autant que je vous estime, au suicide tout simplement [1]. »

Ces « gens que j'estime autant que je vous estime », suicidés, adhérant à l'idéal révolutionnaire, étaient une allusion transparente, me semble-t-il, à Sebbagh. La violence du propos lancé au visage de Miller, à sa jalousie potentielle, m'a toujours surpris.

Il me restait encore à régler quelques problèmes de taille, ceux de l'intendance : rencontrer le patron.

Francis Bour était un demi-dieu inaccessible en son bureau. Mais la chance ne me quittait pas. Voilà que lui-même me convoquait. Il souhaitait que je l'informe directement sur l'opération riz en Casamance et sur celle des terroirs en Haute-Volta.

J'avais déjà rédigé, en quelques jours, un bref rapport de mission. J'étais plutôt sévère à propos du Sénégal, optimiste concernant la Haute-Volta.

En fin d'entretien, Bour me fit part de sa satisfaction à propos du travail que j'avais accompli depuis un an. Il avait des projets me concernant. Je me saisis de la perche involontairement tendue. « J'ai moi aussi des projets dont je souhaite vous parler. Je viens de m'inscrire à la fac de médecine et je vais changer de métier. Je vais devenir psychanalyste. »

Ce fut une totale surprise. « Mais vous êtes fou ! explosa-t-il. Vous êtes un instable. Vous avez voulu quitter le Sénégal et je vous ai pris au siège, et maintenant... quelle mouche vous a piqué ? »

---

1. J. Lacan, *Télévision*, Seuil, 1973, p. 66.

Je lui fis part de l'expérience que je menais depuis un an avec Lacan, des mises en question que celle-ci avait produites.

« Mais comment ferez-vous pour vivre ? Vous avez des responsabilités, trois enfants et votre femme, je crois, ne travaille pas.

– J'ai établi un plan. Je vends mon appartement qui me laissera quelques sous et puis...

– Et puis quoi ?

– Vous me garderez à la SATEC, à mi-temps pendant les périodes universitaires et je reprendrai mon plein temps pendant les vacances scolaires. Vous pourrez m'envoyer dans toutes les missions que vous voudrez.

– Mais c'est impossible, inacceptable. Et si je refuse, que ferez-vous ?

– J'aviserai. »

Dix minutes plus tard, Bour acceptait ma demande. J'en éprouvai une infinie reconnaissance. Il était temps désormais de prendre quelques vacances. Je partis avec ma petite famille pour l'Italie.

A mon retour, je trouvais dans mon courrier mon inscription à la faculté Saint-Antoine. J'appris aussi que la possession du diplôme universitaire qui clôturait alors les deux premières années d'études scientifiques pouvait dispenser de la première année des études médicales. Or mon diplôme de Grignon donnait l'équivalence de ce diplôme. Ainsi, peut-être, pourrais-je raccourcir d'un an le marathon universitaire de dix ans qui m'attendait.

Je pris rendez-vous avec le doyen de ma nouvelle faculté, Jean Loygue. Je plaidai mon dossier, mais le distingué chirurgien fut intraitable :

« L'équivalence d'un diplôme n'est pas ce diplôme. Il va falloir reprendre les choses au début. »

Ce veto ne m'affecta pas outre mesure. Rien au demeurant ne pouvait alors m'ébranler. Avec le recul, ce refus lui-même me paraît heureux. La première année de médecine, avec ses rudiments de mathématiques, de physique et de biologie me paraîtra bien élémentaire par rapport à l'enseignement reçu en classe préparatoire puis à Grignon. La transition s'effectua ainsi en douceur. Plongé directement dans le chaudron des études proprement médicales, avec l'énorme programme d'anatomie, exercice de pure mémoire, aurais-je supporté l'épreuve ?

Restait à se faire violence, à supporter l'angoisse résignée de A. et à mettre en vente notre appartement.

Le retournement des morts

A la rentrée universitaire, je pris place dans l'amphi-théâtre que l'on m'avait indiqué, au milieu de la foule bruyante des potaches d'hier, devenus étudiants, avec déjà cette pointe de morgue que l'on suppose à tout médecin arrivé. Qu'ils me paraissaient jeunes avec leurs dix-huit ans, et comme, à l'évidence, je leur paraissais vieux, avec mes trente années révolues, presque le double de leur âge. Il n'y avait aucune sym-pathie dans leur regard à mon endroit. J'étais une anomalie, une verrue dans leur paysage.

Nous ne disposions alors, en notre bonne faculté de Saint-Antoine, d'aucun polycopié et l'assistance à tous les cours, dans des amphithéâtres surchargés, était obli-gatoire. Il fallait arriver avant les cours ou demander à un camarade de vous réserver une bonne place, sup-porter le pénible brouhaha des étudiants dissipés qui bavardent entre eux et l'épais brouillard de la fumée des cigarettes. Le tabagisme ne connaissait alors aucune limite et il était toujours « interdit d'interdire ».

Je me précipitais à la SATEC dès que j'avais une matinée ou quelques heures de libres pour justifier le généreux mi-temps que Bour m'avait accordé. Fort heureusement, ma formation d'ingénieur me permettait de survoler sans grand effort les éléments de sciences exactes qui étaient au menu de cette première année.

J'avais tant d'autres problèmes à régler. D'abord trouver de l'argent pour vivre et payer ma ruineuse analyse avec ses séances quotidiennes.

Mon appartement était mis en vente depuis plusieurs semaines mais les candidats à l'achat ne se précipitaient pas. Un voisin, flairant l'aubaine, nous en proposa un prix dérisoire. Il fallut résister. Nos réserves fondaient comme neige au soleil. Qu'allions-nous devenir ?

Cette incertitude dura trois mois. Soudain, alors que je désespérais, un acquéreur se présenta et, ô merveilleuse surprise, il accepta sans discuter le prix que lui indiquait l'agence, prix supérieur à celui que j'avais demandé. Ce fut un immense soulagement. « Qu'allez-vous faire de cet argent ? » me demanda l'agent immobilier qui connaissait les raisons de ma vente. Cette indiscrétion me donna une nouvelle idée. « Acheter un autre appartement ! »

L'homme écarquilla les yeux, convaincu d'avoir face à lui quelque esprit troublé. « Vous me trouverez bien un appartement en proche banlieue, lui dis-je, moins cher que celui-ci. »

J'avais en effet, en ces temps de forte inflation et de spéculation immobilière, conçu le plan suivant : mettre à l'abri une partie de la somme obtenue par l'achat d'un nouvel appartement moins cher que le précédent, vivre deux ou trois ans avec l'autre partie, puis revendre ce second appartement et me rapprocher ainsi de la fin de mes études, tout en faisant rouler mon prêt d'une opération sur l'autre. « Je pense avoir votre affaire, un appartement à Maisons-Alfort, non loin d'un métro, pour un prix raisonnable. »

Je visitai le lieu, un immeuble plutôt ingrat, couvert de briques rouges, face au cimetière de Maisons-Alfort. Il me convint. En une seule journée tout fut bouclé. J'avais vendu un appartement et acheté un autre. Je n'avais pas beaucoup de temps à perdre. Quelques semaines plus tard nous emménagions dans notre nouveau domicile. L'intendance était assurée pour quelque temps. Cet orage n'avait que peu entamé la bonne humeur conquérante de mon début d'analyse.

*

Au mois de novembre, comme chaque année, Lacan reprit son séminaire. Le titre en était *D'un discours qui ne serait pas du semblant*. Je lui demandai à nouveau l'autorisation d'y assister. Cette fois-là, il acquiesça. Nous nous trouvions, comme toujours au moment des décisions, sur le seuil de son cabinet. Quelque chose comme une émotion partagée nous traversa alors. « Venez un peu en avance, car il y vient beaucoup de monde. »

Le lendemain, un mercredi, je me rendis à la faculté de droit de la rue Saint-Jacques où Lacan, depuis son éviction de l'Ecole normale de la rue d'Ulm, tenait son « séminaire », en vérité une série de conférences bimensuelles. Une vraie foule se pressait déjà contre la porte encore fermée de la salle où Lacan devait parler. A midi, un appariteur vint l'ouvrir. Il se produisit alors une incroyable bousculade qui tenait de la mêlée de rugby et de la bagarre de rues. Des horions furent même échangés. Je suivis le mouvement, écrasé, poussant, croyant participer à un rite psychanalytique de l'affirmation du désir. En quelques secondes, toutes les travées allaient être occupées. Je choisis alors de grimper sur une table pour traverser plus vite la salle en quête d'une place encore vide. Croyant la trouver, je me laissai tomber entre table et banc. Une vive douleur à la cheville accompagna ma chute. « Cette place est réservée, me dit alors mon voisin, un jeune homme aux cheveux roux et au visage très pâle, les yeux injectés de sang. Barre-toi de là. »

Je ne m'attendais pas à un tel langage en ce haut lieu de la culture. Je restai muet, inquiet au sujet de ma cheville douloureuse. « Tu veux que je te casse la gueule ?

– Vas-y, ne te gêne pas, ce serait amusant ici, au séminaire de Lacan. »

J'affirmais ainsi, par mon refus, le roc de mon désir. L'énergumène, accompagné d'une amie tout aussi vindicative, multiplia les insultes, de plus en plus grossières, espérant ainsi me déstabiliser et me contraindre à déguerpir. C'était son mode à lui, probablement, d'affirmation de son désir. Je feignis un flegme tout britannique aux antipodes de ma nature.

L'entrée de Lacan mit fin à cette scène grotesque, caractéristique de ces années de « gaucho-psychanalysme ». Il portait cette tenue que les médias ont retenue : manteau de fourrure, cigare en hélice, chemise excentrique, quelque chose d'histrionique qui tranchait avec la simplicité du cher vieux, rencontré dans son cabinet à la moquette élimée et aux fauteuils fatigués. Son visage, lui, ne participait pas de cette mise en scène. L'angoisse, l'embarras devant cette foule paradoxale, s'y lisait.

Après un profond soupir, il commença à parler. Je crus que ses premiers mots s'adressaient à moi. Pour ceux qui seraient là pour la première fois, dit-il, on ne peut évidemment reprendre les choses au départ. Ceux-là étaient donc invités à lire dans la revue qu'il venait de créer, *Scilicet*, le résumé du propos de l'année précédente sur les quatre discours et particulièrement le long interview, *Radiophonie*, accordé à une radio belge. Ce texte jouera quelques années plus tard un rôle essentiel dans mon évolution. J'y lirai cette affirmation inouïe d'une similitude entre midrash et psychanalyse.

Deux heures plus tard, l'étrange conférence, de laquelle je ne compris pas grand-chose mais qui me fascina, prit fin. Je venais de recevoir mon premier enseignement de psychanalyse, fort singulier. Je quittai l'amphithéâtre en boitant car la douleur à la cheville ne me quittait pas. Tel mon ancêtre Jacob, j'emportai cette boiterie comme trace de mon combat. Je n'ai jamais soigné la probable petite fracture de ma malléole externe dont la douleur m'accompagnera longtemps.

*

En attendant, et fort curieusement, l'une de mes principales préoccupations concernait ma vie militante et ma relation au Parti communiste. Quelque chose d'essentiel se jouait là, une résistance. Je m'arc-boutais à cette question comme à une porte qu'il fallait maintenir fermée pour empêcher d'autres surgissements d'advenir.

Ma douloureuse inhibition dans l'action politique ne cessait de se renforcer et j'avais de plus en plus de mal à tenir ma place de président potiche du comité anti-colonialiste. L'affaire finit en grotesque pantalonnade. Le véritable patron du comité, M.G., un permanent du Parti à l'insatiable quête sexuelle, me trouvant inutile et peu docile, décida de m'éliminer. J'avais paraît-il des tendances droitières, à moins qu'elles ne fussent gauchistes, ma mémoire sur ce point me fait défaut. On réunit une sorte de conseil de discipline. Je fus quitte pour une première mise en garde. Mais ma foi dans le Parti s'en trouva encore plus ébranlée. Je me mis à critiquer de plus en plus ouvertement la pauvreté de ses idées, ses méthodes archaïques quand le monde communiste, à ce que je croyais, connaissait une profonde et positive mutation.

Ce discours critique, cet abandon progressif du militantisme inquiétaient ma femme, restée quelque temps encore attachée par tradition familiale au communisme. « On ne sait plus où tu vas ! » me cria-t-elle un jour. Je n'avais pas cette inquiétude, habité par le sentiment, sans doute confus, d'avoir enfin trouvé ma voie. Je me disais toujours sincèrement communiste, mais j'avais besoin de prendre des distances avec la bureaucratie dirigeante. Je soutenais en particulier la lutte du peuple vietnamien contre l'impérialisme américain, ne manquant jamais une manifestation de soutien à ce peuple. Les bombardements sur Haïphong me plongeaient dans une véritable angoisse. La presse évoquait la possibilité d'une destruction des digues du Mékong qui aurait alors noyé Hanoï en un véritable génocide. Cette perspective, comme celle de l'usage de l'arme nucléaire, agitée par un candidat à la présidence des Etats-Unis, me causaient des cauchemars. Ma critique du totalitarisme restait encore au milieu du gué.

J'abordais fréquemment ces questions sur le divan. Quelque chose d'essentiel se jouait dans mon attachement en crise au communisme. Lacan m'écoutait, évidemment, mais avec une distance appuyée. J'y décelais une pointe d'irritation. Je m'égarais ou je « résistais », expression qu'il abhorrait. « Il n'y a de résistance que de l'analyste », aimait-il répéter, ce qui agaçait souverainement les collègues, ceux qui l'avaient chassé de l'Association internationale. Mais il fallait être prudent. Toucher à mes idéaux politiques m'aurait alors violemment cabré et eût entraîné probablement la rupture du processus analytique. J'étais tout de même étonné que, restant de glace, Lacan ne partageât pas quelque peu mon émotion face aux événements indochinois.

En cette période (ou plus tard peut-être) je fis ce rêve étrange :

Je me trouvais à Cuba, sur une grande place de La Havane, et cela me procurait une intense joie. De grands et beaux immeubles encadraient la place. Sur leurs façades pendaient de grandes guirlandes faites d'un métal brillant, miroitant des mille feux de la lumière tropicale. Je m'aperçus bientôt que ces longues boucles de métal étaient en réalité les lettres d'un alphabet que j'ignorais, quelque chose comme des idéogrammes chinois. Ce spectacle et surtout ces lettres m'enchantaient.

Mais soudain, une voix off, grave, voix de personne mais pleine de colère, cria ces mots : *Tout cela, ce n'est que de la pub.* « Tout cela » désignait cette beauté qui me fascinait et qui d'un coup perdit tout pouvoir. La fête était gâchée. J'étais en colère contre l'invisible intrus, profondément déçu.

Je ne voulus pas immédiatement comprendre ce rêve, au message pourtant évident. Toutes ces belles affirmations communistes, cubaines, chinoises et tutti quanti, n'étaient que paroles en l'air, trompe-l'œil, propagande, escroquerie. Restait cependant mon émerveillement devant la beauté de ces lettres scintillantes.

Mon désenchantement du totalitarisme, auquel j'adhérais depuis mon adolescence, précisément depuis mon éloignement progressif du judaïsme, était néanmoins désormais engagé. Il faudra pourtant que Lacan vienne lui-même y porter le fer quelques années plus tard.

*

A la moindre période de vacances, je reprenais ma profession d'agronome et mes missions en Afrique. Aux vacances de Pâques, je partis avec Jean Killian, notre excellent spécialiste des sols, pour un repérage des zones fertiles du plateau mossi, celles sur lesquelles nous envisagions de développer notre opération « terroirs ». Ce fut un passionnant voyage. Killian m'initia à la géomorphologie, une discipline magique. La terre devenait un grand corps dont le regard découpait les formes, la rondeur des collines, la dépression des vallées. Nous pouvions prévoir, par la seule étude de ces formes, sans même quitter notre véhicule tout-terrain, la nature des sols sous-jacents. Je parachèverai cette initiation l'été suivant dans un long voyage sur la route de Tamatave. Le relief malgache se prêtait merveilleusement à l'exercice. J'y fis un peu mes adieux à l'agronomie de terrain.

Je fus admis en seconde année de médecine. Cette première année ne me posa aucune difficulté et je pus préparer mes examens en y consacrant très peu de temps. Quelques jours plus tard, je partais pour Madagascar. Ma mission, plutôt vague, consistait à « épauler l'équipe locale ». De mon premier séjour dans la belle île, pour mon stage de formation à la riziculture, j'avais retenu l'existence d'une étrange cérémonie, la plus grande festivité des populations des hauts plateaux, la fête macabre du *famadine* ou « retournement des morts ». Ce jour-là, on sort du sépulcre les squelettes des ancêtres, un linceul neuf remplace les vieux linceuls décomposés, puis, arrimés sur le toit d'une voiture, les cercueils partent pour un tour dans la campagne. Un grand repas est enfin donné en leur honneur, accompagné de musique et de danse.

Je demandai à l'un de mes collègues malgaches s'il me serait possible d'assister à un « retournement ». La curiosité ethnologique n'était pas mon seul motif. Je voulais en vérité me mettre à l'épreuve. La terreur devant la mort, devant le cadavre, comme devant la folie, constituait, je le savais à présent, une des causes de mes échecs. Je m'étais toujours arrangé pour éviter cette confrontation, y compris quand je perdis mon grand-père pour lequel j'avais une grande affection. Etais-je désormais en mesure de supporter une telle épreuve ?

L'ami malgache accueillit de bonne grâce ma demande. Il était justement convié à un « retournement » pour le samedi suivant et il me proposa de l'accompagner.

Ce jour-là, jour d'hiver austral barbouillé d'une pluie fine, était des plus gris et des plus froids. La voiture de l'ami s'engagea dans un chemin de terre et grimpa jusqu'au sommet d'une *tanety*, une colline malgache caractéristique. De loin déjà, nous entendions les sons lancinants d'un hautbois traditionnel et les battements monotones d'un tambour. Deux musiciens étaient de la fête, et leur musique me semblait aussi fade et doucereuse que la discrète odeur qui flottait dans l'air, odeur de mort. Sur le plateau au sommet de la colline, je distinguais deux bâtisses, la ferme de nos hôtes, suffisamment riches pour organiser une telle fête, et une sorte de tente largement ouverte. Les deux musiciens qui jouaient sans relâche se tenaient non loin.

Peu vaillant et tremblant quelque peu sur mes jambes, je descendis du véhicule. Les Malgaches sont gens aussi accueillants que réservés. Mon ami me présenta à nos hôtes qui nous invitèrent à partager le repas traditionnel des « retournements », du riz évidemment et un ragoût particulièrement gras. Puis nous sortîmes sur le plateau. La scène qui se jouait là était proprement terrifiante. A travers l'ouverture de la tente, j'apercevais de longues formes allongées enveloppées de tissu, les squelettes des ancêtres. Puis, à mon grand effroi, je vis des personnes s'emparer avec tendresse des sacs mortuaires, les serrer contre elles et se mettre à danser au rythme du tambour. On dansait avec les morts, sans effroi, dans la joie même. Que ferais-je si on m'invitait à partager cette danse ? Je tournerais de l'œil, sans aucun doute. Mais telle n'était pas la coutume. En définitive, je tins bon et ce fut la grande satisfaction de cette journée. Mon analyse m'avait permis d'atteindre ce résultat.

Mon compagnon de voyage dut remarquer mon malaise et il me proposa, après une bonne heure passée dans la bise qui soufflait sur la *tanety*, de prendre le chemin du retour. « On gèle aujourd'hui », me dit-il. Je ne me fis pas prier.

Ma mission prit fin quelques jours plus tard avec retour à Paris, en un interminable et épuisant voyage en avion, essayant de trouver un inconfortable sommeil. Le pesant sentiment d'avoir vainement gaspillé un mois ne me quittait pas.

Aux vacances, avec nos maigres ressources, nous partîmes pour Udine, la ville natale de mon épouse, où la canicule ne permettait d'autre occupation que de longues siestes moroses.

Septembre. J'avais encore un mois plein à consacrer à la SATEC, à rédiger paisiblement mon rapport sur ma mission à Madagascar. Mais voilà que Jacques Mayer me convoque :

« Fais tes bagages.

– Pour où cette fois ? Tu sais que la rentrée de la fac de médecine, c'est le 1er octobre ?

– Pour l'Ethiopie, une belle mission de trois semaines. Tu reprendras ta fac avec un peu de retard. Les Affaires étrangères nous demandent de trouver quelques idées pour étoffer la coopération avec ce pays. A toi de jouer. Regarde dans toutes les directions, cultures vivrières, irrigation, artisanat. Un dernier conseil : K. connaît bien le pays, demande-lui conseil. »

Ce rôle de boîte à idées me flattait et me plaisait. Comme toujours, notre efficace documentaliste eut tôt fait de rassembler la documentation nécessaire. Mais plus utile en cette occasion, ce fut l'aide que m'apporta K., un ingénieur israélien qui avait souvent séjourné en Ethiopie. Grâce à lui, j'allais bientôt disposer d'un laissez-passer de la plus grande efficacité. K. avait en effet une amie à Addis-Abeba, une princesse, une cousine du Négus Haïlé Sélassié, au pouvoir pour quelques mois encore. Mais nul ne pouvait prévoir la révolution militaire qui allait bientôt emporter son régime.

J'avais depuis peu repris mes séances et quitter à nouveau Lacan me coûtait. Je me souviens de la séance qui précéda mon départ. Une émotion soudaine m'avait envahi et je prononçai alors ces curieuses paroles : « Bénissez-moi. » Lacan parut ému à son tour.

Je découvris bientôt l'Ethiopie, un pays magnifique, la plus belle des régions d'Afrique qu'il me fut donné de visiter, d'une merveilleuse variété, avec ses hauts plateaux verdoyants, ses déserts surchauffés dans la région du grand rift, ses lacs immenses et superbes, recouverts de tapis d'oiseaux migrateurs qui prenaient leurs quartiers d'hiver dans les lacs de l'Est africain.

A peine arrivé, je téléphonai à S., la princesse. Ce fut le sésame de cette mission. Les aristocrates amarhas, si beaux avec leur peau noire et leurs traits grecs, éprouvent à l'égard des juifs une étonnante sympathie. Ne se considèrent-ils pas eux-mêmes comme les descendants légitimes des amours du roi Salomon et de la reine de Saba ? Nous étions des cousins. La vivacité de ce mythe me surprit.

Je fus donc reçu princièrement et une tendre amitié se noua rapidement entre nous. S. se chargea d'organiser mes rendez-vous avec les principaux responsables de l'agriculture éthiopienne. Toutes les portes s'ouvraient miraculeusement devant moi. En deux semaines, je pus esquisser plusieurs idées de projet, en particulier celui de développer le commerce du merveilleux café éthiopien, alors inconnu ou presque en France et dont le célèbre moka, au demeurant originaire du Yémen tout proche, n'est qu'une des variétés.

Il fallut bientôt quitter Addis-Abeba, la mémoire pleine de fortes images. Je replongeai dans la grisaille parisienne et celle de mes études de médecine. Mayer, puis Bour me complimentèrent pour la richesse de mon rapport et pour les pistes qu'il ouvrait. Mais ces éloges ne me touchaient plus, ou plutôt réveillaient en moi une sourde tristesse. Le deuil de ce métier que j'avais en définitive beaucoup aimé était bien engagé. Je n'eus plus jamais de nouvelles de la belle princesse noire, souvenir lumineux de mon séjour éthiopien. La révolution marxiste de Mengistu qui débuta par l'extermination de la famille impériale avait dû l'emporter.

J'en étais à la troisième année de mon dialogue avec Lacan quand j'entamai la seconde année des études de médecine. Les cours avaient commencé depuis dix jours, ce qui, d'abord, ne m'inquiéta pas. Je pensais, à tort, qu'elle se déroulerait comme la première année qu'il m'avait suffi de survoler. Je n'allais pas tarder à déchanter et découvrir que le rythme des études s'était brutalement accéléré. Les matières médicales, l'anatomie en particulier, exigeaient de gros efforts de mémoire et l'âge, à ma désagréable surprise, commençait déjà à émousser la mienne. Il suffisait à mes jeunes camarades de lire deux ou trois fois la description d'un os ou d'un muscle pour en retenir l'essentiel, alors que j'y mettais des heures. Comprendre la problématique très particulière des études médicales, parmi les plus abrutissantes que l'on puisse faire, m'occupa plusieurs mois, infiniment pénibles. Rattraper mon retard et suivre ce rythme infernal fut une terrible épreuve où je faillis sombrer. L'euphorie qui avait accompagné mes deux premières années d'analyse, et grâce à laquelle j'avais surmonté maints obstacles, m'abandonnait.

Il fallut bientôt affronter une épreuve d'une autre nature. Nous étions convoqués à l'amphithéâtre d'anatomie pour des exercices de dissection sur cadavres. Notre présence était facultative mais je ne pouvais envisager de m'y dérober. Arrivé sur le palier de la salle de dissection, je vis en sortir les étudiants d'un premier groupe, le visage livide, certains sur le point de s'évanouir. Je surmontai mon angoisse et entrai à mon tour dans la salle pour découvrir l'horrible spectacle. Deux cadavres à l'étrange couleur violacée, ceux d'un homme et d'une femme, aux très longs cheveux gris, car ils avaient continué de pousser après leur mort, portant au cou, à la carotide, une affreuse plaie par laquelle on avait pratiqué un traitement conservateur au formol, étaient allongés sur les paillasses du laboratoire. Une odeur écœurante emplissait l'espace. Au-delà de tous les affects, j'étais enfin là, devant ce non-sens absolu, précisément terrorisant pour cette raison, un cadavre humain. Un corps mort, déserté par celui qui l'habitait, se réduit à un objet dérangeant. Il m'arrivera pourtant, des années plus tard, devant un corps sans vie, de me trouver envahi d'une infinie tendresse, d'un amour insoupçonné, le corps de mon père sur son dernier lit d'hôpital et que j'embrassai sans frayeur aucune, sur le front encore tiède.

Dans la salle de dissection, l'exercice consistait ce jour-là, au nom de la science, à porter la lame du scalpel sur cette chair morte pour mettre à nu je ne sais quel tendon du bras. Pour moi, cela suffisait. Je m'éclipsai pour me rendre à ma séance.

Avais-je laissé entendre précédemment que ce rendez-vous avec la mort m'attendait ? Ou bien Lacan jouissait-il d'un sixième sens ? J'étais à peine allongé sur le divan qu'il vint planter son regard dans la gêne du mien :

« Alors ?

– Ça va, j'ai tenu.

– Excellent ! » Ce fut ce jour-là toute la séance et ce fut bien assez. Une longue et chaleureuse poignée de main la prolongea quelques secondes encore, comme chaque fois que, sans le savoir, je franchissais un seuil. Ainsi donc Lacan m'attendait en ce point et toute sa stratégie, ses frustrantes interruptions, visaient à cela, à regarder la mort sans affect excessif et assumer par là même son propre mortel destin. Les séances ultra-courtes qui ponctuaient ces passages ressemblaient à ces points de suture que j'apprendrai bientôt à poser, rapprochant les deux lèvres trop écartées d'une profonde blessure.

*

Nous étions au mois de novembre 71, et Lacan reprit bientôt son séminaire. Le titre en était particulièrement énigmatique : ... *Ou pire*. Un amphithéâtre plus grand lui avait été accordé afin d'éviter le renouvellement des épouvantables bousculades dont j'avais été témoin. La date en avait également été changée. Le jour de congé scolaire hebdomadaire ayant été déplacé du jeudi au mercredi, le séminaire se tenait désormais le mardi. Beaucoup d'analystes en effet officiaient pendant ce jour de vacance dans les dispensaires pour enfants et ne pouvaient donc venir écouter Lacan.

Pour rien au monde, comme beaucoup d'autres, je n'aurais raté une séance du séminaire. Mes séances d'analyse et ces conférences s'étaient désormais nouées en une particulière alchimie. Dans le fil de son discours, j'en avais acquis la conviction, Lacan insérait des paroles adressées à tel ou tel analysant que celui-ci seul pouvait capter. Je lui fis un jour cette remarque qui déclencha son petit rire. « Votre séminaire, c'est Radio Londres pendant la guerre. » Précisément, celui de cette année-là allait provoquer en moi un nouveau séisme décisif.

Aux rencontres qui se tenaient à la faculté de Droit, à l'heure du déjeuner, Lacan avait ajouté cette année-là un petit cycle supplémentaire, le jeudi soir, supposé destiné aux internes en psychiatrie. Une fois par mois, il parlait du *Savoir du psychanalyste*, et la causerie avait lieu dans la chapelle désaffectée de l'hôpital Sainte-Anne.

N'étant pas prévenu, je manquai la première séance et j'en fus fort marri. Mon dépit éclata en séance :

« Pourquoi m'écartez-vous de votre enseignement ?

– Pas du tout, me répondit-il, je souhaitais simplement m'entretenir en petit comité, avec les internes de l'hôpital. Seulement, à nouveau, la foule est venue. »

Cet orage était au demeurant parfaitement ridicule. Lacan devait-il me tenir au courant de chacune de ses activités ? Mais le transfert est ainsi, d'un amour jaloux. J'étais dans la position du disciple de Socrate, prêt à accompagner son maître en chacun de ses déplacements.

Je ne manquai pas la seconde séance. Dans la foule, je trouvai place auprès d'une aimable personne, le Dr Philippe Rappard à qui je me lierai de camaraderie. Je l'interrogeai sur le contenu de la précédente rencontre :

« J'ai surtout retenu cette amusante remarque, que la psychanalyse ressemble à l'agronomie.

– Amusant, en effet », lui dis-je.

On parlait en ce temps-là, avec de plus en plus d'insistance, des dissidents soviétiques et surtout de l'usage que faisait l'URSS de la psychiatrie à des fins répressives. Les neuroleptiques remplaçaient le goulag. Il ne s'agissait pour moi, toujours aveugle au désastre totalitaire, que de médisance réactionnaire. Telle était la thèse de la presse communiste que je lisais : racontars impérialistes !

Lacan restait d'une extrême discrétion dans l'expression de ses opinions politiques. Certains propos, bien rares (auxquels je m'étais laissé prendre), laissaient supposer une sympathie marxiste.

C'est dans ce contexte qu'allait se produire l'incident qui me conduisit à rompre définitivement mon lien au communisme et à dissoudre ma fascination pour le totalitarisme, quel que soit l'habillage de ce dernier. Nous nous trouvions un jeudi soir dans la chapelle de l'hôpital Sainte-Anne. Lacan parlait depuis quelques minutes. Je le trouvais particulièrement sérieux, bouleversé même. Il aborda cette scabreuse question de la psychiatrie soviétique. « Que l'on sache que je ne pourrai pas me taire plus longtemps devant ces agissements ! » Ces mots furent dits avec une gravité particulière, sans hausser la voix, et pourtant ils pesaient lourd. Pour moi ce fut un choc, un orage intérieur. Pourquoi donc Lacan était-il tombé dans le panneau impérialiste ? Qui donc avait raison, Lacan ou le Parti ?

A la séance du lendemain, à la veille d'un interminable week-end, je protestai, je défendis le communisme qui malgré ses coupables erreurs représentait... Lacan ne m'écouta pas longtemps. Il bougonna, agacé, en me donnant rendez-vous pour le lundi suivant. Le moment était venu de porter le fer en mon aveuglement.

Ce furent de dures journées où je me sentis au pied du mur d'un choix décisif. En vérité, Lacan ne poussait qu'une porte déjà entrouverte, comme en témoignait mon rêve cubain avec cette voix off, venue de nulle part, la vérité elle-même qui parle : « Tout ça, c'est de la pub ! » Finalement, déchiré par une grande douleur, je décidai de quitter le Parti, définitivement. Je ne serais plus le complice des tortionnaires. Enfin, j'acceptais de prendre en compte tant d'informations convergentes. Je le ferais sans esclandre, sur la pointe des pieds, simplement en ne reprenant pas ma carte. La parole de Lacan l'emportait.

Ma femme me désavoua. Je lui répondis que mon goût pour le martyre, pour la souffrance m'avait quitté. Il faudra des raisons vraiment très graves pour qu'il me reprenne. Elle restera au Parti quelques mois encore.

Le moment est sans doute propice pour tenter de comprendre mon attachement au communisme, lequel, en d'autres circonstances historiques, aurait pu me conduire au sacrifice suprême. Le Parti pendant des années fut ma raison de vivre. Depuis mon adolescence, depuis ma rupture avec la foi juive, j'y étais viscéralement attaché. Mon père, déjà, éprouvait pour le Parti communiste tunisien une vague sympathie. Ce Parti, me disait-il, avait été créé et animé par des intellectuels juifs tunisiens que mon père admirait. Dans son discours, il apparaissait comme un refuge ou un cadre dans lequel un juif pouvait agir sur le monde.

Puis ce fut mon arrivée en France pour préparer l'Agro. Dans la solitude qui était la mienne, je trouvai auprès des étudiants communistes une véritable famille d'accueil. Mon adhésion ultérieure au Parti tunisien accompagnait le projet d'inscrire ma vie en mon pays natal. Quand il fallut en faire le deuil, l'adhésion au Parti français m'offrit une transition sans douleur vers d'autres horizons. J'y avais lié de solides et belles amitiés, milité, sacrifié des nuits et des jours à la préparation de ces mortifères « lendemains qui chantent ».

Ma rencontre avec Althusser irrigua intellectuellement cet attachement. Lacan me posa un jour cette question, la veille d'une rencontre avec le philosophe :

« Que demandez-vous donc à Althusser ? »

Je ne sus que répondre. La reconnaissance sans doute de cette quête de vérité qui m'animait depuis l'enfance, ce regard vers le voile du sanctuaire, que mon père avait toujours écrasé d'un effroyable mépris, comme sans valeur. Cette demande, je l'avais entre-temps investie en Lacan.

Mais au-delà de ces raisons plus ou moins consistantes, j'étais travaillé, comme tout militant révolutionnaire et comme la plupart des hommes dans le secret de leur cœur, par un fantasme messianiste, eschatologique. J'en ferai plus tard l'analyse dans mon livre *Les Biblioclastes* : fantasme de *tabula rasa* et d'abolition de

172

la Loi, vision paranoïaque de l'histoire humaine. Ce dont il s'agit, en définitive, dans le fantasme messianique, millénariste, totalitaire, c'est de l'inguérissable aspiration à la fusion incestueuse œdipienne.

Peu de cures psychanalytiques, en définitive, abordent cette question. Le résultat en sera le repli de nombreux « mal défroqués » du totalitarisme sur le frêle esquif de la psychanalyse lacanienne dont ils prendront les commandes, ce qui entraînera quelques années plus tard son naufrage définitif en tant qu'institution. Je me souviens d'un entretien avec Jacques-Alain Miller peu après la mort de Lacan. Nous étions en voiture en route pour l'hôpital d'Aulnay. « L'un des apports essentiels de ma cure, lui dis-je, fut de m'avoir débarrassé de toute fascination pour le totalitarisme. » Sa réponse me surprit :

« Ce n'est pas parce que nous vieillissons, que nous devons mépriser les idées généreuses de notre jeunesse. »

La confusion entre générosité et totalitarisme ne l'avait pas quitté, lui. Je ne pris pas, alors, la mesure de cette incompréhension et de ses conséquences. Elles m'apparurent dans les mois qui suivirent quand je découvris la structure, celle d'une secte, que le gendre avait bâtie sur les ruines de l'œuvre de Lacan. Cette révélation suscita en moi un tel effroi que je m'enfuis en émigrant en Israël. En vain.

Dans l'immédiat, je me sentais endeuillé, mais aussi allégé par la chute de cet ersatz de sentiment religieux que représentait mon engagement au Parti. Mon affirmation *d'être de gauche*, au-delà des proclamations d'athéisme, c'était cela. L'indéracinable sentiment religieux se réfugie où il peut, à l'occasion dans les institutions analytiques. J'ignorais que la scène était désormais libre pour l'entrée en scène d'un puissant refoulé qui allait tout emporter.

*

La fin du premier trimestre approchait et avec elle les premiers examens. Commença alors pour moi une longue descente aux enfers. Mes résultats furent catastrophiques. Malgré mon travail, les longues soirées passées sur mes notes, les résultats s'affichaient en un long chapelet de désastres : anatomie, biochimie, physiologie. Je n'étais jamais loin du zéro. Cette dernière épreuve où je croyais pourtant avoir brillé m'accabla particulièrement. Je demandai à rencontrer le correcteur, le Pr G. « Qu'ai-je donc fait ou pas fait pour mériter cette note ?

– Vous avez omis de parler du phénomène de...

– Mais si ! Tenez, j'ai même reproduit votre cours mot à mot !

– Oui, mais le schéma manque.

– Le voilà pourtant ! »

Je tournai la page et le schéma s'y trouvait. Le Pr G. avait-il lu ma copie ? J'en doutais. Mais un mandarin, par principe, ne se déjuge jamais. Le plan n'était pas clair, finit-il par dire, tel le loup de la fable, lui dont la confusion d'esprit était notoire. Il daigna cependant, « pour ne pas vous être dérangé en vain », m'ajouter un misérable point.

A son insu, G. me rendit service. Je compris avec lui que le corps médical enseignant, fort différent en cela des professeurs en sciences exactes que j'avais jusque-là connus, fonctionnait selon de tout autres critères, bien énigmatiques, et que je me mis en tête de déchiffrer. Je décidai de ne rater aucun cours, aucun enseignement dirigé, non seulement aux fins normales d'apprendre la matière enseignée, mais surtout pour m'imprégner de cette forme très particulière de discours, dans son étrange alliage de rigueur molle et de sadisme. J'y parvins parfaitement au bout de quelques mois.

En attendant, il me fallut traverser un long désert. Il est vrai que me couler totalement dans le vêtement gris de l'étudiant en médecine, avec pour seul horizon les bouquins d'anatomie, les notes prises au mot à mot, m'était insupportable. L'ambiguïté de ma position, entre deux chaises, « position du débile mental » dira un jour Lacan, avait bien sûr favorisé cette déroute à mes premiers examens. Le passage en troisième année relevait désormais de la prouesse.

Je m'enfonçai dès lors dans un interminable hiver, un noir tunnel, dont je n'émergerais que des années plus tard. Mon humeur s'était assombrie. J'étais à la fois tenaillé par mes difficultés universitaires, mais aussi par l'épuisement rapide du petit capital retiré de la vente de mon appartement, par ma situation à la SATEC qui devenait de jour en jour plus inconfortable. J'y passais de moins en moins de temps et cela me valait quelques remarques désagréables. Surtout, profitant de ma baisse de régime, comme le voleur qui exploite l'obscurité pour ses mauvais coups, ma névrose reprenait le dessus, violente, sombre, agitant le drapeau noir du suicide. Syndrome de Solal.

La scène conjugale devenait une arène invivable que le divorce seul semblait devoir apaiser. La rumeur ne disait-elle pas qu'une analyse réussie passe nécessairement par ce divorce, cet abandon de l'amour de jeunesse ? Selon la vulgate psychanalytique, tout mariage contracté avant la cure, dans les conditions forcément pathologiques de la névrose – comme si l'on cessait jamais, dans le meilleur des cas, d'être névrosé –, devait être dénoué pour laisser place à un amour oblatif, éclairé par son analyse. Buée des buées... Malgré les querelles incessantes, les jalousies du présent et du passé, l'incompréhension de chaque instant, une force mystérieuse, un lien magnétique rendait impossible cette séparation. Nous nous déchirions pour nous retrouver et nous redéchirer à nouveau sous le regard désolé et meurtri de nos trois enfants. Lacan écrit quelque part que de telles relations caractérisent paradoxalement ceux dont l'attachement réciproque est excessif et qu'une relation trop paisible peut être le signe d'un lien peu consistant. J'ignorais alors ces insondables mystères de la psyché humaine.

Un rêve marqua cette sombre période, écho d'un lointain conte rabbinique entendu dans mon enfance :

Un monde étrange, surnaturel. Mon grand-père, que j'avais beaucoup aimé dans mon enfance, mort quand j'approchais de mes treize ans, m'apparut. J'étais donc dans le royaume des morts. Il n'était pas seul. J'entendis ces paroles : « Tu en as mis du temps pour arriver. »

Pendant le bref récit de mon rêve, je percevais, à travers ses gros soupirs, l'angoisse de Lacan. Pour moi, ce rêve blafard avait je ne sais quoi de soulageant, comme la fin de toute tension. Il intervint alors :

« C'est un vent mauvais qui souffle. Il faut tenir bon contre lui. »

Le défilé entre vie et mort est parfois un étroit couloir que je dus maintes fois traverser.

Pourtant, paradoxalement, cet enfer conjugal m'apparaissait alors plutôt comme une donnée ectopique, un parasitage superflu et fâcheux du cours principal de mon existence, tracé en contrepoint sur trois portées : ma vocation de psychanalyste, celle d'écrivain et ma foi révolutionnaire. J'interprétais le postulat freudien du primat sexuel sur un mode abstrait, mythologique, lieu ponctuel de jouissance et de frustration. En d'autres termes, le sexuel serait le mystérieux effet, quasi biologique, de l'orgasme réussi ou raté sur nos neurones, au-delà sur toute notre vie psychique. En vérité, je ne savais pas, je ne voulais ou ne pouvais pas savoir. La plus grande confusion régnait en mon esprit sur cette question primordiale.

A d'autres moments, la sexualité prenait des couleurs messianiques, celles d'une hypothétique et idéale rencontre dans un futur indéfini qui l'incarnerait enfin. J'étais en un mot « à côté de la plaque ». Comment admettre que la sexualité, le désir n'ont proprement de signification et de sens qu'inscrits dans l'épure stable de la relation à un autre être, aux paroles dites et non dites qui la sous-tendent ? La rencontre réelle qui bouleversa concrètement ma vie, cette vie prosaïquement quotidienne avec femme et enfants, tout cela ma pauvre conscience, lieu de méconnaissance par excellence, le repoussait énergiquement à la marge de mes préoccupations. Il fallut donc qu'un jour Lacan y mette bon ordre, brutalement. Le prétexte en fut trivial.

Notre réserve d'argent touchait à sa fin. Qu'allions-nous devenir ? A. me conseilla de ralentir provisoirement le rythme de mes séances, de revenir à la fréquence initiale trihebdomadaire, moins ruineuse que la rencontre quotidienne. Si bien que le jour suivant, au moment de le quitter et après avoir évoqué cette nouvelle crise de nos finances, je dis à Lacan :

« Ma femme me conseille de réduire provisoirement mon nombre de séances, vu notre situation... »

Il prit alors un visage très courroucé. « Votre femme n'a pas à se mêler de votre analyse. »

Puis, après un silence de quelques secondes, il ajouta en martelant ses mots :

« Votre femme est *la cause de tout.* »

Cause de tout ? Euh... L'affirmation me parut ridicule, hors sujet. Prêt à concéder sans doute, politiquement correct avant l'heure, une importance certaine dans ma vie à l'épouse du moment, mais y voir *la cause de tout*, n'était-ce pas excessif ? J'esquissai par un sourire ironique mon objection, mais Lacan me coupa et, dirigeant son pas traînant vers un autre patient, il répéta d'une voix où le doute ne pouvait s'inscrire :

« De tout, de tout, de tout... »

Ces deux mots, refusés sur l'instant, allaient, comme chaque fois, s'inscrire et user lentement la roche dure de ma cécité mentale. J'en prendrai acte, bien plus tard, en même temps que ce postulat qui fit tant ricaner les philistins : *Il n'y a pas de rapport sexuel*, il n'y a pas d'harmonie parfaite possible entre un homme et une femme, mais un discord où peut se loger l'aventure personnelle. Donc un deuil à faire de ce rêve.

Je retrouverai des années plus tard ce même message énoncé par l'autre grand esprit qui bouleversa mon rapport au monde, Yeshayahou Leibowitz. A l'importun qui lui demandait : « Quelle est donc la chose la plus importante de votre existence, la philosophie, le judaïsme, la science, Dieu... ? » le vieil homme tourna son visage d'aigle vers la vieille octogénaire assise à ses côtés et répondit : « Ma femme. »

J'étais à mon tour convoqué à cette confrontation, plus difficile encore que celle de la mort. En habile pêcheur, Lacan me laissa longtemps me débattre, lâchant du fil à volonté parce que sachant que l'hameçon était solidement et douloureusement fiché au gosier.

Néanmoins l'heure était bien à la souffrance face à l'horizon bouché, à l'échec universitaire qui se précisait, au manque d'argent. Le doute m'entamait : pourquoi une telle folie ? Il me suffisait d'aller voir Bour qui me proposerait certainement de beaux postes bien payés, en Afrique, au Brésil ou ailleurs. Je mènerais à nouveau une vie aisée, j'entreprendrais des choses utiles.

Comment Lacan gérait-il ce courant dépressif ? Sans la moindre compassion apparente. Bien au contraire. Lui, au début si chaleureux, si attentif, je le sentais désormais distant, hostile. Les séances devenaient d'une insupportable brièveté. Après quelques mots de plainte, la séance était sèchement arrêtée.

Un jour, ce fut trop. C'était un mercredi de séminaire. Les deux salles d'attente étaient pleines de monde. De nombreux élèves venaient en effet de province ou d'Italie, à la fois pour assister à la grande messe mais aussi pour avoir quelques séances d'analyse ou de contrôle, toujours très brèves. J'attendis longtemps avant d'être admis. Depuis un moment je ruminais ce sentiment de l'absurde qui fut la toile de fond de mon adolescence et qui me conduisit à aimer Camus. J'en parlai. Mais à peine les premiers mots étaient-ils prononcés que Lacan leva la séance. J'en éprouvai un infini accablement.

Le seuil du cabinet franchi, je décidai de tout arrêter. J'entrai chez un buraliste, achetai un papier à lettre et son enveloppe et, tout en buvant un café, j'écrivis quelques lignes. Mon ménage est au bord du divorce, mes études médicales sont une catastrophe et je n'ai plus un sou en banque. Il était temps de cesser. J'envisageais de reprendre mon métier d'agronome et de retourner en Afrique. Je fermai l'enveloppe et la remis au concierge du 5, rue de Lille. Dans ma grisaille intérieure, cette réaction de survie me soulagea.

Je séchai donc ma séance du lendemain sans état d'âme particulier. L'affaire était désormais entendue.

Je n'abandonnai pas pour autant sur-le-champ mes études. Depuis le désastre du premier trimestre, j'avais pris l'habitude d'étudier à la bibliothèque de la faculté jusqu'à des heures tardives de la nuit. L'ambiance studieuse qui y régnait, les ouvrages que je pouvais consulter, mes camarades attelés au même effort et avec lesquels j'échangeais des informations, tout cela me stimulait et facilitait ma concentration. Peu à peu je regagnais du terrain.

Ce soir-là ma lassitude fut telle qu'à dix heures du soir je repliai mes notes et rentrai chez moi. A. m'informa alors que Gloria, la secrétaire de Lacan, avait téléphoné en fin de soirée :

« Le docteur veut parler à votre mari.

– Il n'est pas là.

– Où puis-je le joindre ?

– Je l'ignore. Il rentre généralement un peu avant minuit.

– Mais le docteur ne peut pas l'appeler à une heure aussi tardive. »

A. n'y pouvait rien. J'étais injoignable. J'appris la nouvelle dans une relative indifférence. J'étais groggy debout. J'allai donc me coucher.

J'étais profondément endormi quand soudain la sonnerie du téléphone me tira de mon sommeil. Je me précipitai, tremblant d'angoisse, vers l'appareil. Il était minuit passé. J'entendis alors au bout du fil la voix de Lacan, rageuse :

« Haddad, pourquoi n'êtes-vous pas venu aujourd'hui ?

– Parce que vous ne me laissez pas parler.

– Je fais cela précisément pour que plus tard vous ayez la parole. » Cette étrange phrase m'ébranla. « Venez demain, je vous expliquerai tout cela.

– Bien monsieur. »

Dans un demi-sommeil, je rendis les armes. « C'est cela que vous vouliez, que je vous appelle ! » ajouta-t-il en raccrochant, de nouveau grinçant.

Je me rendis à ma séance. Lacan me présenta comme des excuses. « J'étais débordé l'autre jour par tous les provinciaux qui viennent le jour du séminaire. J'ai sans doute manqué ce que vous me disiez. Mais pourquoi ce découragement ? »

Je repris les termes de ma lettre. « Mais avant de reconstruire, il faut bien passer par une phase de destruction. Sachez que jusque-là votre analyse se déroule remarquablement. Ne la gâchez pas. »

Ces quelques mots m'insufflèrent un peu d'énergie et je repris le collier. De l'étrange dialogue nocturne – et qui ne se répéta plus – je retins après coup ces mots : « Je fais cela, vous couper la parole, pour que plus tard, cette parole vous puissiez la prendre. » Quelque temps après, à son séminaire, Lacan commenta le dialogue platonicien du *Parménide* que nous étudiions cette année-là. En un petit passage, le jeune Aristote ose quelques mots quand Socrate, brutalement, lui coupe la parole. Lacan nous pointa ce passage par les mots qu'il m'avait lancés à minuit : c'est parce que Socrate lui a coupé ici la parole qu'Aristote pourra la prendre ailleurs. Et de quelle manière.

Ma crise temporairement surmontée, Lacan reprendra ses mauvais traitements, son indifférence feinte ou vraie, les séances de quelques secondes provoquant toujours de nouvelles crises qu'il souhaitait peut-être. Celle-ci inévitablement se produisit. Lacan, après m'avoir laissé balbutier quelques mots, me coupa à nouveau brutalement la parole.

Le lendemain, m'ayant donné accès à son cabinet, je décidai de ne pas m'étendre. Je m'assis, calme et décidé, sur le bord du divan. Il en fut tout surpris. « Que se passe-t-il ?

– Je veux vous parler face à face, cette fois.

– Eh bien, d'accord ! »

Il s'assit en face de moi. Il semblait très ému, inquiet peut-être. Les mots jaillissaient de ma bouche, tranchants comme une lame, dans une totale vérité. Qu'ai-je dit ce jour-là ? Une longue plainte probablement, jaillie de mon infinie détresse. Il m'écoutait au même niveau de vérité. Ni lui ni moi ne jouions. Quelque chose de la vie et de la mort était en débat.

Depuis quelques années les épigones de Lévinas nous ressassent la litanie du visage comme lieu de rencontre éthique entre deux êtres. Cette philosophie-là m'a toujours ennuyé ou agacé. Le visage reste pour moi, avant tout, le lieu du mensonge, de l'apparence et de la dissimulation. Les escrocs de talent ont toujours belle figure. Sauf en certaines circonstances, moments de crise ou de confrontation, quand les masques tombent et que les enjeux vitaux jaillissent au grand jour. Je vivais, ce soir-là, en regardant le visage soudain tragique de Lacan, un de ces moments.

Notre dialogue, pour une fois prolongé, prit un tour théorique, mais une théorie qui plongeait dans l'épaisseur du vécu immédiat. « Je ne comprends pas ce concept de castration qui revient si souvent dans vos écrits. Je comprends quand vous parlez du phallus, mais cette affaire de castration me reste totalement opaque.

– Eh bien, si vous n'avez pas supporté la séance d'hier, c'est précisément parce que je vous avais castré !

– Je ne comprends toujours pas, pas vraiment.

– C'est précisément ce qu'il nous reste à comprendre. En tout cas, tout ce que vous avez dit aujourd'hui me paraît excellent et confirme que nous sommes en bonne voie. »

Il décida d'en rester là, puisqu'il avait repris l'initiative, faisant valoir à nouveau qu'un dialogue explicatif fausserait le progrès de la cure. « Je vous vois donc demain. »

Il ne tolérera plus ces face-à-face, jusqu'à ce que, devenu analyste débutant, je fisse avec lui ce que nous appelons des séances de contrôle.

Ce terme de castration porte dans le langage courant une lourde charge péjorative. Le castré, c'est le pauvre bougre, sans désir ni volonté. L'enseignement de Lacan, à l'inverse, confère à la castration dite symbolique, une signification hautement positive. Elle en devient la visée même de la cure. La castration est l'opération symbolique d'accession au désir par l'acceptation de son destin d'être mortel. Je gravissais péniblement cette pente-là.

Ce sont en tout cas ces moments de crise qui restent le plus clairement imprimés en ma mémoire, ponctuation de ma cure, porteurs chacun d'une singulière différence.

L'un d'entre eux a été rapporté, déformé, dans une méchante brochure, *Les Mots de Jacques Lacan*, de Jean Allouch, accompagné d'un piètre commentaire.

A la fin d'une séance particulièrement abrupte, j'éprouve une angoisse infinie. Je m'apprête à endosser mon manteau quand partir ainsi m'apparaît impossible, insupportable. Je décide, en une impulsion incontrôlée, plutôt que de quitter le cabinet, de revenir dans la salle d'attente, me tenant debout, comme menaçant. Lacan a déjà pris le patient suivant. Quelques minutes plus tard, il se présente dans l'encadrement de l'autre porte, poursuivant la folle noria de ses consultations. Il m'aperçoit. « Que voulez-vous ? me demande-t-il inquiet.

– Vous parler !

– Venez. Que se passe-t-il ? » me demande-t-il après que nous étions de nouveau dans son bureau, tout en restant debout, près de la porte. Il semble en colère, excédé. C'est alors que je prononce ces mots auxquels je n'ai pas réfléchi :

« Je me sens foutu ! lui dis-je.

– Vous ne vous *sentez* pas foutu, vous *êtes* foutu. » Et il ajoute aussitôt : « Je vous vois demain. »

Aussi paradoxal que la chose puisse paraître, ce « vous êtes foutu », c'est-à-dire, une fois encore, castré, me soulagea. Je me surpris même à sourire. Quelques mois après cette terrible apostrophe, je lirai dans un texte que Lacan publia dans *Scilicet*,

L'Etourdit, cette même affirmation : l'homme est congénitalement, de naissance, *foutu*. Mon particulier rejoignait un certain universel.

Des années plus tard, j'organisai un congrès en Israël, à Shefayim, un kibboutz au nord de Tel-Aviv, pour le compte d'une des nombreuses chapelles post-lacaniennes. Un psychanalyste canadien, dominicain de surcroît, rapporta le cas de Marilyn Monroe. La célèbre actrice avait beaucoup fréquenté les psychanalystes. Face à son désarroi, ceux-ci ne cessaient de lui « remonter le moral » : vous êtes si belle, si riche, si intelligente, les grands de ce monde sont à vos pieds. Cela se termina par son suicide. Comment comprendre un tel acte ?

J'intervins alors pour dire que Lacan, dans une telle situation, plutôt que de regonfler sans succès son ego, lui aurait lancé, à la bonne occasion, comme avec moi, quelque chose comme : « Oui, en effet, vous êtes foutue ! », qui sait si cela ne l'aurait pas sauvée ? L'assistance resta muette. Ce public supposé lacanien crut que je venais de dire une énorme stupidité. Je compris, une fois encore, que nous n'avions pas la même lecture de l'enseignement de Lacan.

Une autre crise me reste en mémoire et ce fut un moment crucial de mon analyse. Aucun éclat de ma part, cette fois-là. Allongé sur le divan, ma détresse jaillit en un cri :

« Je n'en peux plus. Je ne pourrai pas tenir ainsi *plus d'un an*.

– Croyez-vous que je l'ignore ? *Un an*, c'est cela. »

A maintes reprises, Lacan se contentait de reprendre les paroles que je venais de prononcer, comme si je lui servais les mots de sa réponse. N'était-ce pas l'illustration d'un de ses aphorismes préférés ? Le message du sujet lui vient de l'Autre sous une forme inversée. Bien évidemment, je ne pouvais prendre ce jour-là ces mots au pied de la lettre. Par quel miracle, dans un an, verrais-je la fin de cet interminable tunnel ? Serais-je d'ici là devenu médecin ? La chose ressemblait, dans son impossible à concevoir, à une galéjade. Mon analyse n'avait commencé que deux ans et demi auparavant et la rumeur qui me parvenait laissait entendre qu'un début de pratique ne pouvait s'imaginer qu'après de très nombreuses années d'analyse. Je me sentais de surcroît si mal, si prisonnier des affres de ma névrose. Et pourtant, dans l'après-coup, je vérifierai que Lacan, cette fois encore, n'avait pas repris ce *un an* à la légère.

Ces moments de crise, qu'il faut bien considérer avec le recul comme moments de grâce, s'intercalaient entre de longues séquences de mauvais traitements, coups de cravache symboliques, par lesquels Lacan maintenait mon galop. « Pourquoi donc me traitez-vous ainsi ? lui dirais-je quelques années plus tard, un jour où il fut particulièrement désagréable et même humiliant au vu des autres personnes présentes dans la salle d'attente.

– Parce que c'est ainsi que je dois vous traiter.

– Vous voulez dire sur le plan de la cure ?

– Sur quel autre plan voulez-vous que ce soit ? »

Néanmoins, il lui arriva de s'apercevoir qu'il abusait parfois. « Mon cher, dans cette pratique, il faut toujours être d'une extrême politesse. Je ne le suis pas toujours parce que je suis accablé par mes tâches multiples et vous prie de m'en excuser. Mais souvenez-vous de cela », me dit-il un jour, sur un ton de confidence tout en me conduisant vers son cabinet.

La panoplie des « mauvais traitements », franchement sadiques parfois, était des plus riches : séance interrompue sans même me laisser placer un mot, bruits divers d'une machine à agrafer ou d'un coupe-papier, émanations corporelles, journal qu'on feuillette à grands mouvements. Puis sur le pas de la porte, la même question répétée jour après jour : « Je vous revois quand ? » Il m'arrivait, excédé, de dire : « après-demain » ou « la semaine prochaine », il me reprenait alors avec une voix suppliante, irrésistible : « Mais non, demain ! »

A un certain moment, Lacan découvrit une autre forme de torture : laisser ouverte la porte de son bureau. Ainsi pouvait-on, de la bibliothèque, entendre les propos qui s'y échangeaient, supposés être de la plus grande intimité. Il m'arriva ainsi d'écouter les séances de mes frères de misère, ceci sans jamais savoir qui les prononçait. En jouant sur ses deux salles d'attente, Lacan rendait impossible l'identification du patient sur le divan. Par ailleurs, ce fragment de discours, détaché de la chaîne des séances qui lui donnait sa signification, perdait beaucoup de son contenu informatif. C'était, pourrait-on dire, du pur signifiant. J'ajoute que cet « exercice » et les paroles de Lacan qui l'accompagnaient m'ont beaucoup appris.

Mais pour moi, parler en sachant que la porte restait ouverte m'était spécialement insupportable. Je protestai. Lacan eut alors ces mots :

« Si je le fais, c'est que vous avez un problème avec les portes. »

Rentré chez moi, je me mis à relire un texte de quelques pages que j'étais en train d'écrire. Je fus frappé par l'incroyable répétition du mot « porte » que ce texte renfermait. On le trouvait dans chaque paragraphe. Dans un de ses premiers séminaires, mais qui ne sera publié qu'après sa mort, Lacan consacra une de ses conférences à l'objet « porte », élément essentiel du processus de symbolisation.

Une telle pratique, considérée de l'extérieur, et spécialement par des psychanalystes « traditionnels », apparaîtra comme totalement folle, scandaleuse, une manipulation coupable. Pourtant, vingt ans après que la mort m'a séparé de lui, je n'éprouve à l'égard du traitement que Lacan m'infligea aucune animosité, de l'amusement plutôt devant ce qu'il appelait lui-même sa bouffonnerie. Certains de ses anciens élèves aujourd'hui disparus et que j'estimais, me sollicitèrent même pour m'associer à une critique de son œuvre et de sa pratique. Je refusai sans hésitation aucune. Je n'éprouve fondamentalement que de la gratitude à son égard. Sans lui je n'aurais jamais accédé à ce bout de destin qui est le mien, je n'aurais jamais pu « tutoyer », avec respect, les plus grands esprits.

Une névrose comme la mienne, dite obsessionnelle, est fondamentalement nourrie de pulsions agressives, tournées vers les proches, mais aussi contre soi-même, en une conduite d'échec parfois littéralement suicidaire. Pour émousser la pointe de cette agressivité, en détourner la trajectoire en une démarche féconde, il n'y avait d'autre issue que d'en rajouter, en pousser la jouissance jusqu'au dégoût, comme le conseillait déjà au XIIᵉ siècle le grand Maïmonide. Adopter une attitude « compréhensive », complaisante dans sa neutralité, aurait condamné mon projet de reconversion à son échec certain.

Je considère en même temps que ce mode de pratique doit rester la singularité d'un homme singulier que nul ne peut imiter sans tomber dans la singerie ou pire encore. Il y a un temps pour singer, celui des premiers pas, défaut auquel j'ai moi-même sacrifié, et un temps pour trouver son propre mode de fonctionnement.

« Non, décidément, lui dis-je une autre fois, quelques années plus tard et alors que je pratiquais déjà le métier d'analyste, ce n'est plus possible. Je vais en rester là, arrêter ma cure. » J'étais cette fois-là encore, après des jours de douloureuse réflexion, parfaitement décidé. Je ne bluffais pas. Lacan soupira. « Mon cher ami, je regrette de ne pas avoir pu vous aider plus que cela. Vous êtes libre, vous le savez, d'arrêter. Moi, à votre place, je ne le ferais pas. » Puis quittant son bureau, il vint s'asseoir dans son fauteuil, à quelques centimètres de mon visage. Il ajouta alors : « Sachez en tout cas que je vous aime bien parce que vous êtes *un des rares à piger ce que je raconte.* » Ce furent exactement ses paroles. Pouvais-je après cela le quitter ?

*

A voir Lacan déployer ainsi une telle énergie malgré son âge avancé, recevoir des consultants sans arrêt du matin au soir, s'accorder si peu de vacances, Jupiter tonnant debout pendant deux heures à son séminaire, portant un amour notoire pour une jeune femme de trente ans, qui deviendra une amie, tout cela produisait en moi l'illusion de son éternité. Il portait sa vieillesse avec une telle élégante dignité que je l'imaginais immortel. Son visage de septuagénaire semblait embelli par les ans, à le comparer à des portraits de jeunesse marqués par je ne sais quelle fatuité que l'âge, tel un sculpteur ôtant le marbre inutile, avait effacée.

Il m'arriva pourtant un jour d'être intrigué par sa voix cassée et, le dévisageant dans ces brefs et intenses échanges de regards qui ouvraient et clôturaient la séance, je remarquai sur sa joue gauche une marque ronde d'un rouge foncé. J'allais m'enquérir de sa santé quand, d'un grognement d'ours furieux, il me renvoya. J'étais tout à fait habitué à ses brusqueries. Un mauvais rhume, peut-être. La journée se déroula ainsi, puis la matinée du lendemain que je passai à la SATEC.

Soudain, dans l'après-midi, je fus envahi par un immense chagrin, tel que je n'en avais probablement jamais connu jusque-là. A ma grande confusion, en pleine rue, je fus secoué par des sanglots. Des larmes que je ne parvenais pas à maîtriser coulaient à flots.

Pourquoi un tel affect, bien curieux en vérité ? Un souvenir m'était brutalement revenu, celui d'un camarade ouvrier avec lequel il m'arriva certains dimanches de vendre le journal *L'Humanité* sur la place Gambetta. Un jour, je remarquai sur une pommette une marque ronde, d'un rouge intense. « On me fait quelques examens bénins », me dit-il. Un mois plus tard, j'appris sa mort. On avait découvert un cancer à la mâchoire que l'on avait vainement traité aux rayons, d'où la marque rouge sur la joue. Le cancer à la mâchoire, c'est aussi le terrible mal qui emporta Freud. Or Lacan présentait la même tache au même endroit. Donc, il était traité aux rayons. Donc, il avait un cancer à la mâchoire. Donc, sa mort était imminente.

Je me présentai à ma séance dans cet état d'effondrement, toujours secoué par des sanglots, parvenant difficilement à en donner la raison. « Non, il ne s'agit pas de radiothérapie », me dit-il d'une voix agacée. En bon stoïcien qu'il était, il ne supportait pas l'étalage de ma faiblesse. Je partis calmé, comme par enchantement. J'apprendrais qu'un malfrat s'était la veille introduit dans son cabinet pour le dévaliser et que les deux hommes s'étaient battus. Un coup de poing avait causé la marque rouge.

Restait que l'idée de sa mort, même un temps effacée, avait fait irruption dans mon espace mental. Lacan n'était plus immortel. Au-delà, bien sûr, se profilait la représentation la plus horrible qu'un homme ait à affronter, celle du vœu œdipien de la mort du père, ce vœu dont je ne veux rien savoir jusqu'à lui préférer ma propre disparition.

C'est précisément cette question du père, de sa disparition souhaitée et insupportable, qui formait l'os dur de ma relation à Lacan, de mon transfert quasi délirant. Si j'ai tant aimé Lacan, c'est parce qu'au centre de sa théorie et de sa pratique se trouvait cette énigme de la paternité et de la filiation, ma croix personnelle, passion et résurrection incluses. Ma dramatique relation à mon père, dont des années-lumière de radicale incompréhension me séparaient, alors qu'en moi brûlait un ardent amour, fut le fil rouge de mon analyse.

Mais une analyse ne se résume pas aux mauvais traitements, privation, frustration et castration réunies, selon la conceptualisation de Lacan. Ils ne sont que des manœuvres dont l'objectif est celui de l'avènement d'une parole neuve, d'un surgissement au-delà du discours stérile de la névrose.

Cette année-là fut certainement décisive dans ma marche forcée contre le temps. Un rêve de cette période m'a marqué.

Il comportait deux parties. Dans la première, assez confuse, il était question du pouvoir d'un magicien, qu'il exerçait en captant l'image photographique de quelqu'un. Mais bientôt la scène du rêve devient tout à fait claire. Quatre personnages sont présents : mon père, mon frère, moi et... un autre moi-même, tout à fait réel, d'une grande étrangeté. Il me tourne le dos bien que paradoxalement, comme dans un tableau de Picasso, je voie son visage de face. Silencieux, il ne participe pas aux paroles que nous échangeons. Je perçois en lui, dans son total silence, une grande sérénité, à l'opposé de mon mode d'expression, généralement plaintif et souffreteux. Mais surtout, sa présence me terrorise. J'adresse alors à mon père cette supplication :

« Empêche-moi de *le* voir, sinon je deviendrai fou.

– Il n'en est pas question, me répond mon père, c'est aussi mon fils. »

Que représente ce sosie ? Mon double à l'évidence. Mais alors pourquoi cette angoisse de la folie ? Et surtout que signifie l'attitude hiératique de ce double, sa place en marge de la scène, son énigmatique sourire, *son silence* ?

Il m'est arrivé de raconter ce rêve à des collègues. Chacun y est allé de son poncif. C'est ton moi idéal ou ton idéal du moi, m'a-t-on souvent dit. Mais ces explications ne m'ont jamais satisfait. Pour moi ce rêve se situe précisément dans un au-delà de tous les miroitements narcissiques. Cet autre moi-même, par son silence, me représente en tant que *déjà mort*, raison pour laquelle sa vue provoque mon effroi. Et c'est à mon destin de mortel que mon père m'oblige à me confronter.

Lacan, lui, manifesta un vif intérêt pour ce rêve, comme s'il y trouvait le signal attendu pour... ce que je découvrirai quelques mois plus tard. A plusieurs reprises, il ponctua mes commentaires de ses « Excellent ! C'est tout à fait ça ! ».

*

Participer au séminaire de Lacan, acheter les revues et les ouvrages publiés au « Champ freudien », collection de livres que Lacan dirigeait aux éditions du Seuil, m'avait progressivement rapproché du monde des psychanalystes. Jusque-là, j'imaginais que seul un demi-dieu pouvait tenir cette place. Imperceptiblement, cette mythologie commençait à se dégonfler, suffisamment pour que j'ose un pas en avant. Je pensai que le temps était venu de me porter candidat à l'Ecole freudienne. J'en parlai à Lacan, qui feignit une certaine froideur. Mais en même temps il appela Gloria, sa secrétaire, pour que celle-ci m'inscrive sur un petit bristol les coordonnées du Dr Christian Simatos, le secrétaire de l'Ecole, chargé d'accueillir les candidats. Par ce petit geste symbolique, il m'entrouvrait donc la porte de son école.

Simatos me reçut cordialement et enregistra ma candidature. Celle-ci ne signifiait pas une admission, mais le début d'un long processus de mise à l'épreuve :

« Vous pouvez participer à la plupart de nos séminaires et groupes de travail, me dit-il, je vous en ferai parvenir le programme. Pourquoi ne pas commencer par celui de lecture des *Ecrits* de Lacan, que dirigent Melman, Bailly et Parisot ? Ce serait une bonne entrée en matière. En tout cas, travaillez, faites-vous connaître dans l'Ecole par vos activités. »

Je suivis le conseil de Simatos et m'inscrivis au groupe de lecture.

Le local de l'Ecole freudienne de Paris se trouvait rue Claude-Bernard. J'aperçus, sur le trottoir d'en face, le bâtiment qui focalisa autrefois mon ambition, celui de l'Institut national agronomique. Le jeudi suivant, je franchis pour la première fois et avec beaucoup d'émotion le seuil de l'école de Lacan. Une surprise m'attendait. Le visage de Charles Melman, le responsable du groupe, ne m'était pas inconnu. Après un moment, le souvenir de notre première « rencontre » me revint. C'était au temps où j'effectuais ma « psychothérapie analytique » avec le Dr G., dans le dispensaire pour étudiants. Les différents patients attendaient leur thérapeute respectif dans la même grande salle. G. et les autres avaient cet air compassé, bedonnant, cette lenteur du geste que l'on suppose au psychiatre de bon ton. Voici qu'un jour, dans l'encadrement de la porte, je vis un jeune psychiatre à l'allure dégagée, plein d'allant, et instantanément je fus pris du regret de ne pas être en cure avec lui. J'ignorais son nom. Or voici que dix ans plus tard je me retrouvais face à ce séduisant psychanalyste qui portait désormais un nom. Un lien transférentiel ne pouvait manquer de s'établir entre nous, début d'une histoire orageuse et à la conclusion malheureuse. Lacan sut éveiller bien de grands talents, lesquels, souvent, en bout de course, tournèrent le dos aux promesses de leurs débuts. La liste à établir en serait longue. Pour le moment, mes débuts à l'Ecole se présentaient sous d'avantageux auspices.

Quelques semaines plus tard, je me trouvais au séminaire de Lacan en compagnie de ma femme. J'aperçus Melman dans une travée en quête d'une impossible place. Je lui proposai, en nous serrant un peu, de partager la nôtre. Avec tact, il déclina mon offre. On ne mêle pas le tout-venant des analysants avec les brahmanes du lacanisme. Mais le charisme de l'homme joua sur ma femme qui me déclara : « Si un jour je fais une analyse – ce à quoi elle s'était jusqu'alors refusée – ce sera avec lui. » Ce qui se produira.

*

Depuis le début de son enseignement, Lacan mettait l'accent sur l'importance des mathématiques : logique propositionnelle, théorie des ensembles, bientôt topologie des nœuds. Au fil des années et des séminaires, la référence aux mathématiques devenait de plus en plus insistante. Cette approche ne pouvait qu'intéresser l'ingénieur que j'étais encore. Mais pour ceux qui suivaient cet enseignement, littéraires et médecins en majorité, ces références devenaient un obstacle à la compréhension d'une théorie déjà bien assez hermétique. Si bien que l'idée vint à quelques-uns d'organiser un enseignement de mathématiques. Une annonce parut dans le bulletin de l'Ecole. L'idée me plut et je m'y associai.

Nous nous réunissions tous les mercredis matin, autour d'un professeur que nous payions, chez celle qui en avait pris l'heureuse initiative. La dynamique de groupe jouant, un lien de camaraderie se développa entre la dizaine de personnes qui suivaient ce cours. La plupart se disaient psychanalystes, ce qui accéléra pour moi la démythification du mot. Je remarquai surtout une belle et grande jeune femme, Anne C., analyste confirmée. Par un jour ensoleillé de printemps, après le cours, tout le petit groupe décida de prendre un verre à une terrasse de café proche. Je me trouvai assis près d'Anne C. et abruptement, je lui posai la question :

« Comment s'installe-t-on psychanalyste ? »

Ma question évidemment l'embarrassa. « Je ne peux pas vous répondre ainsi. Il faudrait nous rencontrer pour en parler plus longuement. »

J'enregistrai distraitement la proposition. Un tel objectif me paraissait encore si irréel, si lointain... si proche en même temps.

J'avais fait ce vœu curieux : dès que je serais analyste, j'irais à Vienne, dans la fameuse rue Berggasse, visiter la maison de Freud. L'idée de commencer à recevoir des patients me taraudait. Ma situation matérielle désastreuse, aggravée par tous les prêts bancaires étudiants contractés entre-temps, me dégager de mon humiliante posture d'étudiant attardé, tout m'y poussait. Mais telle n'était pas ma principale motivation. J'avais hâte, surtout, de commencer à réaliser le rêve poursuivi depuis mon adolescence. Il m'était difficile d'en parler à mon analyste. J'étais persuadé qu'il me rabrouerait par un de ses grognements. Je finis pourtant par oser. A ma grande surprise sa réaction fut tout autre. Mes paroles semblaient avoir déclenché en lui une émotion particulière, de l'angoisse.

« Je vous répondrai dans quelque temps », finit-il par dire. L'ouverture devenait un peu plus grande bien que la décision se trouvât reportée dans un avenir indéfini. J'en retirai un lâche soulagement.

*

Le second trimestre universitaire avançait. Peu à peu, par l'effort de chaque jour, j'améliorais mes résultats.

Mon passage en troisième année, toujours problématique, ne paraissait plus impossible. L'étreinte financière, elle, m'étranglait chaque jour plus sûrement. Je n'avais pas d'autre option que celle-ci : de nouveau, mettre en vente l'appartement où nous logions, liquider le maigre reste de patrimoine. Mais la mise en acte de cette douloureuse décision ne pouvait être immédiate. Les jours et les semaines passaient sans une seule visite d'un potentiel client. Qui pouvait s'intéresser à ce banal appartement de banlieue sans charme ? Je priai Lacan d'accepter, sinon une interruption, du moins une diminution de la fréquence des séances. La banqueroute effective était là. Sa manœuvre fut une fois encore inattendue :

« Venez demain. Vous ne paierez pas la séance. »

La séance gratuite eut lieu. Elle me parut insupportable. Il fallait trouver une autre solution. Lacan me fit crédit pour quelques séances, mais de nouveau je ne pus le supporter. L'accroissement de ma dette pouvait rapidement devenir vertigineux. Je me souvenais aussi de ces mots qu'il m'avait un jour lancés :

« Pourquoi devrais-je être votre banquier ? »

Mon père, lui, avait passé le plus clair de sa vie au service d'une banque. C'est à lui donc que je demandai un petit prêt. Il accepta malgré la modestie de ses finances.

Une agence finit enfin par me contacter. Elle avait preneur pour mon appartement au prix demandé, ce qui me laissait un petit gain. « Où comptez-vous aller habiter maintenant ? me demanda l'agent immobilier qui avait traité la vente.

– Je vais chercher une location.

– Seriez-vous intéressé par la proposition de rester dans votre propre appartement comme locataire ? »

L'acquéreur avait en effet acheté l'appartement comme investissement et non pour l'occuper. Cette proposition me parut inespérée. Je m'épargnais le tracas d'un déménagement et je restais dans mon cadre familier. De quoi respirer un temps.

*

Pour les vacances de Pâques, Bour me proposa une nouvelle mission. Ce fut comme la dernière tentation du Malin.

La guerre avait éclaté quelques semaines auparavant entre l'Inde et le Pakistan à propos du Bengale oriental. La déroute de l'armée pakistanaise donna naissance à un nouveau pays, le Bangladesh. Les canons venaient à peine de se taire que le Quai d'Orsay confia à notre société une mission exploratoire : comment aider ce pays, probablement le plus misérable de la planète ? La mission d'imaginer des projets agricoles simples me fut confiée.

En préparant mon voyage pour Dacca, qui nécessitait quelques escales, je découvris que l'une d'entre elles pouvait être... Tel-Aviv. Je n'avais jamais visité Israël et j'eus soudain envie de voir ce pays pour lequel pendant toutes mes années de communisme, j'avais feint une indifférence hostile. Je décidai donc de m'y arrêter sur le chemin du retour, ne serait-ce que trois jours.

Je partis pour Dacca. Le voyage me parut interminable, avec une première escale à Delhi et une seconde à Calcutta, où j'attendis plusieurs heures dans la moiteur et l'inconfort de la salle de transit. Je découvrais aussi le pénible malaise que procure le décalage horaire. J'arrivai à destination épuisé, ivre de fatigue. Traversant la ville en taxi, je me demandai la raison de cette incroyable foule grouillante dans les rues en cette heure matinale. La réalité du Bengale me prenait d'emblée à la gorge. Cette foule n'allait nulle part. Elle vivait là, dormant à même le sol, une population alors double de celle de la France pour un pays cinq fois plus petit, infiniment plus pauvre, fréquemment submergé au sud par l'océan, sans aucune ressource naturelle, ruiné par la guerre, en un mot une totale désespérance.

Les jours suivants, je rendis visite au consul de France, puis aux services locaux qui commençaient à se réorganiser, je me procurai une guimbarde et un chauffeur pour parcourir les campagnes. Les heures passées autour de la piscine de l'hôtel me furent également précieuses. Des journalistes, des reporters de guerre venaient se reposer en cette oasis et j'en tirai quelques informations. Je parvins ainsi, en une semaine, à esquisser une série de petits projets simples qui pourraient permettre une première action de développement agricole : forage de puits équipés de petites pompes, cultures légumières en saison sèche, amélioration des rizières, élevage associé de poissons...

Sur le chemin du retour, je profitai des trois heures d'escale à Calcutta pour louer un taxi et parcourir, sans quitter le véhicule, ce symbole de l'extrême misère. Le centre-ville décrépit me parut, dans le croupissement général de toute la région, receler des beautés inattendues. Mais je ne pouvais m'y attarder. L'avion repartait pour Tel-Aviv à la nuit tombante. Inconfortablement installé pour d'interminables heures de vol, je cherchai vainement, les jambes endolories et gonflées, le dos brisé, un hypothétique sommeil. J'arrivai enfin à l'aéroport Ben-Gourion écrasé de fatigue, ému, sans l'admettre, de fouler la terre de mes rêves d'enfant pieux, d'adolescent sioniste. La rugueuse réalité israélienne me réveilla très vite. Nous étions à la veille de la guerre du Kippour que personne ne prévoyait. Mais le terrorisme était une préoccupation majeure. Des avions avaient été détruits. Mon nom, passablement répandu au Moyen-Orient, était aussi celui d'un terroriste alors fameux. Débarquant du Bangladesh et repartant trois jours après pour Paris, je ne pouvais qu'éveiller la suspicion des services de sécurité israéliens. Le policier au contrôle des passeports me demanda de le suivre dans un bureau où un collègue le rejoignit. Je dus subir une fouille approfondie, un interrogatoire serré, ouvrir mes bagages, ma valise fut inspectée sous toutes ses coutures. Pourquoi étais-je allé au Bangladesh ? Quel était mon hôtel en Israël ? Je n'en avais pas encore retenu. Je donnai l'adresse de cousins habitant le pays. Tout cela était hautement suspect, mais je ne m'en rendais pas compte. Ne trouvant pour tout objet suspect dans mes bagages que les *Ecrits* de Lacan, on me laissa enfin passer après de longues heures de ce traitement peu amène.

Au chauffeur de taxi qui me demanda où me déposer, je répondis sans hésiter : Jérusalem. Dans la vieille ou la nouvelle ville ? La vieille, bien sûr. Pour moi, « vieille ville » signifiait habiter à l'intérieur des remparts, la vraie Jérusalem de mes rêves. J'ignorais l'existence d'un quartier arabe hors de ces murailles. Le chauffeur me déposa dans la rue Salah-el-Din, devant un méchant hôtel sans confort. J'étais si épuisé et mon anglais si insuffisant que je renonçai à toute discussion. Je pris la chambre que l'on me proposait pour plonger immédiatement en un profond sommeil.

Deux heures plus tard, je me réveillais en nage. La journée était caniculaire. Je me trouvais à Jérusalem. Pas le moment de dormir. Je quittai mon auberge et après quelques pas je découvris les grandioses murailles. Je franchis à pas rapide la porte de Damas, j'avançais sans hésitation, droit devant moi, comme si je savais où je devais aller. J'étais comme un somnambule, mais en même temps habité par un étrange savoir, par une immémoriale musique qui commençait à sourdre en moi, en un mince filet d'eau fraîche. Le soleil était au zénith. Soudain, devant moi, le Mur, ce mur que je reconnus immédiatement, la métonymie de ma mémoire juive, de mon désir. Peut-être aurais-je dû éclater en sanglots. Mais j'avais à me défaire de l'irréalité de mes impressions, de ce combat à peine engagé contre mon aliénation, contre mon opacité subjective.

Quelques minutes plus tard, je déambulais sur l'élégante esplanade des Mosquées, entourée d'arcades tel un grand cloître, silencieuse et déserte. Là, autrefois, se tenait le Temple de Salomon, le Sanctuaire, le Saint des Saints, lieu focal de mon regard mental. La paix du lieu, sa beauté irréelle, me procurait une infinie douceur.

Un jeune Palestinien s'approcha de moi et me proposa de me guider dans la visite des deux mosquées. Celle d'El-Aqsa avait failli être brûlée quelques mois auparavant par un fanatique juif qui croyait ainsi hâter la venue du Messie.

Je quittai bientôt ce lieu sublime où, depuis, je ne pus jamais revenir. Mes pas me conduisirent dans la rue Jaffa. La vitrine d'une agence de voyages proposait plusieurs excursions : visites de Tibériade, du désert, de la Galilée... Je poussai la porte. Il me fallait utiliser au mieux mon escale de trois jours. Mon programme fut vite établi. Grand tour dans le désert de Judée avec arrêt à la mer Morte, puis Massada, retour par le Neguev et Beer-Sheva, rejoindre Tel-Aviv pour remonter vers le nord, visite de la Galilée, tour du lac de Tibériade, arrivée à Haïfa et lever aux aurores pour reprendre mon avion. Les dimensions réduites du pays permettaient une telle boucle.

Je vécus chaque étape comme une nouvelle secousse, une irruption de rêve dans mon quotidien, un enchantement. Si mon séjour ne dura que trois jours, il convient d'y ajouter les trois nuits que je préférai ne pas gaspiller, ou le moins possible, en sommeil.

Mais j'allais bientôt revenir à la grise réalité incarnée par les teigneux policiers de l'aéroport. Je ne réalisais pas que chacun de mes actes des trois derniers jours ne pouvait que soulever la suspicion du flic le moins paranoïaque : ma résidence dans la rue Salah-el-Din, mon survol au pas de course de la moitié du pays. Mes allées et venues avaient dû être surveillées. On me fit déshabiller, on me fouilla, ma valise fut vidée plusieurs fois. J'affrontai l'interrogatoire de plusieurs policiers qui se relayaient. Que faisiez-vous au Bangladesh ? Pourquoi êtes-vous en Israël ? Mais pour le visiter, bon sang ! En trois jours ? Ces pauvres flics ne comprenaient rien à ma présence ici, si atypique et partant suspecte. Leurs ordinateurs avaient dû leur fournir quelque information erronée sur mon compte. Le haut-parleur annonçait déjà le prochain départ de mon avion et je commençais à sérieusement m'inquiéter, donc à m'énerver. Vous allez me faire rater mon avion ! Que me voulez-vous ? Que signifient ces fouilles, ces questions incessantes ? Sécurité, me répondait-on. Obsession de la sécurité qui minait le pays dans ses profondeurs. Cela devait me rappeler le conte d'Edgar Allan Poe, *La Lettre volée*, avec cet acharnement de la police à retrouver un objet pourtant placé sous leur nez. Ce danger que l'on cherchait dans l'hypothétique double fond de ma valise, était pourtant là, évident, et personne, ou presque, ne voulait le voir : l'occupation et l'oppression d'un autre peuple.

Finalement, on me relâcha juste à temps pour prendre mon avion. *Shalom !* me dirent les deux policiers qui m'avaient « traité ». *Bye Bye !* leur ai-je répondu, signifiant ainsi que je n'avais aucune envie de revoir de sitôt ces lieux inhospitaliers. Je ne pouvais me douter que, quelques années plus tard, une brûlante passion allait s'éveiller en moi pour ce pays, m'amenant à tout abandonner de ma situation à Paris, devenue

the crime in front of their faces

entre-temps bien confortable, pour aller m'y installer. Aucun événement particulier n'avait causé ce réveil, simplement le dévoilement progressif d'un sentiment longtemps refoulé. Puis, viendra le temps des désillusions et, après l'avoir passionnément aimé, je finirai par quitter un pays devenu étranger.

De retour à Paris, j'oubliai, pour l'instant, toutes ces fortes émotions. La vertigineuse faille qui s'était entrouverte en moi fut vite colmatée. On apprécia beaucoup le rapport que je ramenais du Bangladesh. Francis Bour me convoqua dans son bureau. Il me félicita d'abord pour le travail accompli, la clarté de mes propositions. Puis il aborda la véritable raison de sa convocation :

« Vous savez que la coopération technique est en crise. Il y a de moins en moins d'argent pour les actions de développement dans le tiers-monde. Je dois réorganiser la société, simplifier son organigramme. Elle comportera désormais, sous mon autorité, cinq directions. »

Il énuméra les quatre premières.

« La cinquième, appelons-la "prospection et développement", consistera à concevoir dans les régions du monde où nous ne sommes pas encore implantés de nouvelles opérations de développement. *J'ai pensé vous confier cette direction.* Vous vous organiserez comme vous l'entendrez, vous irez dans tout pays tropical qui vous paraîtra prometteur. J'attends de vous de nouvelles idées. Bien évidemment votre salaire sera aligné sur vos nouvelles fonctions. Bien évidemment aussi, vous abandonnerez vos études médicales, lesquelles, m'a-t-on dit, se passent plutôt mal. »

206

Cette proposition dépassait toutes mes espérances. J'étais propulsé, à trente et un ans, au sommet de la hiérarchie vieillissante de cette société. Tous mes soucis d'argent, ma situation humiliante de mauvais étudiant, seraient d'un coup effacés. La tentation était vraiment diabolique. Quelque chose en moi vacilla. Je demandai un délai de réflexion de trois mois. Je connaîtrais alors le résultat de mes examens universitaires et je saurais si j'étais admis en troisième année. En cas d'échec, je serais sans hésiter revenu à l'agronomie. En cas de succès...

« Non, il me faut une réponse beaucoup plus rapide.
– Ce sera dans un mois. »

Il accepta. Je quittai ce bienveillant patron, partagé entre la fierté et l'embarras. Quelques minutes après cet entretien, je me rendis à mon rendez-vous quotidien avec Lacan. Je lui rapportai la nouvelle. Il m'écouta attentivement, longuement. En me relevant du divan, je vis qu'il me souriait :

« Eh bien, il faudra en reparler. »

Puis il ajouta une de ces phrases, d'apparence si anodine, mais qui eurent toujours le plus grand effet sur mes décisions :

« Il faut savoir prendre des *risques calculés*. »

De quels risques et de quel calcul pouvait-il bien s'agir ? Je revins sur le difficile choix que j'avais à faire tout au long de cette semaine. J'étais en fait profondément attaché à Francis Bour qui m'avait distingué parmi tant de ses ingénieurs. L'homme avec sa taille imposante, ses allures d'aristocrate, ses caprices et sa générosité, suscitait l'affection ou le dépit qui règnent généralement dans les cours princières. Ma décision ne dépendait donc pas d'une froide analyse de la situation, mais du triomphe d'un attachement sur l'autre. Celui à Lacan se révéla très vite le plus puissant.

Pendant ces jours où je me débattis sur le gril de la torturante décision à prendre, Lacan fut d'une totale neutralité, ne dit aucune parole capable de m'influencer en un sens ou un autre. Il évita certes les « misères » dont il agrémentait souvent les séances. Un vendredi soir, cinq jours après avoir reçu la proposition de Bour, j'annonçai à Lacan que ma décision était prise : je choisissais la psychanalyse. Il me serra la main sans mot dire.

La semaine suivante, Bour, Maria Novak, et moi-même, nous nous rendîmes au Quai d'Orsay pour discuter du Bangladesh. Maria Novak, alors la collaboratrice la plus proche de Bour, me manifesta elle aussi, tout au long de ces années, beaucoup de sympathie et de compréhension. La réunion fut excellente. Mais j'ignorerai à jamais si elle eut des suites concrètes. Sur le chemin du retour vers nos bureaux, j'informai Bour de ma décision, sans attendre la fin du délai qu'il m'avait accordé. Nous restâmes silencieux. Je venais de brûler mes derniers vaisseaux.

L'affaire connut son épilogue quelques semaines plus tard. Le patron me convoqua à nouveau.

« Vous connaissez les difficultés que traverse notre société... Je vais donc devoir licencier un quart du personnel du siège. Votre statut à mi-temps, qui me vaut déjà bien des critiques, devient insupportable. Il vous faut désormais choisir entre deux solutions : soit reprendre votre poste à plein temps, et la proposition faite il y a quelques semaines reste effective, soit vous démissionnez.

– Je vois, moi, une troisième solution.

– Et laquelle ?

– Me licencier.

– Mais je n'ai aucune envie de vous licencier. Pourquoi me proposez-vous cela ?

– Parce que le licenciement implique une indemnité. Je travaille depuis sept ans dans l'une et l'autre de vos sociétés. »

Une fois encore Bour accepta. Quelques jours plus tard, je me retrouvai à partager un bureau avec trois autres agents de la société, tous condamnés au licenciement. Le téléphone sonna. J. fut le premier appelé. Il revint quelques minutes plus tard, blême : licencié. Puis ce fut le tour de P. Ce bureau ressemblait décidément à une sorte de couloir de la mort. Je fus alors appelé dans le bureau directorial pour apprendre, en quelques phrases brèves, ce que je savais déjà. Il restait à signer quelques papiers. Je reçus comme convenu un petit pécule. L'entretien fut glacial. Il n'y avait là aucune surprise et pourtant j'en fus bouleversé. Ma carrière d'agronome venait définitivement de s'arrêter.

Je m'inscrivis quelques jours plus tard, avec un profond sentiment de honte, à la caisse d'ASSEDIC de Créteil. Désormais, tous les quinze jours, je devais me rendre en ce lieu sinistre, signer un formulaire et recevoir mes indemnités de chômeur. Cette situation m'était insupportable. Mon licenciement, la vente de mon appartement mettaient en ma possession un petit capital qui devait me permettre de tenir deux ou trois ans.

En ce mois de juin, si chargé d'événements, avaient lieu les examens de fin d'année. Il me fallait désormais coûte que coûte les réussir. Je ressentis à nouveau la même énergie farouche qui m'avait permis d'être admis à Grignon. J'avais fini par intégrer le mode de pensée si particulier de l'enseignement médical, les petits trucs plus ou moins licites pour pallier les trous de mémoire. Je me souviens encore de la surprise de l'assistant en physiologie qui nous communiqua nos notes et qui me considérait comme un cancre. Il n'en croyait pas ses yeux : j'avais la meilleure note de la promotion. J'étais admis en troisième année.

Les vacances étaient là et mon analyse allait bientôt s'interrompre. Une question me brûlait les lèvres : pourrais-je à la rentrée commencer à recevoir des patients ? Je me sentais encore si mal préparé. Cette idée m'angoissait terriblement. Quel confort ce serait de baisser les bras, de remettre ma décision à une date lointaine, indéfinie ! Pourtant, à la dernière séance du mois de juillet je me jetai à l'eau : ne m'avait-il pas promis « de me répondre dans quelque temps » ? Ce temps n'était-il pas venu ?

Ma demande provoqua de nouveau chez Lacan la même sorte d'agitation anxieuse que j'avais déjà perçue, particulièrement quand la question de mon devenir d'analyste revenait sur le tapis :

« Vous comprenez, bien sûr, que vous ne pouvez pas encore vous dire analyste. Mais commencer, oui... »

Ces mots se perdaient dans des phrases que je ne comprenais pas. Lacan semblait plus ému que moi-même. Il appela Gloria, lui demanda de prendre mes coordonnées.

« Mais je les ai déjà. »

Cette curieuse agitation dura quelques instants. Elle soulignait l'importance du moment, sa gravité.

L'agitation du vieil homme, blanchi sous le harnais de cet étrange métier, me surprenait une fois de plus. Jamais, jusqu'à son dernier jour, sa pratique ne devint routine. Il y était si totalement impliqué, identifié. De tels souvenirs, aujourd'hui encore, soulèvent en moi le pénible sentiment de ma radicale insuffisance.

Lacan, cette fois, m'avait franchement ouvert la porte tout en allumant le feu orange de la prudence. J'en étais plus embarrassé que satisfait. Peut-être aussi avais-je le pressentiment que j'allais, à partir de ce moment, connaître les plus violentes tempêtes de mon existence, auprès desquelles celles que je venais de traverser n'étaient que simples giboulées. Mon univers mental se trouvera bientôt bouleversé de fond en comble. J'entrai de plain-pied, et sans le savoir, dans ce moment que Lacan a défini comme *la passe*, goulet qui conduit l'analysant à abandonner sa plainte pour occuper la place d'analyste. Une telle échéance devait susciter un moment de recul. Etais-je vraiment prêt à écouter la plainte de mon frère humain, moi, tellement empêtré dans mes difficultés ? Avais-je bien compris le message de Lacan ? Mes difficultés conjugales, qui m'avaient conduit à la psychanalyse, étaient à leur acmé.

Je remis à plus tard la réponse à ces torturantes questions pour partir en vacances à Udine, dans la maison de mes beaux-parents. Nous ne pouvions gaspiller le petit capital que nous venions de constituer. Mon épouse avait bien depuis cette année un modeste salaire de maître auxiliaire à l'Education nationale. Mais il était lui aussi englouti dans l'océan de nos dépenses, c'est-à-dire dans le coût de mon analyse.

Ce séjour à Udine me déprimait. Sous la canicule, je rêvais de mer, de montagne, et je devais me contenter de l'ennui d'une ville de province désertée par ses habitants.

Pour me distraire, j'eus l'idée d'aller visiter Vienne. Udine se trouve précisément sur la ligne directe de train qui conduit les voyageurs autrichiens de Vienne en Italie. C'est par cette gare nécessairement que Freud dut maintes fois passer pour ses multiples voyages en Italie[1]. Il y avait certes ce « vœu » de pèlerinage à la maison de Freud, une fois devenu psychanalyste moi-même, ce qui aurait dû me conduire à repousser mon voyage. Mais pourquoi fallait-il rester prisonnier de telles pensées, quelque peu religieuses ? Ma décision fut arrêtée. Je partis un vendredi du mois d'août.

La frontière autrichienne se trouve à quelques dizaines de kilomètres d'Udine. La traversée des riantes collines de Carinthie dissipa les miasmes caniculaires. J'arrivai à Vienne dans la soirée. Il était trop

---

1. Cf. A. et G. Haddad, *Freud en Italie*, *op. cit.*

tard pour me rendre au musée Freud, ma véritable destination. Je trouvai une chambre dans un modeste hôtel près de la gare où je dormis d'un mauvais sommeil.

Le matin suivant, je m'enquis de l'adresse du musée Freud. Peu de gens en connaissaient l'existence. Enfin renseigné, un plan de Vienne en main, je m'y rendis à pied. Je suivis le Ring. Je profitais d'une belle journée d'été, sans canicule. Mais mon humeur, décidément, n'était pas touristique. La beauté de la ville ne m'intéressa pas. Finalement je parvins au lieu mythique où la psychanalyse vit le jour, où vécut cet homme dont la doctrine avait organisé ma vie et ma pensée.

Du mobilier de Freud, il ne restait que les quelques chaises de la salle d'attente, témoignage charnel du passage du maître. Elle ouvrait sur une vaste pièce vide, aux murs recouverts de grandes photos prises en 1938, avant le départ pour Londres. C'étaient celles du cabinet tel qu'il était alors, avec son divan recouvert d'un tapis. A droite, le cabinet de travail de Freud, lui aussi recouvert de photos, celles des célèbres statuettes qu'il collectionnait. Quelques vitrines meublaient encore ce lieu désert et émouvant dans sa nudité, renfermant des ouvrages originaux de Freud. Le mobilier, la bibliothèque, les bibelots, l'âme du cabinet, se trouvent désormais à Londres où Anna Freud a créé un autre musée que je visiterai quelques années plus tard.

Je quittai les lieux après un long moment passé devant ces grandes photos. Mon projet de rester plus longtemps à Vienne me parut soudain infiniment vain.

Je ne savais pas encore que, prochainement, je prendrais bien la décision d'occuper cette place de l'analyste que Freud avait instituée. En définitive, je n'étais pas venu ici pour quelque futile raison, fuir les criailleries de ma belle-mère par exemple, mais pour un acte fondamental : annoncer aux mânes de Freud que je reprenais son message. D'une certaine manière, je venais de réaliser en somnambule mon vœu de pèlerinage. Au-delà de ma conscience myope, je découvrirais une fois de plus l'existence d'une instance bien plus lucide, celle que Lacan désigne comme *sujet de l'inconscient*, qui sait où elle veut aller, à condition de bien vouloir l'écouter ou de lui laisser, à l'occasion, la bride sur le cou.

discernement

L'une et l'Autre

Mes vacances n'avaient pas calmé la torture de cette impossible question : était-il concevable, dans la déréliction qui était la mienne, d'envisager mon installation comme psychanalyste ? Lacan avait certes donné son aval, mais il n'avait pas pour autant mis un terme à mon dilemme.

Un événement se préparait, un congrès de l'Ecole, qui devait se tenir en ce mois de septembre. Ce sera ma première participation à une manifestation de psychanalystes. Des groupes de travail préparaient ces journées et je participais à l'un d'entre eux animé par Jean Clavreul.

Une grande tension régnait entre les principaux animateurs de l'Ecole, les barons du lacanisme. Pour l'heure j'attribuais cette fébrilité, perceptible dès le seuil du local franchi, à ma propre angoisse de novice osant fouler le parvis du temple. Deleuze et Guattari, ce dernier étant membre de l'Ecole, venaient de publier, avec quelque fracas, leur *Anti-Œdipe*, mais la consigne dans l'Ecole était de n'en pas parler. « Un bêtisier », disait-on. L'ombre de l'ouvrage planait pourtant sur nos travaux. L'élève avait osé contester le centre de gravité de l'enseignement de Lacan, l'Œdipe précisément, rebaptisé Nom-du-Père. La thèse me répugnait, hier comme aujourd'hui, convaincu que la question paternelle restait le seul opérateur consistant dont la psychanalyse dispose. Néanmoins, dans une arène « scientifique » comme la nôtre, débattre, critiquer, me paraissait plus convenable que ce stalinisme du silence. D'emblée, je m'écartais de la ligne.

Théorie, théorie, production théorique, avatar de l'althussérisme passé de plusieurs de ses membres, on n'entendait alors à l'Ecole que ce mot, lancinante ambition ou véritable prurit mental, comme si chacun portait sur ses épaules le poids d'une paralysante dette. Au cours d'une réunion de notre groupe, une idée me vint à l'esprit : théorie ne sonne-t-il pas comme Torah ? Qu'est-ce qu'une production théorique sinon une exégèse des textes fondateurs ? Pourquoi donc la pensée juive s'était-elle épuisée depuis des siècles dans une exégèse indéfinie ? Je comparais la situation à celle de quelqu'un qui aurait contracté une dette d'argent et qui tenterait de la rembourser en faisant fructifier le capital reçu. Les intérêts produits viendraient en déduction de la dette initiale en une spirale sans fin. J'exprimai donc cette idée à haute voix (prenant mon courage à deux mains). Clavreul la trouva intéressante et me demanda de la rapporter au cours des prochaines journées.

Celles-ci eurent lieu le samedi suivant. Je ne comprenais pas grand-chose aux discours qui se tenaient à la tribune. Clavreul présidait la séance du

216

matin. De nouveau le signifiant *théorie* se mit à tour-noyer dans les discours. Guattari, présent dans la salle, n'intervint pas. C'est alors, devant cette salle comble, que j'osai demander la parole, m'efforçant de contrôler les battements de mon cœur qui semblait vouloir se rompre. J'obéissais à l'invite de Clavreul. Entre-temps, son humeur semblait avoir changé. J'eus beaucoup de mal à ce qu'il m'accorde un tour de parole mais je finis par l'obtenir. La clarté de mon petit discours me surprit. Je ne bafouillai pas. C'est ainsi, sans l'avoir consciemment cherché, que je fis ma première incur-sion sur la scène psychanalytique avec ce signifiant Torah-théorie. J'ignorais alors sur quel chemin je m'engageais.

A la pause qui suivit, la plupart des auditeurs ayant un moment quitté la salle, je me trouvai aux côtés de Maryse P., une jeune psychanalyste que je croisais sou-vent au séminaire et dans les réunions de l'Ecole, mais surtout dans la salle d'attente de Lacan. Elle semblait pétrifiée, n'osant avancer dans l'allée vide. Je lui en demandai la raison. Du menton, elle me désigna, quel-ques pas plus loin, notre commun analyste. Elle n'osait pas passer devant lui. Une telle inhibition me parut curieuse après tant d'années d'analyse et alors qu'elle-même recevait des patients. Je la laissai là à son angoisse et me dirigeai vers la sortie. Je passai devant Lacan qui me sourit et me tendit la main. Mon inter-vention lui avait peut-être plu. C'était aussi un signe de bienvenue dans son école. Deux ans plus tard, à Rome cette fois, en un semblable contexte, Lacan se trouvant à deux pas, j'éprouverai la même paralysie que Maryse P. Le transfert est, par certains côtés, une expérience authentique de la folie.

Je croisai aussi Anne C. Notre groupe d'étude des mathématiques avait repris. Je lui rappelai sa promesse de m'éclairer sur le « mode d'emploi » du devenir analyste. Elle me proposa de déjeuner ensemble. Rendez-vous fut pris. Anne était une analyste déjà confirmée et je l'admirais. Qu'elle accepte de déjeuner avec moi, misérable ver de terre, était un insigne honneur. Aucun sentiment amoureux ne venait troubler notre relation. Au demeurant, pendant toutes ces années, l'idée même d'une aventure amoureuse ne pouvait m'effleurer, toute mon énergie me suffisant à peine pour mener à bien mon projet insensé. Que signifiait alors ma demande à Anne ? Qu'elle m'aide à franchir ce goulet, cette passe qui m'angoissait.

Je me rendis au déjeuner comme on va à une réunion d'information. Avec la fièvre qui me saisit chaque fois que je témoigne d'un point essentiel à mes yeux, je parlai de ma passion pour la psychanalyse, du parcours qui avait été le mien. Anne m'encouragea à franchir le pas. Elle me prédit même un brillant avenir d'analyste. D'autres analystes de l'Ecole que j'avais consultés, m'avaient eux conseillé de différer ce début, d'approfondir ma propre analyse. La parole d'Anne m'apparaissait comme un peu de lumière dans ma nuit.

Deux jours après ce déjeuner, je croisai de nouveau Anne à une réunion de l'Ecole. « Attendez-moi après la réunion, me dit-elle, j'ai à vous parler. » Pour éviter les oreilles indiscrètes, elle m'invita à monter dans sa voiture garée rue d'Ulm. Elle semblait agitée, bouleversée par des propos qui affluaient à ses lèvres et qu'elle hésitait à émettre. « J'ai reçu tes paroles à notre déjeuner comme un merveilleux cadeau... »

Ai-je pris ses mains ou a-t-elle posé les siennes sur les miennes ? Dante, à propos de Francesca da Rimini, exprima cette pensée apprise dans mon adolescence tunisienne, qu'on ne saurait résister à l'amour d'un cœur noble. Ce fut un feu de savane qui en quelques jours allait tout emporter et consumer. La déclaration d'amour d'Anne me bouleversa, moi, Job sur son tas de fumier. Sous la lumière pâle d'un lampadaire, j'entrevis la solution à tous mes problèmes. Je pensais avoir rencontré le grand Autre lacanien en personne. Ce serait la fin du cauchemar conjugal, une vie digne et confortable de travail partagé.

Peu de jours passèrent avant qu'Anne, mariée, mère de deux enfants, n'annonce à son mari sa décision de le quitter, ce qui provoqua une petite tragédie. Emporté par tant d'impétuosité, j'informai ma femme de ma propre intention de divorcer. Sa réaction me surprit. Je la pensais accablée par mes insupportables reproches, nos incessants conflits et croyais qu'elle ne tenait plus à moi. N'était-ce pas pour elle aussi une libération ? Je découvris que je lui infligeais, ainsi qu'à nos enfants, un coup terrible, une cruelle souffrance. Dans son désarroi, elle se précipita chez un analyste. Son choix se porta sur Charles Melman. Pas question, me dit-elle, d'attendre, de réfléchir, la situation doit être immédiatement éclaircie, sans équivoque. Je devais rompre cette liaison ou partir. Je choisis de partir.

Anne et moi louâmes un petit appartement sombre et sommairement meublé. Il fallait provisoirement se contenter de cette médiocrité. Le lieu au demeurant ne se prêtait pas à ce que je reçoive mes premiers patients. Nous étions au début octobre. Ce bouleversement, apparemment radical, s'était effectué en une petite semaine.

Restait toujours la question de mon installation. Je décidai, pour rompre la spirale de mon inhibition, de m'accorder un délai d'un mois. Ce serait alors le week-end de la Toussaint. J'envisageais de me rendre sur une plage de la Manche et là, comme je le fis souvent, marchant pieds nus sur le sable froid automnal, je prendrais ma décision. En vérité, j'attendais un mystérieux signe, que mon inconscient exprime son sésame à travers un rêve, par exemple. J'avais donc pris rendez-vous avec moi-même pour la symbolique date du début novembre. Il m'échappa, dans mon aveuglement, que cette date était celle anniversaire à la fois de ma femme et de mon fils aîné, date qui m'avait fait père.

De tout cela, évidemment, j'entretenais Lacan jour après jour. Les séances brèves ne m'empêchaient pas de le mettre au courant. Il ne disait mot. Je croyais néanmoins percevoir une certaine approbation. J'avais toujours supposé que Lacan souhaitait mon divorce comme solution à ma névrose. En vérité, ce grand pêcheur d'âmes qu'il fut, ou joueur de poker émérite, me laissait pour l'instant filer, me sachant solidement accroché à son hameçon.

Le mois s'écoula. Le courant de mes rêves semblait s'être définitivement tari. Le week-end au bord des vagues ne me fut pas, non plus, d'un grand secours. J'en déduisis que le moment pour débuter ma pratique n'était pas encore venu.

Le lundi 6 novembre 1972, je me présentai à ma séance et je fus surpris de l'attitude de Lacan. Lui, si muet, si distant ces derniers temps, vint se planter à la tête du divan et, plongeant son regard dans le mien, il m'interrogea. Sa question avait une incroyable intensité :

« Et alors ?

– Alors je pense que mon installation est prématurée, qu'il conviendrait... »

Je n'eus pas loisir d'en dire plus. Il me coupa sèchement la parole de son habituel grognement et se dirigea vers la porte, déçu, en colère peut-être. J'étais à mille lieues d'imaginer une telle réaction. J'attendais plutôt son approbation devant ma prudence et ma modestie, quand tant de personnes, se référant au fameux adage lacanien, si mal compris : *Le psychanalyste ne s'autorise que de lui-même* se précipitaient à se déclarer analystes. Comment, par ailleurs, avait-il si bien retenu ce que j'avais un jour laissé échapper, sans insistance particulière, que je prendrais ma décision pendant le premier week-end de novembre ? Le merveilleux homme, qui avait en analyse des dizaines de patients, était bien présent le jour J, jour de ma dérobade.

J'étais totalement désarçonné. Malgré le chaos de ma situation présente, malgré mon immaturité professionnelle, Lacan désavouait ma décision de différer. Le doute n'était désormais plus possible et le signe que j'attendais se trouvait paradoxalement exprimé dans cette rebuffade de mon analyste, son forçage. Je « décidai » donc de m'installer et annonçai la nouvelle à Anne. Elle se montra surprise par mon revirement et par l'attitude de Lacan qu'elle n'avait jamais rencontré. Elle me resservit l'antienne de l'équivoque du langage et de celui de Lacan particulièrement, que mes impressions étaient à l'aune de mes propres attentes. Et puis un analyste a-t-il le droit d'intervenir ainsi ? Ses paroles sonnaient faux au regard du séisme que je venais de vivre. L'air du temps était au flou durassien, à l'incantation du désir assimilé au caprice, et surtout à l'hésitation obsessionnelle indéfinie, enjolivée par le nom de *pensée complexe*. Lacan m'enseigna l'art de trancher, de couper sa route au plus droit.

« Je me suis trompé, dis-je penaud à la séance du lendemain, le temps est sans doute venu... »

Lacan poussa un soupir de lassitude et acquiesça. Il m'aurait souhaité plus valeureux, que je prenne ma décision sans ce coup de pouce supplémentaire. Je ne retirai de cette décision aucune euphorie, mais une gravité nouvelle. Le bout du tunnel désormais en vue, je m'avançais vers lui dépouillé de toute vanité, habité par un étrange sentiment de défaite, de deuil. Les cartes étaient désormais abattues.

Ma liaison avec Anne suivait son cours. La rentrée de la fac avait eu lieu. J'étais désormais en troisième année de médecine qui débuta sous de meilleurs auspices que la précédente. La seconde année avait alors une fonction sélective et elle avait pleinement joué son rôle. L'amphithéâtre s'était dégarni et y trouver une

[annotation manuscrite en marge : self deception ?]

222

place devenait facile. Nous en avions fini avec l'écrasante étude de l'anatomie qui m'était si pénible. Nous commencions celle de la clinique, étrange mot dont l'ambiguïté m'avait conduit à Lacan. Cette discipline me fascina. Lire dans la moindre altération du corps comme l'écriture d'un diagnostic est chose passionnante, hélas bien négligée aujourd'hui. Nous nous rendions deux fois par semaine dans un service hospitalier pour une première prise de contact « au lit du malade ». Nous arborions fièrement notre blouse blanche et notre premier stéthoscope flambant neuf autour du cou. J'avais choisi le service du Pr Caroli, illustre spécialiste du foie. Les chefs de clinique chargés de nous initier à l'art médical, Maurice Smadja et Valentin Nusinovici, étaient d'excellents médecins, passionnés de psychanalyse de surcroît, ce qui facilita nos rapports.

Le 22 novembre 1972, Lacan reprit son séminaire intitulé cette année-là *Encore*. J'y assistai, fièrement assis aux côtés de ma nouvelle compagne, croyant en l'harmonie de notre couple fondé sur notre commune adhésion à la psychanalyse, à la doctrine lacanienne – à l'égard de laquelle Anne maintenait quelque distance, ce qui m'irritait profondément.

Lacan paraissait ce jour-là de fort méchante humeur, plein d'une colère contenue :

« Je vais d'abord vous supposer au lit, un lit de plein emploi, à deux... je ne décollerai pas de ce lit aujourd'hui... le concubinat, ce qui veut dire coucher ensemble... ce qu'on y fait dans ce lit, s'étreindre... »

Et le reste à l'avenant. Ces paroles me touchaient, me troublaient. Elles semblaient directement me viser. Radio Londres. Il n'y a pas de rapport sexuel, tonnait Lacan.

Je quittai le séminaire comme dégrisé. « Ça veut dire quoi tout ça ? » persifla Anne. Pour moi, la parole de Lacan avait, et garde toujours, son poids prophétique, le prophète étant celui qui dégrise l'homme de son narcissisme. Impossible pour l'instant de tirer de ce discours aucune conséquence concrète. Je restais convaincu qu'Anne occupait pour moi cette place du grand Autre où se trouvaient déposées les clés de mon désir. Je ressentis le besoin pressant de le formuler en séance. Par cette rencontre, j'avais remplacé l'une, mon épouse, par l'Autre, Anne. Mais voici qu'allongé sur le divan de vérité, d'autres paroles jaillirent :

« J'ai substitué l'une à l'Autre.

– C'est exactement ça ! »

Lacan avait littéralement bondi de son fauteuil. Je me rendis compte alors que ces mots que je venais de prononcer signifiaient exactement le contraire de ce que je m'étais mentalement préparé à dire. Dans la structure de la phrase, *l'une* ne pouvait renvoyer qu'à Anne, et *l'Autre* à ma femme. Je voulus ravaler mes mots, me rétracter, bien en vain.

« A demain ! »

Une lumière imprévue, intensément douloureuse, venait de me traverser et de me bouleverser. Mon pseudo-amour pour Anne s'effondra instantanément, tel un château de cartes, il me devint même totalement insupportable. Cette parole me revint en mémoire : « Votre femme est la cause de tout, de tout... »

A peine sorti du cabinet, je téléphonai à Anne pour lui annoncer ma décision, qu'elle ne pouvait imaginer, de rompre. Ses supplications, sa demande de réfléchir quelque temps n'y firent rien. C'était tout réfléchi, irréversible. Une force implacable et cruelle, une volonté qui n'était pas ma propre volonté, si labile, m'y contraignait. Je regagnai penaud le domicile conjugal et me fis pardonner ma pauvre incartade.

Il m'arriva par la suite de croiser Anne à deux ou trois reprises. Nous n'avions plus grand-chose à nous dire. Pour elle, le coup fut terrible, sa vie conjugale brisée, mais elle n'avait aucune envie de la reprendre. « Qu'est-ce qu'un homme pour une femme ? » demanda un jour une auditrice du séminaire. « Son ravage », lui répondit Lacan. Je me sentais profondément coupable de ce ravage et de plusieurs autres.

« Que cela ne vous empêche pas de passer de bonnes vacances ! » me lança Lacan au moment de l'interruption de fin de trimestre. Ma culpabilité devenait excessive. Il me fallait plutôt consacrer mes énergies aux problèmes posés par mon installation. Et d'abord, où recevoir mes éventuels patients ? Mon domicile ne s'y prêtait guère.

Je me mis en quête d'un local, un peu en flânant dans Paris, en regardant les annonces de location dans les vitrines des agences immobilières. J'entrai dans l'une, à tout hasard, simplement pour m'informer.

« Pourquoi n'achèteriez-vous pas ?
– Parce que je n'en ai pas les moyens.

– Je vous trouve un prêt total. J'ai par ailleurs une affaire à vous proposer, un héritage à liquider rapidement, deux studios contigus que vous pouvez réunir en un seul appartement. »

Je me laissai tenter. J'étais à la fois surpris par la modicité du prix et intéressé par l'emplacement du local, sur le faubourg Saint-Antoine, à deux pas de la faculté. Les abords n'étaient pas bien engageants, le rez-de-chaussée était occupé par une triperie qui exhibait à l'étal des testicules de taureau, des montagnes d'abats. Le petit immeuble semblait à l'abandon, sans entretien. On grimpait à l'étage par des escaliers vermoulus. Les deux studios eux-mêmes étaient particulièrement vétustes et exigeaient un sérieux rafraîchissement.

« J'ai l'artisan qu'il vous faut, me dit l'entreprenant agent, un artiste. »

Je disposais du pécule de mon licenciement et j'avais acquis, par nécessité, un certain sens des affaires immobilières. Anne m'avait convaincu qu'à peine installé, je refuserais du monde. Bref, l'investissement me parut intéressant. J'acceptai.

L'artisan-artiste fut convoqué. Il vint, accompagné d'un ami décorateur. Je leur expliquai mon projet. Le décorateur ne parlait pas. Le nez vers le plafond, il paraissait humer l'air du local poussiéreux. « Il y a de la poutre ! lâcha-t-il, quittant soudain son mutisme. Tout le plafond est en poutres de chêne. Il faudrait les mettre à nu. » La mode était alors aux poutres apparentes. L'idée me plut. On établit un devis serré et les travaux commencèrent. J'ignorais qu'abattre une cloison, dégager des poutres, qui se révélèrent fort belles bien que gravement attaquées par les termites, allait produire des montagnes de gravats. La surveillance du chantier, ses aléas, les classiques caprices des ouvriers du bâtiment avec leurs absences imprévisibles, ne tardèrent pas à me déprimer. Les travaux se prolongèrent pendant des mois.

Au fond, ce retard me rassurait. J'allais bientôt me trouver au pied du mur, recevoir mon premier patient. D'où viendrait-il ? Qui me l'adresserait ? Par quel miracle ? Par quelle folie ? Je ne croyais plus à l'illusion qu'il suffisait de s'installer pour recevoir un trop-plein de demandes. J'étais face à une sorte d'impossible.

C'est en cette période, quand les travaux touchaient à leur fin, que je fis un rêve saisissant. Le rêve attendu en vain dans la période précédant ma décision surgissait une fois celle-ci prise.

Je me trouvais dans mon futur cabinet que le rêve agrandissait. Le sol était recouvert de monticules de gravats. Il y régnait une étrange lumière crépusculaire. Au fond, assis dans la pénombre, mon premier patient. J'éprouvais une grande honte à le recevoir ainsi, dans ce local inachevé. Pour m'approcher de lui il me fallut gravir les tas de gravats. Là, à ma grande stupeur, je découvris qu'il s'agissait de mon père. Il avait fort mauvaise mine et ne disait pas un mot. Père d'outre-tombe, bien qu'alors bien vivant. Je ressentis la nécessité de dire quelque chose. Mais je ne pus prononcer que ces mots, que je trouvai en même temps ridicules, une sorte de proclamation de foi :

« Je ne suis pas un analyste jungien. »

Etait-ce cela mon désir, analyser mon père ? On n'analyse pas son père, avait un jour proféré Lacan. Jungien, avec le son *young* qu'il renferme, avait un sens multiple : jeune, je ne suis donc pas si jeune, si inexpérimenté pour occuper cette place. J'affirmais simultanément ma filiation et mon affiliation à l'Ecole de Freud et de Lacan, ce fil rouge de mon existence. Mon père, figure principale de mon analyse, que j'ai tant aimé et tant détesté, dont j'avouais à une séance dans un murmure coupable, que j'en avais honte. Nos deux existences furent sans cesse à contretemps : il avait renoncé à la pratique religieuse à l'âge où une grande ferveur religieuse m'habitait. Quand il devint pieux, je basculai dans « l'athéisme ». Il s'intéressa à l'Etat d'Israël quand je militais au PC, puis il devint antisioniste quand moi-même je ne voyais d'autre salut qu'en une installation à Jérusalem, et le reste à l'avenant. Ce père qui ne comprenait rien au parcours erratique de ce fils bizarre par ses goûts, son amour des livres et de la musique, sa curiosité fatigante, père irascible, tyran domestique, généreux, avare, inculte, intelligent. Je me souviens de la belle exposition d'un peintre chinois dont toutes les grandes toiles, grands lavis noir et blanc, représentaient un seul motif : l'homme le plus beau, l'homme le plus laid, l'homme le plus intelligent, l'homme le plus bête, l'homme le plus généreux, l'homme le plus mesquin... Tel était aussi mon père. Son départ de Tunisie à l'âge de cinquante ans l'avait profondément meurtri, brisé peut-être. Il était si attaché au pays natal, sa deuxième peau, son milieu naturel. Il avait retrouvé un emploi à Paris, un logis qui lui convenait. Mais la nostalgie fut trop forte et aux premières vacances il retourna à Tunis. Ce voyage le traumatisa, ou plutôt révéla la fracture qui l'habitait. Il sombra, cessa son activité professionnelle. Je le poussai à consulter et l'accompagnai même à cette consultation. Ce fut un échec.

Sa maladie m'affecta beaucoup. Mais il fut lui-même profondément remué par mon analyse. Il en voulait à Lacan, cause de mon changement, cet escroc qui me dépouillait de mon argent et me réduisait à la misère. Je perçus cependant assez vite qu'une sorte de dialogue s'était instauré entre eux à travers moi. L'analyse, contrairement à ce qu'on imagine, n'est pas un exercice égoïste, égotiste, mais une polyphonie où viennent se mêler d'autres voix malgré leur absence concrète sur le divan.

Je rapportai un jour en séance les efforts que je faisais pour convaincre mon père d'entreprendre un bout de cure, quand Lacan m'interrompit :

« Il n'y a pas que la psychanalyse. Votre père est en train de régler son conflit dans sa vie réelle. »

La pertinence de ce propos se révéla peu après. A la grande joie de toute la famille, mon père finit par émerger de la mélancolie qui le terrassait depuis des années, retrouva une sérénité, un humour que je ne lui avais jamais connu, voyagea. Puis, à ses derniers moments, il affronta son destin de mortel, la souffrance de la maladie, avec un courage qui força mon admiration. Ce lien si complexe à mon père nourrissait mon attachement transférentiel à Lacan. La question paternelle, désignée par lui du signifiant Nom-du-Père, était au cœur de son enseignement, question que lui-même, je le découvrirai plus tard, vivait douloureusement, fondant sa théorie sur cette douleur.

*

J'avais ouï dire que l'analyste débutant a pour premier devoir de se choisir un « contrôleur », c'est-à-dire un analyste chevronné qui guidera ses premiers pas, lui apprendra les petites techniques du métier, l'éclairera et le soutiendra à l'heure des difficultés. Après la longue ascèse de son analyse avec ses silences, ses délires associatifs, le contrôleur est celui qui l'accueillera, le parrainera dans la grande famille freudienne. Dans un dialogue désormais face à face, il lui permettra d'atterrir, de revenir à la prosaïque réalité.

Avant même de recevoir un seul patient je me mis en quête d'un contrôleur et je finis par jeter mon dévolu sur M.S., un des praticiens le plus en vue de l'Ecole, de surcroît le seul psychanalyste arabe de sa génération. J'appréciais l'homme mais j'avais aussi, de par mon histoire personnelle, des comptes à régler avec la culture musulmane si proche et si lointaine de la mienne. Je comptais sur le dialogue du contrôle pour les apurer. Je pris donc rendez-vous. M.S. m'ouvrit lui-même la porte et me fit entrer dans un petit salon en me demandant de l'attendre quelques instants, le temps de finir un entretien avec un autre patient. Le mobilier de cette petite pièce comprenait un fauteuil et deux inconfortables chaises. Resté seul, je me trouvai devant un dilemme imprévu : où m'asseoir ? Occuper une des deux chaises quand le fauteuil me tendait les bras serait manifester une timidité, une inhibition indigne d'un psychanalyste, même débutant. Je choisis donc le fauteuil et commençai ma lecture du quotidien que je venais d'acheter. M.S. arriva sur ces entrefaites et il apparut que notre entretien devait se tenir dans cette pièce. Je le vis alors embarrassé. Allait-il occuper une des deux petites chaises ? Un tel choix, à mes yeux, n'aurait pas manqué de cran, à savoir qu'un analyste était bien au-delà de ces mesquines préséances. Il ne le fit pas et préféra rester debout, accoudé à la cheminée pendant tout le temps de notre entretien. Celui-ci fut néanmoins précieux. M.S. me conseilla de ne pas me précipiter dans un contrôle, de commencer ma pratique et de le recontacter plus tard. J'étais au demeurant toujours en analyse et, en cas de difficulté, rien ne m'empêchait de demander l'aide de mon analyste.

L'épisode avait néanmoins brisé le charme et M.S. ne serait jamais mon contrôleur. Lacan dira un jour – avait-il eu vent de l'incident ? – qu'un analyste ne choisit jamais avec assez de soin son mobilier.

Cette histoire de chaises m'en rappelle une autre, bien plus instructive. Je me trouvais alors en Israël, à l'hôpital psychiatrique de Beer-Sheva où je dirigeais le service de consultation externe. A ce titre je participais à l'enseignement donné à l'école de psychothérapie créée et financée, au sein de l'université Ben-Gourion, par d'éminents psychanalystes anglosaxons qui en gardaient jalousement le contrôle. Une fois par an, le principal promoteur du projet quittait son opulente Amérique pour l'aridité de notre désert afin de nous dispenser ses lumières sous la forme d'un « contrôle de groupe » hebdomadaire. Il était notre *supervisor.*

Les réunions se tenaient toujours dans la même salle, autour d'une longue table rectangulaire entourée de confortables sièges, tous identiques cette fois. Mais cette salle avait une autre particularité, bien curieuse. Sur l'un de ses murs se trouvait accrochée, à la mode américaine sans doute, une série de portraits photographiques, ceux des bienfaiteurs, fondateurs, éminents enseignants (vivants ou morts, je l'ignore) du département de psychologie de l'université. Parmi ceux-ci... le portrait de notre *supervisor.*

J'eus tôt fait de remarquer que celui-ci s'asseyait toujours à la même place, exactement en face de sa photo, sous le regard de celle-ci. L'idée me vint alors d'une petite expérience de psychologie. J'arrivai à la séance suivante plus tôt que tous mes collègues et je pris place devant le fameux portrait. Le *supervisor* arriva peu après et voyant la place occupée, il eut un moment d'hésitation, avança, recula, puis finalement s'assit sur un autre siège. Son malaise était évident. Il semblait avoir d'un coup perdu sa belle autorité, il bafouillait. Finalement, sous le premier prétexte, il leva prématurément la séance. Je ne m'attendais pas à une aussi violente réaction, que le fait de ne plus se trouver sous le regard de sa propre photo pouvait ainsi désarçonner un praticien d'une telle expérience. Il est vrai que le *supervisor* appartenait au courant américain de l'*ego-psychology.* Peut-être n'avait-il jamais médité le texte de Lacan sur le « stade du miroir ». Je n'eus pas la cruauté de répéter l'expérience et le *supervisor* retrouva la semaine suivante, avec sa place, son portrait et son autorité.

*

Les travaux d'aménagement touchaient à leur conclusion et je restais devant la même difficulté. Cette équation simple : un analyste est quelqu'un qui reçoit des personnes lui demandant une analyse recouvrait, pour le débutant que j'étais, un gouffre. Et si personne ne venait me présenter cette demande, à moi, étudiant attardé en ses débuts de formation médicale, dépourvu des attributs habituels des gens de la corporation ? J'avais un moment espéré l'aide d'Anne. Il ne fallait plus y compter. En désespoir de cause, je m'adressai au secrétaire de l'Ecole, Christian Simatos. Qu'y pouvait-il ?

« Faites-vous connaître ! » me répéta-t-il une fois encore.

Je décidai, comme je le fais quand mes repères s'obscurcissent, de prendre ce conseil à la lettre, dans sa fonction d'oracle. Je téléphonai donc à une dizaine de psychanalystes, les plus en vue de l'Ecole, qui acceptèrent tous, aimablement, de me recevoir. J'annonçais à chacun mon installation, pour l'instant vide de contenu. Au cours de mon entretien avec l'un d'entre eux, Xavier Audouard, le téléphone sonna :

« Excusez-moi, je m'absente un instant pour répondre. »

Il revint en toute hâte, quelques secondes plus tard :

« Vite, vite, donnez-moi votre adresse, votre téléphone, ce patient est pour vous. »

Je n'avais pas encore de téléphone à mon cabinet. En ce temps-là, obtenir une ligne était une prouesse. Je lui donnai celui de mon domicile. Il s'agissait d'un ancien analysant qui avait interrompu sa cure quelques mois auparavant et qui souhaitait la reprendre. Mais Audouard, trop débordé, ne disposait plus de temps pour le recevoir. C'est du moins ce qu'il me dit.

« Prenez-le ! Prenez-le ! »

Audouard avait bien sûr perçu ma gêne de néophyte, mon inhibition qui risquaient de conduire à l'échec notre premier entretien. Son injonction me fut très utile quand, deux semaines plus tard, je recevrais ce patient. Je lui en garde une infinie reconnaissance.

Entre-temps, une autre candidate avait pris rendez-vous, puis une troisième dans la même semaine. Oui, des collègues que je connaissais à peine, Alain Didier-Weil, Dr Sécheresse, me faisaient cette incroyable confiance. A ce rythme-là, j'aurais vite fait de me constituer une clientèle, me suis-je dit, pris de vertige. En vérité les choses allaient en rester là pendant des mois, des années.

Je reçus ma première patiente, un soir de mars 1973. Mon artisan venait de poser la moquette. Il n'avait même pas eu le temps de la fixer. La dame, au premier coup d'œil, comprit la situation. Entrant dans mon cabinet où flottait une odeur de peinture fraîche, elle se prit le pied dans cette malheureuse moquette flottante. J'ignore lequel de nous deux tremblait le plus en cette rencontre qui pouvait être décisive. J'étais totalement noué. Je la revis une seconde fois. Elle venait poliment m'annoncer qu'elle ne comptait plus revenir. Paradoxalement, cet échec me libéra.

Deux jours plus tard, je reçus M., le patient adressé par Audouard. Cette fois-ci je ne devais plus trembler. La moquette était enfin fixée et les travaux, dans leur imperfection, achevés.

« Ma précédente analyse m'a montré que j'avais un problème de père. »

Tels furent ses premiers mots. Il tombait bien. Ce fut une cure mémorable qui se poursuivit durant plusieurs années, malgré les multiples déménagements que j'allais connaître. M. était né à la fin de la guerre, de père inconnu, un résistant tombé au combat, lui avait-on dit. Je découvrirai que le résistant en question était plutôt un soldat allemand. Curieusement, M., si provocateur dans sa structure perverse, n'avait jamais cherché à en savoir plus long sur son origine et s'était contenté du mensonge de sa mère.

Ainsi, la première cure que j'ai conduite allait me confronter d'emblée à une clinique très particulière, aux ravages que la guerre mondiale, le nazisme et ses horreurs ont imprimés sur le psychisme des générations suivantes. Descendants de juifs déportés et assassinés, ou ceux des collaborateurs et des nazis, les uns et les autres formant parfois d'étranges ménages, peuplent les cabinets d'analystes, le mien en tout cas.

Je reçus bientôt une deuxième patiente, une jeune anorexique. Elle n'allait pas tarder à me confronter à une autre terrible question, celle qui m'avait fait fuir la psychiatrie, la psychose. Ainsi, mes premiers pas dans le métier ne furent pas de tout repos. Ma pratique balbutiante et passionnante de ces années d'apprentissage se mêlait intimement à la poursuite de ma propre cure. Lacan voulait cette interaction, les premières cures ayant pour effet d'éveiller chez l'apprenti analyste des questions restées dans l'ombre. « Il faut que le métier vous rentre par tous les pores de votre peau ! » dira-t-il à son séminaire, s'adressant à l'ensemble des analystes en formation.

Pendant des années ma clientèle se réduirait à deux ou trois patients et les revenus que j'en tirais suffisaient à peine à couvrir les charges de mon cabinet. De surcroît, pour me donner à mes propres yeux quelque contenance, j'avais officiellement déclaré mon installation. Je renonçais du même coup à l'insupportable visite bimensuelle au bureau des ASSEDIC de Créteil. Je perdis du même coup mes indemnités de chômage. Pour l'administration au moins, j'étais bien psychanalyste et je lui devais les cotisations afférentes. L'achat de mon cabinet, les travaux avaient épuisé mes réserves. Je ne tardai donc pas à retrouver ces tourments financiers qui furent en définitive, et tout au long de ma vie, mes plus fidèles compagnons.

Je poursuivais ainsi de front cet angoissant début de pratique, mes études médicales, ma propre cure avec ses séances quotidiennes, incessantes plaintes de quelques secondes, ma fréquentation du séminaire de Lacan. Je participais aussi activement au groupe de lecture de textes que Melman animait à l'Ecole, sans omettre des incursions dans d'autres groupes. J'y ajoutai bientôt une nouvelle activité qui allait beaucoup compter.

Tous les quinze jours, à l'hôpital Sainte-Anne, salle Magnan, Lacan avait sa « présentation de malades ». Des dizaines de personnes se pressaient dans cette salle pas bien grande et il était prudent de prendre place au moins une heure avant le début de la séance. Quelque chose de magique se produisait alors. Au milieu de cette foule qui retenait son souffle, Lacan réussissait à créer avec son patient comme une bulle d'intimité. Il lui « donnait la parole », comme il disait, et le plus étonnant c'est que le malade la prenait effectivement. Il parlait, déployait son histoire, ses hallucinations, avec une vertigineuse vérité. J'avais souvent le sentiment que ce malade, parfois un simple ouvrier, un immigré, avait lu Lacan. Je sortais de ces présentations, l'esprit chaviré en une sorte d'ivresse angoissée. J'y appris une foule de choses précieuses.

Les élèves de Lacan, en vérité plus doltoïstes que lacaniens, ratiocinaient à l'infini sur le langage. Dolto avait prononcé cette énorme bourde que tout le monde s'empressera de reprendre : « Tout est langage. » Aux débuts de la psychanalyse, certains élèves de Freud n'avaient-ils pas donné dans une exagération semblable, « tout est sexe » ? Si bien que Freud devra lui-même critiquer le pansexualisme de ses disciples. Nous étions confrontés, cette fois, à un « pan-langagisme ». Lacan s'efforcera à maintes reprises de rectifier ce travers, dans sa théorie du nœud borroméen par exemple où l'imaginaire tient un rôle de même importance que le langage. Pour moi, la bulle du pan-langagisme éclata à la présentation de malades le jour où, malicieusement, il demanda... un marteau à réflexes. Puis, consciencieusement, il examina un à un les réflexes rotuliens, puis ceux des tendons d'Achille du malade. Au public qui s'étonnait de voir le maître ès signifiants s'affairer en ces tâches de basse médecine, il lança :

« Vous savez, il y a aussi des maladies réelles. »

Un autre jour, après un passionnant entretien avec une intelligente malade, quelqu'un dans la salle lui demanda :

« Ne pensez-vous pas qu'il faudrait conseiller une psychanalyse à cette femme ?

– Moi, je lui conseillerais plutôt une artériographie. Je crains qu'elle n'ait une "pêche" là-haut. »

Il suspectait donc, derrière les troubles psychiques de cette dame, une tumeur au cerveau.

C'est à cette même présentation de malades que je découvris une des sources du judaïsme, à laquelle Lacan avait puisé, nommément le maître ouvrage du rabbin kabbaliste Elie Benamozegh, *Israël et l'Humanité*. On lui confia ce jour-là un malade au délire « mystique ». Cet homme avait été conçu dans un camp de concentration après sa libération par les troupes alliées. Les deux parents, après tant de souffrances, avaient fait le choix de cacher leur origine juive à leur progéniture, croyant ainsi leur épargner une éventuelle tragédie. Ce non-dit radical, ce secret causa une autre tragédie, la folie de leur fils.

« C'est ce que j'appelle, nous dit ce jour-là Lacan, une forclusion du Nom-du-Père. »

Pour une fois, nous avions donc sous les yeux un exemple concret, simple, incarné, de ce mystérieux et précieux concept qui donne lieu à tant de vaticinations.

Cette présentation donna lieu à un autre incident des plus troublants. Après avoir courtoisement raccompagné son malade, comme il le faisait toujours, Lacan reviendra parmi nous, en proie à une grande émotion et en répétant ces mots : « Il l'a lu ! Il l'a lu ! » Qu'avait-il donc lu, ce malade, de si extraordinaire ? *Israël et l'Humanité* de Benamozegh. Lacan nous en conseilla vivement la lecture : « Une des meilleures introductions à la Kabbale que l'on puisse trouver ! » ajouta-t-il. Je connaissais bien ce livre, que j'avais lu dans mon adolescence et qui m'avait marqué. Toute cette scène me troubla profondément. Une fois encore, d'une certaine manière, ma trajectoire avait croisé celle de Lacan. Contardo Calligaris, un psychanalyste qui avait effectué des travaux de documentation pour Lacan, me rapporta ce propos que Lacan aurait tenu concernant ce livre « *par lequel je serais devenu juif si j'avais eu à le faire* ». Il m'est arrivé, depuis, d'évoquer cette présentation avec certaines personnes présentes ce jour-là. Aucune ne s'en souvenait. Ils avaient assisté à tant de présentations passionnantes. C'est une des ambitions de ce livre : lever quelques amnésies sélectives.

Je ne puis oublier enfin une de ses dernières présentations, alors qu'il était déjà profondément marqué par la maladie et ne parlait plus qu'avec parcimonie. Il était sur le point de se retirer lorsqu'une dame de l'assistance, une de ses patientes que je connaissais bien, lui posa une question sur le malade qu'il venait d'examiner. La dévisageant avec un sourire amer, il prononça ces paroles : « Tous à l'asile ! Tous à l'asile ! » La personne insista et lui se contenta de répéter : « Tous à l'asile ! » Tel était son ultime diagnostic sur l'humanité moderne quelques mois avant de la quitter. Tous fous.

Cette présentation me permit aussi de côtoyer de plus près une certaine faune lacanienne, bien indigne du grand homme autour duquel elle s'agglutinait. Ainsi, après une séance particulièrement émouvante, je déjeunais seul dans un bistrot non loin de l'hôpital. A la table voisine se trouvait une femme, une habituée de la présentation, Muriel D., qui fera carrière à Rome. Je lui dis combien la présentation m'avait intéressé. Je reçus en retour les paroles suivantes, qui me clouèrent à mon siège :

« Qu'est-ce que quelqu'un comme vous vient faire à la présentation ? »

Un autre jour, le médecin chargé du choix du patient confié à l'examen de Lacan, estimant nécessaire de filtrer les auditeurs, me barra le passage. Débordé par mes études, j'avais quelque temps déserté la présentation et, dès que je le pus, je repris le chemin de Sainte-Anne. Voilà qu'on m'en barrait l'accès. Je restai là quelques instants, devant la porte close, malheureux, courroucé. Quand Lacan arriva :

« Que faites-vous là, cher ? me dit-il.

– J'aimerais assister à votre présentation. Cela ne semble pas possible.

– Mais entrez donc ! »

Je passai ainsi le seuil du service en sa compagnie, au grand dam du cerbère furieux. Lacan examina ce jour-là un jeune Syrien délirant.

« Rapatriez-le et il ira mieux. » Telle fut sa conclusion.

J'étais en vérité, dans cette micro-société, tel un cheveu sur la soupe, raison pour laquelle, plus tard, je pus me passer sans grande souffrance de ce brouet-là.

*

Une jeune analyste, Marie M.C., qui faisait comme moi ses premiers pas dans le métier, souhaita me rencontrer. Claude Conté, un des chefs de file de l'Ecole pour lequel Lacan avait une affection particulière, lui avait conseillé de venir me voir. A quelle fin ? Elle me proposait de louer ensemble un appartement pour en faire notre commun cabinet. Nous en partagerions les frais.

« Conté vous a conseillé de me faire cette proposition ? »

La démarche était surprenante. Conté, qui deux ans plus tard deviendrait mon contrôleur, me connaissait à peine. Que signifiait cette initiative ? Il me fallut bien soupçonner la discrète intervention de Lacan lui-même. Du temps de l'Ecole freudienne, si décriée depuis, de silencieux « anges gardiens » veillaient sur les jeunes pousses en formation.

« Mais je dispose déjà d'un cabinet, lui dis-je, celui où nous sommes. Je pourrais vous le sous-louer.

– Non. Cet endroit ne me convient pas. » M.C. possédait une force de conviction peu commune. Je ne pouvais pas facilement rejeter son offre.

« Il me faut réfléchir ! » lui dis-je.

En vérité, sa démarche tombait à pic. Ma situation financière devenait catastrophique. « Vendez ! » me lança un jour Lacan.

L'idée de revendre ce cabinet, acheté quelques mois à peine auparavant, où j'avais beaucoup investi et qui me plaisait bien, me coûtait. Mais avais-je le choix ? En ces années de galère, j'avais au moins appris l'art des transactions immobilières. Je réussis donc à vendre rapidement mon local et je réalisai même dans l'opération un petit bénéfice. J'aurais pu sur ma lancée devenir marchand de biens.

Je téléphonai à M.C. pour lui annoncer que j'acceptais sa proposition. On trouva un appartement, rue Mayet, à deux pas du boulevard du Montparnasse. J'intégrai ainsi la grande cohorte des psychanalystes de la rive gauche. Après de menus travaux – je ne pouvais me résoudre à travailler dans un lieu peu accueillant – nous nous apprêtions à emménager à la fin des grandes vacances.

Entre-temps, l'année universitaire s'achevait avec son cortège d'examens. L'angoisse de l'échec m'étreignit à nouveau. Qu'adviendrait-il si je trébuchais ? Tant d'événements m'avaient accaparé au cours de cette année. Comment aurais-je pu consacrer à mes études toute l'attention nécessaire ? Leur poids, depuis la terrible seconde année, me pesait moins. Néanmoins les examens récapitulatifs, ceux de sémiologie en particulier, restaient impressionnants par la masse de connaissances qu'il fallait réviser. Mes inquiétudes trouvaient leur écho sur le divan. La veille de l'examen de sémiologie chirurgicale, alors que mon moral commençait à flancher, Lacan, avec un sourire bienveillant, eut ces mots :

« Prenez les choses simplement. Vous l'aurez, cet examen ! »

C'était l'autre face de la médaille de son art. Après le « Vous êtes foutu ! », voilà qu'il me promettait le succès à un examen. Qu'en savait-il après tout ? Mais je m'étais forgé cette conviction que « le vieux » disposait d'un don de voyance. Il m'arriva ainsi d'arriver chez lui complètement effondré parce que ma patiente, c'est-à-dire la moitié de ma clientèle, n'était pas venue à sa séance.

« Ne vous inquiétez pas, me dit-il en souriant, elle a juste manqué celle-là. Elle sera là la prochaine fois. »

Effectivement, le lendemain, me rendant à mon cabinet, mon analysante, ma petite anorexique, était là, attendant devant la porte. De cette étrange « voyance » Lacan me donnera plus tard d'autres preuves, plus spectaculaires encore. Je les interprète comme je peux, comme effets de l'intense relation transférentielle qui nous liait.

Pourtant l'examen de sémiologie chirurgicale commença très mal. Devant la feuille d'examen et sa liste de questions, je connus un grand passage à vide. Je ne me souvenais plus de rien. Plus j'essayais de retrouver mes esprits, plus le vide devenait vertigineux.

La cause semblait entendue. L'échec était assuré. Il me faudrait remettre ça, prendre un retard que je ne pouvais pourtant pas me permettre. Je sentais mon corps se couvrir d'une sueur froide. Soudain les mots de Lacan me revinrent en mémoire : *Prenez les choses simplement. Vous l'aurez cet examen.* Et voilà que des bribes de cours se présentèrent à mon esprit, tel un ruisselet de plus en plus fourni. Je repris courage et l'envie de me battre. Peu à peu, je parvins à bâtir une copie présentable. Oh ! Ce ne fut certes pas un triomphe. Mais j'obtins néanmoins un peu plus de la moyenne en cette matière difficile, suffisamment pour passer en quatrième année. Je terminais ainsi le premier cycle de mes études médicales.

Un autre événement eut lieu en cette période d'examens, un lumineux souvenir de ma relation si compliquée à Lacan. J'avais un examen le jour même de la dernière séance de son séminaire *Encore*. J'y assistai malgré tout, mais je ne pus rester jusqu'au bout. Un quart d'heure avant la fin, je quittai à regret l'amphithéâtre pour me précipiter au métro Luxembourg et me rendre à Arcueil où l'examen avait lieu. Le soir même, je téléphonai à des connaissances pour m'informer sur la conclusion du séminaire, savoir surtout si Lacan avait annoncé le thème de l'année prochaine. « Non, me répondit-on. Il a même laissé planer un doute sur son éventuelle poursuite. » Voici les derniers mots de cette séance tels qu'on peut les lire à la dernière page du séminaire *Encore*, publié du vivant même de Lacan :

« Voilà, je vous quitte. Est-ce que je vous dis : à l'année prochaine ?... Faites vos paris. Et quel sera le résultat ? Est-ce que ça voudra dire que ceux qui auront deviné juste m'aiment ?... <u>Savoir ce que le partenaire va faire, ce n'est pas une preuve de l'amour.</u> »

Mon amour pour Lacan n'était pas à mettre en doute. Mais je n'avais aucune envie d'entrer dans un jeu de paris. L'idée que le séminaire était susceptible de s'arrêter m'angoissait. C'était comme le signal d'une fin que je ne pouvais concevoir, une atteinte concrète au mythe personnel de l'immortalité de Lacan.

« Je ne chercherai pas à deviner si vous reprendrez ou non le séminaire, lui dis-je à une séance du début juillet, quelques jours avant les grandes vacances. Je vous prie seulement de nous donner ce séminaire de 1964 sur les Noms-du-Père que vous aviez refusé de faire après votre exclusion de l'IPA. »

Lacan sursauta, comme cela lui arrivait chaque fois qu'une parole le touchait particulièrement. Il émit un grognement.

Il y eut les vacances, puis il y eut la rentrée. Je reçus un jour, au courrier du matin, la circulaire de l'Ecole annonçant la reprise du séminaire. J'en lus le titre : *Les non-dupes-errent*. J'étais déçu, évidemment : *Les non-dupes ?* Qu'est-ce que cela pouvait bien annoncer ? Lacan, comme j'aurais dû le prévoir, n'avait pas fait grand cas de ma demande. Je posai la feuille sur un meuble et m'apprêtais à partir pour l'hôpital quand soudain, les mots que je venais de lire prirent une tout autre signification. Mais bien sûr ! *Les Noms-du-Père, les non-dupes-errent.* C'était un jeu de mots, une de ces homophonies dont Lacan avait le secret. A sa manière, il répondait à ma demande. J'étais bouleversé par ce clin d'œil, cette marque inespérée de sympathie. Ce séminaire-là, c'est mon séminaire. A ce jour, trente ans plus tard, il reste impublié.

Kippour ou Le triangle de Pascal

Mon analyse avec ses séances quotidiennes rythmait, telle une basse continue, mon temps et mes pensées. Elle en était le moteur et celui-ci tournait à plein régime. J'avançais à grande allure, je courais même, sur un chemin dont j'ignorais la destination.

De quoi étaient faites ces séances de quelques minutes ? De plaintes, d'élucubrations pour la plupart sans intérêt, de petits faits rapportés, de bouts de rêves le plus souvent sans lendemain, de petits riens en définitive dont il est impossible et inutile de se souvenir. Mais parfois, préparées par cet ingrat labour, des fulgurances, rares mais où une existence bascule. Ce bourdonnement finissait pourtant par définir une mélodie, un mouvement, et à le considérer après coup, l'analysant en est le premier surpris. Rien de la métamorphose, de l'activité débordante que je connus ces années-là, ne se serait produit sans ma cure, j'en suis absolument sûr.

En septembre 1973, commença ma quatrième année de médecine, celle où, en tant qu'externe, j'allais accomplir mes premiers actes médicaux, avoir la responsabilité de quelques lits. Je devais, sous l'autorité de l'interne, examiner mes malades, établir leur dossier, surveiller leur évolution. Je choisis le service de neurologie de l'hôpital Saint-Antoine. Une initiation sérieuse à la neurologie me paraissait un indispensable complément à ma formation de psychanalyste.

Mes premiers pas dans ce service ne furent pas des plus agréables. Les pavillons de neurologie sont souvent sinistres. Mon arrogante attitude de psychanalyste en herbe qui détiendrait une certaine vérité sur l'hystérie y contribua. Les grandes hystéries dont on dit l'espèce disparue, en vérité, trouvent désormais refuge dans ces services. Je me souviens d'une élégante dame à qui l'on infligea une artériographie avant de poser le diagnostic de pithiatisme, terme savant synonyme d'hystérie. Pourquoi ne pas me la confier, ne pas essayer la psychanalyse plutôt que ces pratiques dangereuses ? On m'invita plutôt à mieux tenir mes dossiers, tâche qui, elle, m'incombait.

Il me fallut bientôt affronter une pénible épreuve. Un de mes malades, un vieil homme, souffrait de la terrible maladie de Charcot ou sclérose latérale amyotrophique, dont l'origine reste inconnue. On la croyait proche de la maladie de Creutzfeld-Jacob à l'étiologie tout aussi mystérieuse. C'est à cause d'« un virus lent », disait-on en ces années où le concept de prion n'existait pas encore. Un protocole de recherche avait été défini concernant mon malade. Il fallait, dans les minutes qui suivraient son décès, l'autopsier afin de prélever son cerveau et du tissu nerveux pour tenter d'en infecter un singe de laboratoire. Ce qui posait tout de même un problème : à quelle heure ce pauvre homme daignera-t-il mourir ? Et si son décès survenait à trois heures du matin ?

Je prenais chaque jour le temps de m'entretenir avec mon malade et une sorte d'amitié s'était tissée entre nous. Un matin, je notai que son état s'était brusquement aggravé :

« Comment allez-vous ? lui ai-je demandé.

– De mieux en mieux », me répondit-il.

L'interne arriva peu après. Il nota l'aggravation, appela le chef de service, téléphona au chercheur de la Salpêtrière qui dirigeait cette étude. La décision fut prise. Il fallait éviter que ce malade ne trépasse pendant la nuit. On allait donc lui injecter une dose de morphine suffisante pour hâter sa mort. Je m'opposai à une telle décision. De quel droit priver cet homme des quelques dernières heures qui lui restaient, sans même l'excuse d'abréger une insupportable souffrance, simplement pour le confort de quelques médecins ? Bien évidemment, ma pauvre objection d'externe ne pesa pas lourd et l'interne poussa la seringue. Quelques minutes plus tard, l'affaire était entendue. Il me revenait d'accompagner mon mort à la salle d'autopsie et d'aider les laborantins chargés de la besogne. Cette salle m'avait toujours horrifié, avec ces cadavres allongés, éventrés, et l'effroyable odeur qui y régnait.

Ce jour-là, je dus affronter la présence de deux morts en cours d'autopsie. On allongea mon patient encore chaud sur l'une des paillasses et l'œuvre macabre de découpage commença. Une terrible nausée était sur le point de me submerger quand soudain un déclic s'opéra. Je perçus clairement que les hommes et les femmes qui avaient habité ces corps n'étaient désormais plus là, que je n'avais affaire qu'à un support à jamais inerte. J'admettais du même coup la mort comme destin de l'homme et je fis consciencieusement, sans état d'âme, mon travail : je coupai, taillai, sciai.

Quelques heures plus tard, je rapportai sur le divan l'épreuve que je venais de traverser, et comment soudain il m'était apparu que ce n'était pas le corps de mon ancien malade que j'avais aidé à découper puisque celui-ci *n'était plus là*. Lacan approuva. Il appréciait sans doute ma nouvelle résistance à l'horreur, impensable quelques années auparavant. La mort avait desserré son empire sur mon esprit. J'ignore ce que sera la mienne et je ne la considère pas sans inquiétude, parfois avec soulagement aussi, mais elle ne me terrorise plus. Mes études médicales, mon stage en neurologie, plus tard un autre stage éprouvant en cancérologie, m'ont permis d'accompagner bien des êtres jusqu'à leur fin.

En cet automne 73, un autre événement allait profondément m'ébranler et préparer le terrain pour une nouvelle et décisive mutation : la guerre du Kippour. Le 6 octobre 1973 la grande nouvelle éclata : les Egyptiens avaient traversé le canal de Suez et enfoncé les lignes israéliennes. Au nord du pays, la Syrie s'engageait à son tour dans le conflit. Autour de moi, dans mon amphithéâtre où la moitié des étudiants au moins étaient juifs, on prit l'événement à la légère. Cette fois, sûrement, les armées arabes allaient être défaites en moins de six jours.

Bien que n'étant plus membre du Parti, je me considérais toujours comme appartenant à la grande famille anti-impérialiste et pro-palestinienne... tout le temps que l'existence d'Israël paraissait assurée. Mais bientôt il apparut que les combats tournaient mal pour Israël. Tsahal était en grande difficulté.

Je me souviens de ce début d'après-midi où, rentrant à la maison, A. m'accueillit en me rapportant les dernières informations. Elle évoqua les « dernières agressions des sionistes ». C'est alors que le bâillon qui étouffait ma voix et mon esprit tomba.

« Ça suffit !

– Comment, ça suffit ?

– Comment peut-on parler d'agression quand Israël, ce petit pays avec ses trois millions d'habitants, se trouve encerclé par des dizaines de millions d'hommes hostiles, menacé dans sa survie ? »

A. me considéra, éberluée. Elle n'aurait jamais pu prévoir, ce matin encore, un tel virage. Elle ne dit mot, mais très vite elle se rangea à ma nouvelle position, sans même en débattre. Les juifs sont à nouveau menacés d'extermination et je serais du côté de leurs ennemis ? Non, vraiment, ça suffit ! Je ressentais une immense et douloureuse liberté. J'étais juif, telle était ma vérité profonde, et cette guerre me bouleversait avec la violence d'un raz de marée. Désormais, je vivais l'oreille collée au transistor, écoutant avec les camarades de la fac, entre les cours, les dernières nouvelles. Et celles-ci étaient de plus en plus mauvaises.

Le pire semblait désormais probable. Je m'effondrais, je ne dormais plus.

Lundi après-midi, après un terrible week-end, je me rendis à ma séance et là, j'éclatai en sanglots sur le divan. J'annonçai à Lacan la décision toute fraîche que je venais de prendre : me porter volontaire en Israël. « Qu'est-ce que vous y ferez ?

– N'importe quoi, brancardier. Je mourrai avec eux. Je n'en peux plus de rester ici les bras croisés. »

Lacan paraissait sévère et ému. Il me connaissait assez pour savoir que je n'hésiterais pas à conformer mes actes à mes paroles. Il ne dit rien d'autre que son habituel « A demain ! » accompagné d'un long soupir.

Le soir même, ou le lendemain, Tsahal réalisait la célèbre percée dite du Déversoir et coupait en deux l'armée égyptienne. L'encerclement était brisé, les Syriens reculaient, Israël gagnait dans la douleur cette nouvelle guerre, rendant du même coup sans raison mon projet fou.

Ce fut le début de mon dégel, mon retour à un certain judaïsme. Il prit ainsi pour premières couleurs celles du sentiment national, du sionisme. Celui-ci ira se renforçant jusqu'à devenir un irrépressible désir d'aller vivre en Israël, ce que je ferai douze ans plus tard, en 1985. Vivre dans ce pays, découvrir le problème palestinien, et surtout rencontrer Y. Leibowitz, entraîneront plus tard mon détachement de l'idéologie sioniste. Je me conformai ainsi, par ma propre évolution, à la position de Freud, pour qui un psychanalyste ne saurait adhérer à aucune position nationaliste.

Mon sionisme d'un temps ne fut que la métonymie, le signe avant-coureur d'un intérêt bien plus fondamental, celui pour le judaïsme, ses livres et, au centre de cette culture, la brûlante question du Dieu mosaïque avec lequel, comme le dira Lacan, il faut compter, qu'on y croie ou pas.

Aux vacances de la Toussaint qui suivirent ces éprouvantes journées, je participai au congrès de l'Ecole qui se tint à La Grande-Motte. Plusieurs centaines de personnes se trouvaient regroupées dans ce complexe touristique, analystes chevronnés, débutants, ceux-ci patients de ceux-là, tous mêlés, gênés de se croiser. L'ambiance générale était électrique, exécrable. Les rivalités mortelles, les violentes tensions que connaissait l'Ecole allaient s'aggravant et déboucheront, quelques années plus tard, sur son éclatement.

Je découvris aussi que de jeunes analystes de ma classe d'âge avaient déjà été admis à l'Ecole alors que ma candidature restait toujours dans les limbes et j'en éprouvais une vive douleur. J'avais envie de hurler, ce que je fis d'ailleurs le dernier jour en une maladroite intervention. Je mis en doute l'efficacité de la psychanalyse qui, non seulement n'avait pas calmé ma souffrance, mais l'avait au contraire exacerbée. Une jeune femme qui semblait passablement dérangée s'empara du micro pour affirmer que l'enseignement de Lacan se trouvait déjà consigné dans le Talmud. Je trouvai le propos ridicule. Le congrès tournait au happening. Il y eut tout de même un moment lumineux quand Lacan, d'une voix sourde, fit une intervention improvisée. Si nous sommes psychanalystes, c'est parce que la psychanalyse est une chose passionnante, dit-il, et cette parole venait répondre à ma critique. Il évoqua cette parole d'Héraclite : *L'éclair les fait tous.* L'analyse doit conduire à ce que se produise cet éclair où l'être bascule dans sa vérité. D'éclairs, pour ma part, je n'en avais pas manqué.

De retour à Paris et à mes séances, je rapportai à quel point ces journées m'avaient exaspéré. « Elles m'ont cassé les pieds bien plus qu'à vous. » Telle fut son étonnante réaction.

J'abordai la question de mon admission formelle à l'Ecole. Elle m'aurait conféré un statut plus présentable que celui d'étudiant en médecine attardé, d'ancien agronome. Cette admission aurait surtout signifié une reconnaissance symbolique par une institution dont le président était précisément mon analyste. Sur ce point Lacan resta de marbre. Il savait toujours pousser mon exaspération jusqu'au point de rupture et là, par quelque gratification symbolique, il relançait la dynamique de ma course folle.

Le point névralgique de mon existence restait mon problème conjugal, tracas de chaque jour, et parfois douleur insoutenable. Ma brève liaison avec Anne et sa curieuse conclusion n'avaient produit qu'un apaisement temporaire.

Anne avait entre-temps divorcé et elle considérait son acte comme hautement analytique, l'idéal freudien, celui auquel toute analyse réussie devait conduire. Ce préjugé de ce temps-là a-t-il vraiment disparu ? Récemment, un analyste en vue a jugé pertinent de donner pour titre à sa revue celui de *Célibataire*. Un analyste ne peut fondamentalement être que célibataire, position qui me paraît aujourd'hui parfaitement aberrante. Mais pouvais-je alors être insensible à ce préjugé colporté par les analystes les plus éminents ? Je croyais même déceler chez Lacan ce vœu de mon divorce qui me permettrait de trancher définitivement le nœud névrotique qui m'étranglait. Je le lui dis très clairement un jour :

« Vous souhaitez, n'est-ce pas, que je divorce ?

– Moi ? Vous n'y êtes pas du tout. C'est vous, et vous seul, qui voulez ce divorce. *Vous !* »

La réplique cinglante de Lacan me mettait douloureusement au pied du mur. La perspective de passer le restant de mes jours au côté de A. me parut clairement insupportable. Je décidai le jour même, en sortant de ma séance, de quitter l'appartement familial et d'aller habiter seul dans mon nouveau cabinet.

« J'ai besoin, dis-je à A., de prendre du recul. »

Avec l'infinie indulgence qui fut toujours la sienne envers mes folies et mes sautes d'humeur, elle accepta sans mot dire. Elle m'aida même à faire mes bagages, à déménager quelques affaires indispensables à ma vie quotidienne. Elle se contenta de cette modeste demande :

« Ce serait bien, tout de même, que tu rentres à la maison les fins de semaine. Les enfants ont besoin de te voir. »

La surprenante attitude de Lacan m'éclairait définitivement sur un trait fondamental de sa clinique, sur sa stratégie de conduite des cures, du moins la mienne.

Tel un joueur de poker, un analyste doit savoir cacher son jeu. N'avait-il pas réussi à faire croire en ses sympathies marxistes, sans lesquelles ni moi, ni toute une génération, ne l'aurions consulté ? Cette même attitude, je la retrouvais concernant mes études médicales. J'ai rapporté le rôle décisif qu'il y joua. Néanmoins, dans un deuxième temps, quand la chose sembla mal tourner, son attitude changea et je finis par croire qu'il avait changé d'avis. Par ailleurs, à l'Ecole, on trouvait ma démarche inutile, peut-être même stupide, motivée par un besoin de sécurité, besoin si contraire à l'idéal analytique de vivre dans le risque. Si bien que je commençais sérieusement à envisager l'abandon de mes études. Mais voilà qu'à une fin de séance où la question fut soulevée, il tint à me préciser :

« Croyez bien que je ne cherche aucunement à faire obstacle à vos projets. »

Pourquoi alors m'avoir fait croire le contraire pendant des mois ? Pour compenser sans doute l'aliénation que son implication décisive dans mon choix des études médicales avait pu créer. Ce choix était-il bien le mien ou le sien ? Cette équivoque n'était-elle pas la cause des difficultés que j'éprouvais à les mener ? Il fallait dénouer ce point.

Ce même mode de l'intervention paradoxale fut utilisé pour vider mon couple de sa charge destructrice : me faire croire qu'il me suggérait le divorce quand il finit par s'avérer qu'il n'y avait pas pour moi de salut hors du cadre de ce couple. Sa conduite ultérieure sera sur ce point parfaitement claire. Parvenir à accepter et à dépasser le malentendu fondamental et irréparable qui sépare un homme et une femme (ce que signifie sa fameuse formule « Il n'y a pas de rapport sexuel »), telle était la visée finale de l'analyse avec le deuil qu'elle implique, celui de l'illusion d'une possible harmonie idyllique.

*

Je vivais désormais seul, dans mon cabinet de la rue Mayet, et cette solitude, que j'avais choisie, ne m'apporta aucun réconfort. Ce fut bien au contraire une période sinistre, dépressive. Il m'arriva de rester étendu des heures entières sur mon divan, le regard fixé au plafond, sans pouvoir engager aucun travail.

Ma clientèle ne s'était guère étoffée et suffisait à peine pour payer les charges du cabinet et mes frais d'études.

Mon frère, lui-même psychiatre en banlieue parisienne, à Garges-lès-Gonesse, me proposa de travailler avec lui. Il m'offrit de m'accueillir dans son cabinet le mercredi et le samedi après-midi pour y recevoir surtout des enfants en difficulté, éventuellement des adultes. Cette squelettique consultation – les patients en effet ne s'y bousculaient pas – aura des conséquences importantes sur lesquelles je reviendrai. Mais elle ne m'aida pas à sortir de mon ornière financière. Mon frère, lui, s'était constitué une clientèle importante, il jouissait d'un bon salaire dans ses fonctions hospitalières et vivait dans l'aisance. Cette situation exacerba ma frustration et compliqua la fraternelle rivalité qui était au cœur de nos deux névroses. Je restais des heures entières désœuvré quand lui était submergé de patients.

*

J'allais de secousse en secousse, de plus en plus décisives. Ma relation avec Althusser avait cessé depuis l'envoi de ce mémoire sur le travail des paysans africains, qu'il avait lui-même suscité, et qui devint en cours de route une réflexion générale sur le travail humain. M'ayant écrit qu'il ne pouvait plus lire, notre relation en resta là.

Je portais douloureusement, depuis, ce texte orphelin dont j'avais remis copie à Lacan. A la lecture du bulletin mensuel de l'Ecole, j'appris qu'un psychanalyste, le Dr Martin, annonçait la poursuite de son séminaire sur « l'argent et la psychanalyse », et que cette année il y envisagerait la question du travail humain. Les réunions se tenaient deux vendredis soir par mois. Je m'y rendis. Le public était fort clairsemé, et j'avoue n'avoir à peu près rien compris au discours du conférencier. Je pris néanmoins l'habitude d'y assister.

Ce Dr Martin, avec sa grosse tête totalement chauve et sa voix si forte, ne m'était pas totalement inconnu. Je le croisais quelquefois le lundi après-midi dans la salle d'attente de la rue de Lille. Il habitait Montpellier et venait à Paris deux fois par mois pour tenir son séminaire mais aussi pour rencontrer Lacan. Un soir, je pris mon courage à deux mains et, après sa conférence, je l'abordai pour lui parler de mes propres réflexions sur la question du travail et lui remettre une copie de mon mémoire. Il accueillit ma démarche fort courtoisement et promit de lire mon texte.

Quelques semaines plus tard, je retournai comme chaque fin de semaine, et suivant nos conventions, au domicile conjugal. A. m'informa alors qu'un certain Dr Martin avait téléphoné et souhaitait me rencontrer. Il avait laissé un numéro de téléphone auquel je pouvais le rappeler. Ce que je fis. Nous convînmes d'un rendez-vous pour le samedi après-midi suivant au café Bonaparte. Cette rencontre m'impressionnait. Martin appartenait à l'aréopage de l'Ecole et son invitation était une importante marque d'intérêt. Mon travail l'avait intéressé, commença-t-il par me dire, et il me proposa de m'accorder un temps, à son séminaire du vendredi soir, pour en exposer le contenu.

« Vous le ferez en autant de fois que vous le souhaiterez.

– Deux ou trois exposés d'une demi-heure devraient suffire.

– La poursuite de votre analyse vous aidera à préciser l'interprétation de vos observations. »

Je découvrirai plus tard que cette formule *la poursuite de votre analyse* était une petite manie de langage du bon docteur. Chacun a les siennes. Mais voilà que notre entretien se prolonge et son contenu se modifie. Il s'agit bientôt d'un véritable programme d'étude. Martin me conseilla de lire, bien sûr, les textes de Freud et Lacan, ce à quoi, depuis des années, je m'activais. Puis il insista sur l'importance de l'œuvre de Claude Lévi-Strauss et particulièrement sur son *Anthropologie structurale,* ses *Structures élémentaires de la parenté,*

Le Cru et le Cuit, toute son œuvre en définitive. L'étude des travaux de Lévi-Strauss était indispensable à la formation d'un psychanalyste, compte tenu de mes intérêts du moment. D'autres auteurs figuraient à ce programme de lecture, philosophes, anthropologues.

Je savais que Lacan et Lévi-Strauss, après avoir été très proches, s'étaient par la suite brouillés, à cause, disait-on, du suicide de l'élève de ce dernier, Lucien Sebbagh, dont il imputait une certaine responsabilité à Lacan, brouille qui peinait beaucoup le psychanalyste. Au sein de l'Ecole, les travaux de Lévi-Strauss restaient une référence.

Cet entretien, cette proposition d'une première tribune, ces conseils me procurèrent beaucoup de réconfort. J'attribuai cette démarche à la seule initiative du Dr Martin en tant que membre éminent d'une structure qui veillait sur le parcours de ceux qu'elle formait.

Le hasard voulut que, deux jours plus tard, un lundi après-midi, moment de ma séance, Gloria me fît passer dans la bibliothèque car la salle d'attente était pleine.

Quelques minutes s'écoulèrent quand soudain j'entendis la voix de stentor si caractéristique du Dr Martin : « J'ai *donc* vu Haddad... », commença-t-il.

Il avait dû lui-même patienter dans l'autre salle d'attente. Il ignorait donc ma présence dans la bibliothèque. J'entendis alors comme un *chut !* et le bruit de la porte du cabinet qui se fermait. Soudain, je compris. C'était donc à la demande de Lacan que Martin avait cherché à me rencontrer. Moi qui vivais si misérablement mon statut d'analysant perdu dans la cohorte de ceux qui se pressaient au 5, rue de Lille, je découvrais que Lacan, si distant le plus souvent, si dur à mon égard, se souciait concrètement de ma formation, intervenait discrètement auprès de ses proches pour poser quelques balises sur mon chemin. J'en fus bouleversé. Lui ai-je assez cassé les pieds au cher vieux, avec mes incessantes plaintes, mes incessantes menaces de cesser ma cure !

Lorsque je fus admis pour ma séance, quelques instants après Martin, je fis mine de n'avoir rien entendu. Ce silence ne trompa sans doute pas Lacan.

J'intervins donc à trois reprises au séminaire de Martin. Après son propre exposé, il me laissait un temps de parole d'une demi-heure environ. L'assistance était des plus réduites, quatre ou cinq personnes persistant à venir écouter le discours ésotérique de Martin. Le travail d'exposition eut son effet, celui de m'aider à voir plus clair dans mes observations auprès des paysans de Casamance, à savoir que le travail humain, à son niveau élémentaire, était structuré comme l'inconscient avec ses deux versants que Freud avait décrits, le déplacement et la condensation, et que Lacan chercha à transposer dans les figures linguistiques de la métonymie et de la métaphore. *Le travail humain est structuré comme un langage*. Ce qui devait être mon dernier travail d'agronome fut, en définitive, mon premier travail théorique dans le champ freudien.

En novembre 1975, Pierre Martin fut chargé de l'organisation des journées d'études de l'Ecole à la Maison de la Chimie. Le thème principal en était la psychopathie, mais aussi différentes questions autour de son séminaire, l'argent, le travail. Je décidai de me lancer et de proposer une communication sur ma réflexion.

Ces journées furent un demi-échec, les propositions d'intervention rares, le public beaucoup moins nombreux qu'à l'accoutumée.

Au moment de l'ouverture, la grande salle étant encore bien clairsemée, je vécus une étrange expérience. Lacan se trouvait sur la haute estrade et m'apercevant me salua à haute voix. J'étais assis près d'une amie, Brigitte. En entendant la voix de Lacan, je me retournai pour apercevoir la personne à qui il s'adressait.

« Mais c'est à toi qu'il parle », me dit Brigitte.

L'idée que Lacan pouvait s'adresser à moi en un lieu public m'avait paru totalement irréelle.

L'ouverture faite, le public se répartit entre deux salles, le grand amphi où se tenaient les travaux sur la psychopathie et celle où je devais, parmi d'autres, discourir. Lacan resta dans le grand amphi, ce qui me soulagea. Le thème de la psychopathie souleva quelques gros orages, l'orateur, du nom de Lévi, se fit même traiter de nazi.

Dans l'après-midi, je croisai Lacan dans la posture la plus gênante qui soit, devant les urinoirs de la Maison de la Chimie.

« Alors, Haddad, ça s'est passé comment ?

– Bien, je crois.

– Je n'ai pas pu y venir comme je le souhaitais. J'ai été retenu dans le grand amphi...

– Oui, je crois qu'un important débat s'y est déroulé... ai-je bafouillé.

– Un débat à la con, vous voulez dire. »

Dialoguer ainsi avec mon analyste qui finissait de pisser en secouant sa braguette, n'était pas des plus confortables. C'était la première fois que je lui parlais hors du cadre de mon analyse et il n'y en eut pas beaucoup d'autres. Je me dégageai le plus vite que je pus de ce curieux échange.

L'année suivante, je tentai de prolonger ma réflexion sur le travail par un séminaire que l'Ecole m'autorisa à tenir dans son local. Les participants qui répondirent à mon invite furent de qualité. Je fis ainsi la connaissance de Maria Landau, de Marie Balmary, de Mund, de Botvinik, pour qui la question du judaïsme fut si brûlante qu'elle le consuma. Je préparai soigneusement mes exposés, que je tapai, et en remis une copie à Lacan. Je perçus chez lui comme une déception. Lui ayant demandé son avis sur mes textes je m'attirai cette cinglante remarque :

« C'est modeste comme tout ce que vous faites – mais pas mal. »

L'accent se trouvait porté évidemment sur le « modeste », le reste atténuant l'effet de gifle du propos. En vérité, je n'étais pas allé bien au-delà de ma première esquisse, avec pour résultat un bavardage à la mode analytique d'alors. Le programme de lecture que m'avait brossé Pierre Martin restait en friche bien que m'étant procuré la plupart des ouvrages de Lévi-Strauss. Mes études en cours ne me permettaient pas de me documenter sérieusement. A la fin de cette année mon premier séminaire s'arrêta. Une autre question commençait à vertigineusement m'aspirer et mon travail sur « le travail » y contribua, surtout à travers mon dialogue avec Botvinik.

Mais il me faut revenir un an en arrière, en ce moment où je rencontrai Pierre Martin. C'est en ma balbutiante pratique d'analyste cette fois que l'orage éclata sans crier gare. M.C., ma première analysante, cette toute jeune fille qui souffrait d'une sévère anorexie, me téléphona un dimanche soir en proie à une grande angoisse.

« J'ai très faim. Je ne mange pas depuis hier. J'ai tellement envie de manger...

– Et pourquoi ne mangeriez-vous pas ? Nous en parlerons demain matin. »

Je croyais toucher au but. M.C. avait faim, elle allait manger, elle était guérie ou presque de son anorexie. Ma première cure, si difficile, était un succès. Hélas !

Je la reçus le lendemain à la première heure, avant de me rendre à l'hôpital pour mon stage d'externe. Elle me regardait étrangement et fixement de ses grands yeux verts. Elle refusa de s'étendre sur le divan. Puis soudain, elle émit un affreux cri, interminable, avant de s'effondrer inanimée sur le tapis. Que se passait-il ? S'était-elle empoisonnée avant de venir ? J'appelai chez elle. Son père me répondit. Je l'informai de la situation. Il se précipita à mon cabinet. Entre-temps, M.C. s'était relevée. Je l'aidai à s'asseoir. A la vue de son père, elle alla vers lui et, me désignant, elle eut ces mots : « C'est lui ! » J'y entendis toute la détresse de l'amour impossible d'une enfant.

Lacan m'avait enseigné, par sa propre pratique, qu'en période de crise il convenait de revoir son patient chaque jour. Ce que je fis. Le bon sens aurait sans doute exigé que je fasse hospitaliser ma patiente. Mais en ces années-là la psychiatrie avait une réputation exécrable dans le milieu psychanalytique. D'ailleurs, comment aurais-je pu pratiquer cette hospitalisation que M.C. aurait de toute façon refusée ? Il m'aurait fallu passer la main.

Je lui donnai donc, devant son père, un rendez-vous pour le matin suivant. J'ignorais que j'allais descendre l'un après l'autre tous les cercles de l'enfer. M.C. inventait chaque jour une horreur nouvelle : profondes entailles sur les avant-bras, avaler devant moi une poignée de comprimés. Cette anorexie se révélait une vraie psychose. A l'acmé de la crise, elle me présenta avec un rire fou ses deux yeux dont le blanc n'était plus qu'une tache de sang. Avait-elle tenté de se les crever ?

Une fois dans mon cabinet, elle refusait d'en repartir. Les séances devenaient interminables, insupportables. Pour rompre ce tête à tête maléfique, j'avais demandé à A. de me téléphoner toutes les dix minutes comme si nous avions tous les deux un rendez-vous auquel je devais me rendre. Cette irruption de la sonnerie télé-phonique avait valeur de réel et je parvenais ainsi, après plus d'une heure, à me libérer de cet enfermement. Cette aide me rapprocha de ma femme. En un moment de crise, je n'avais en définitive que son aide.

Je reçus aussi, en cette épreuve, l'appui ferme et bienveillant de Lacan. Oui, je pouvais désormais affronter dans toute son horreur cette folie devant laquelle je m'étais autrefois enfui.

La semaine s'acheva sur un rendez-vous pour le lundi suivant. Mais dans l'après-midi du samedi M.C. m'appela. Elle m'annonça d'une voix très calme qu'elle allait mieux, que la crise était passée, mais qu'elle ne viendrait plus me voir. Me rencontrer la bouleversait trop. Elle partait se reposer quelques jours à la campagne.

Effectivement, je ne la revis plus. Dix ans plus tard cependant, rangeant des notes, le souvenir de M.C. me revint et j'éprouvai l'incontrôlable désir d'avoir des nouvelles de celle qui fut ma première patiente. Je téléphonai et ce fut son père qui, une fois encore, me répondit :

« Comme c'est étrange que vous appeliez aujourd'hui ! M.C. est hospitalisée depuis quelques heures seulement à Sainte-Anne. »

Il y a parfois entre le patient et son analyste un lien si fort que l'on pourrait évoquer des phénomènes parapsychologiques. Par quel étrange mécanisme ai-je éprouvé ce besoin de l'appeler le jour de son hospitalisation ? Simple hasard ? J'avais en tout cas comme entendu son cri.

Que s'était-il passé depuis toutes ces années ? ai-je demandé au père. M.C. avait repris ses études d'architecture, obtenu son diplôme, puis avait travaillé. La cure n'avait donc pas été sans effet bénéfique. Seulement, elle avait rechuté ces derniers jours et il avait fallu l'hospitaliser.

Je connaissais le service où elle avait été admise.

266

J'en parlai à un psychologue, J.A., que je connaissais et qui y travaillait. C'était lui précisément qui s'en occupait. Il m'informa que dans son délire, M.C. prononçait mon nom, lequel avait une vague homophonie avec le sien. Je demandai s'il m'était possible de lui rendre visite. On m'opposa un catégorique veto. Les médecins, comme les psychanalystes, considèrent souvent leurs patients comme leur domaine réservé.

Quelque temps après le dénouement de la crise, à la fin d'une séance, Lacan m'annonça :

« Je vous ai fait admettre à l'Ecole. »

Il insista sur le *Je*. Cette reconnaissance, qui me touchait profondément, arrivait au moment propice, non celui de la revendication qui était la mienne quelques mois plus tôt, mais dans un après-coup qui ne suscitait aucune exaltation malsaine. Elle prenait simplement acte d'un fait acquis.

La nouvelle me fut confirmée par un courrier officiel du secrétaire de l'Ecole. Un nouvel annuaire était en préparation et mon nom y figurerait. On me demanda de quel titre il fallait accompagner mes coordonnées. Je connaissais bien le précédent annuaire où chaque nom était suivi de titres universitaires. Médecins et psychiatres pour la grande majorité, il y avait aussi de nombreux psychologues, normaliens agrégés en philosophie ou en mathématiques et même un ancien élève de l'Ecole centrale. Alors, pourquoi pas ancien élève de Grignon, le seul titre académique dont je pouvais alors me prévaloir ? Le secrétariat me téléphona pour me demander avec gêne le retrait de cette mention. Un plouc dans une assemblée aussi distinguée, cela faisait mauvais genre. Je n'insistai pas et me contentai de la vague mention, tel un faux nez, de psychothérapeute.

*

Ma vie de reclus dans mon cabinet de la rue Mayet ne m'apportait aucun des effets espérés. Mon humeur était des plus sombres, ma clientèle non seulement ne s'était pas accrue, mais semblait au contraire sur le point de s'éteindre. En vérité, A. me manquait, ainsi que le chahut plein de vie de mes enfants. La dure épreuve que je venais de traverser nous avait rapprochés. Je décidai donc de revenir vivre auprès d'eux. Mon emploi du temps ne s'en trouva pas simplifié pour autant. Je devais désormais sans cesse parcourir Paris et sa banlieue d'un bout à l'autre : habiter Maisons-Alfort, poursuivre mes études à l'hôpital Saint-Antoine, recevoir mes derniers clients à la rue Mayet, me rendre à Garges-lès-Gonesse au cabinet de mon frère où je tenais une consultation pour enfants... Un tel éparpillement ne pouvait évidemment pas se prolonger longtemps.

Quelques jours plus tard, mon fils aîné me fit une déclaration, à laquelle je ne me serais jamais attendu, et qui allait tout faire basculer :

« J'ai douze ans. Bientôt j'en aurai treize. C'est l'âge de la *bar mitzva* pour un jeune juif. Quand comptes-tu préparer la mienne ?

– Ça sort d'où, cette histoire de *bar mitzva* ? Nous sommes des athées, des marxistes, nous ne pratiquons aucune religion.

– Eh bien, mon grand-père m'a dit qu'il s'en occuperait lui-même. »

Le coup venait donc de mon père. Cette intervention dans ma vie familiale, déjà si compliquée, à mon insu, souleva en moi un vent de colère. Je me considérais toujours, bien qu'ayant quitté le Parti, comme un marxiste athée, sans avoir vraiment pensé à fond le sens et la portée de cette position. Ce n'était pas, d'ailleurs, la première fois que je trébuchais sur la question religieuse, toujours à travers mes enfants. Quelques mois auparavant, une nuit où je croyais mon petit monde déjà endormi, je surpris mon fils cadet à genoux dans son lit, tourné vers le mur, dans une évidente attitude de prière. « Que fais-tu là ?

– Je prie pour toi, papa, pour que Dieu te pardonne.

– Pourquoi donc ?

– Parce que c'est un grand péché de ne pas croire en Dieu. »

Un camarade d'école l'avait en un mot catéchisé. Mais comment comprendre une telle emprise si la question religieuse n'avait déjà tourmenté son âme d'enfant ? Je lui débitai à l'occasion l'habituel couplet sur nos opinions, à sa mère et à moi, notre rejet de toutes ces superstitions. Il me répondit qu'il n'en continuerait pas moins à dire ses prières du soir.

Pour l'heure, je bouillais de colère contre mon père qui ne ratait aucune occasion pour saper mon autorité branlante à l'égard de ma progéniture. Entre deux cours en amphi, je me rendis au bureau de poste tout proche pour lui téléphoner et lui exprimer sans ambages ma fureur. Il prit la chose, comme toujours, fort mal. Nul dans la famille n'osait jamais affronter ce parfait tyran domestique, ses hurlements, et moi-même d'habitude n'agissais pas autrement, préférant la rupture à la confrontation. Cette fois pourtant je tins bon. Nous nous quittâmes très fâchés, une fois de plus.

Je me rendis à ma séance peu après et, bien sûr, rapportai l'épisode. Lacan me félicita. Cet affrontement au père tyrannique, non à sa loi, mais à son perpétuel caprice narcissique, allégeait le boulet que je traînais.

« Vous avez eu parfaitement raison. »

Une séance décisive comme celle-ci, où mon destin pivota, ne dura pas plus de deux ou trois minutes. J'étais loin en ce bref instant d'en prévoir la suite, et cette suite me tomba dessus au moment même où je quittais le cabinet de Lacan. Quelque chose bascula, et je me trouvai envahi d'une décision impérieuse, de celles qui ne laissent au sujet d'autre choix que l'acceptation forcée : cette *bar mitzva* de mes enfants, il m'appartenait à moi et à personne d'autre de la faire, et je le devais, catégoriquement.

Que s'était-il passé au tréfonds de mon être en ces quelques secondes ? Quelque chose comme le meurtre symbolique du père imaginaire, animal, et sur la dépouille encore chaude le surgissement immédiat de l'instance de la Loi.

Il n'y avait plus en moi ni doute, ni hésitation, ni tergiversation. Rentré chez moi, j'annonçai ma décision à A. Sa réaction fut glaciale. L'idée lui déplaisait totalement.

« Ce sont les enfants qui la veulent, cette *bar mitzva*, et je ne m'y déroberai pas.

– Evidemment, on leur fait miroiter des cadeaux, une fête...

– Une fête, pourquoi pas ? Mais je ne crois pas que ce soit leur principale motivation.

– Enfin, si tu y tiens tant... »

Je me retrouvais à nouveau face à cette inertie qui était son arme la plus efficace, la plus décourageante. Ma douleur conjugale, outre le syndrome de Solal déjà souligné, était entretenue par cette inertie qui bloquait tout mouvement et qui trouvait son expression la plus insupportable dans la contradiction systématique. Le jugement le plus trivial, le plus anodin que je pouvais porter sur un fait quelconque, avait de fortes chances de soulever immédiatement, avant même tout examen, sa réfutation. Or, depuis qu'elle avait commencé son analyse avec Melman, ce trait fâcheux de sa personnalité s'était arrondi et nos rapports y avaient trouvé de l'agrément.

Ce jour-là, sa froideur ne m'entama point.

Le lendemain, comme chaque jour, je me rendis à ma séance. Comment Lacan allait-il prendre ma décision, si inattendue, de conduire mes enfants à leur consécration religieuse ? Ceci doit être clair et souligné : à l'exception notable et justifiable du choix du moment pour commencer à recevoir des patients, je n'ai jamais demandé à Lacan quelle conduite je devais tenir ou quelle décision prendre. Je savais que celles-ci ne pouvaient être que les miennes propres, entièrement et exclusivement. Cette décision prise, je lui en parlais et il l'approuvait ou non. Mais le plus souvent il gardait une absolue neutralité. Je m'attendais ce jour-là soit à une attitude très réservée, plutôt hostile, soit à une parfaite neutralité. A ma grande surprise, entendant mes propos, Lacan manifesta une sorte d'enthousiasme.

« C'est formidable ! »

Et il me serra longuement la main pour souligner l'importance du moment. A partir de ce jour, le judaïsme cessera de m'apparaître comme une lointaine référence pour redevenir une donnée concrète de mon existence, aux conséquences déterminantes. Ce qui commençait à pointer là, c'était la passion qui fut la mienne, dans mon enfance, pour le judaïsme, pour ses écrits. Lacan, le *goy*, fut celui qui sut accueillir et laisser éclore cet amour de jeunesse furieusement refoulé, la question paternelle dans toute son énigme, ma fascination pour le voile du Sanctuaire.

Je rapportai à A. la surprenante réaction de Lacan, et bien sûr, elle en fut impressionnée. Quelques jours plus tard, elle parut mieux accepter ma décision. Elle en avait sûrement saisi, après coup, la portée symbolique et l'avantage pour nos enfants désorientés. Comment ne pas être fasciné jusqu'au vertige par cet amour maternel, apparemment sans limites, et dont je pouvais observer l'expression dans la conduite de ma femme envers ses enfants ? « Donner ce que l'on n'a pas » avait pour elle un sens tout à fait concret. Cette décision qu'elle endossait cachait une tragédie secrète que mon aveuglement masculin refusait de voir. Née dans une de ces familles italiennes au curieux syncrétisme stalino-catholique, la judaïsation de nos enfants ouvrait une douloureuse crise, une rupture d'avec sa famille. Mais elle l'accepta.

Elle parla, bien sûr, de tout ce remue-ménage à Melman son analyste, étant entendu pour elle que la voie était tracée et le problème réglé. Quelle ne fut sa surprise, à la fin de la séance, de s'entendre dire :

« A propos de la *bar mitzva* de vos enfants, je vais réfléchir et je vous dirai ce que j'en pense dans quelque temps. »

Deux semaines plus tard, effectivement, alors que A. l'entretenait de tout autre chose, Melman lui dit à la fin de la séance :

« Comme je vous l'ai promis, j'ai réfléchi. Votre première réaction me paraît avoir été la bonne. Certes, vous agirez comme vous l'entendez... »

Suivait le lamentable petit baragouinage pseudo-psychanalytique de celui qui se dérobe devant les dégâts de son acte. La première réaction de A. fut, rappelons-le, négative et c'est cette position donc qu'il venait relancer, bafouant du même coup ma décision.

Me rapportant ces propos, ma femme me déclara combien ils l'avaient gênée. Qu'est-ce qu'il est en train de faire, se disait-elle, alors qu'elle n'avait rien demandé. Ce n'était plus de la psychanalyse, mais de la direction ecclésiastique de conscience, ce dont Melman se fera une spécialité comme j'ai pu maintes fois l'observer.

Une terrible colère m'envahit. Je n'avais pas toléré l'immixtion de mon père, allais-je accepter celle d'un étranger ? Que devenait désormais ma parole, ce

273

douloureux et inconfortable désir que je m'efforçais de retrouver et de tenir ?

« Continuer ton analyse avec Melman n'est plus tolérable. Il a dérogé à sa fonction. » A., comme toujours, aurait préféré arrondir les angles, poursuivre sans tenir compte de cet avis. Mais je sentais qu'un danger inutile allait désormais planer sur ma route et qu'il convenait de l'éliminer. A. téléphona à Melman pour lui annoncer qu'elle ne reviendrait plus. Elle entendit sa voix furieuse, avant de raccrocher sèchement :

« Je vous attends demain comme prévu. »

Voilà à présent qu'il donnait des ordres en maniant une épée de bois. C'est moi qui, le lendemain, trouvai à ma séance un Lacan manifestement courroucé. A l'évidence, le téléphone avait fonctionné. Accablé, je ne m'en offusquai même pas.

« Alors, que se passe-t-il ? »

Je lui reparlai de la *bar mitzva* de mes enfants.

« Mais je vous avais soutenu dans votre décision.

– Vous oui, mais Melman... »

Et je lui rapportai ce que ma femme m'avait dit.

« De quel droit a-t-il fait ça ? »

Mon témoignage l'avait manifestement surpris.

« Je n'en sais rien, lui dis-je, non sans insolence, vous le rencontrez plus souvent que moi. Demandez-le-lui à l'occasion. »

A présent, Lacan paraissait accablé. Il me serra amicalement la main. Dans le conflit qui venait de m'opposer à l'un de ses élèves les plus proches, c'est mon parti qu'il prenait. Sans doute, mon témoignage convergeait-il avec d'autres sur l'inquiétante évolution de celui-ci, sur son goût pour le pouvoir et la manipulation. De cette période date probablement la détérioration de leurs rapports qui ira en s'aggravant jusqu'à l'éclatement final.

Une autre péripétie, anodine d'apparence, allait accélérer mon évolution et mon retour au judaïsme. Elle se produisit au séminaire de Lacan.

Celui-ci plongeait à nouveau dans cette question qui le préoccupait tant, celle des nombres, de leur génération à partir de l'*Un*. Il évoquait fréquemment les noms de Frege, de Cantor. Ce jour-là le triangle arithmétique de Pascal était à l'honneur. Il en écrivit au tableau les premières lignes :

$$1$$
$$1 \quad 1$$
$$1 \quad 2 \quad 1$$
$$1 \quad 3 \quad 3 \quad 1$$

Puis il se mit à épeler les chiffres qu'il venait d'inscrire : un, un et un, un et deux...

Soudain le sentiment d'étrangeté qui accompagne le retour inattendu de souvenirs totalement oubliés m'envahit. Il s'agissait cette fois du souvenir des après-midi de Kippour, aux temps lointains d'une enfance reniée, dans les dernières canicules de l'automne tunisien. Je m'efforce de résister encore à la douleur du jeûne qui me tord l'estomac, quand l'officiant se met à psalmodier, répétant à plusieurs reprises ces mots apparemment vides de sens : *ehad, ehad ve ehad, ehad ve chtaïm...* un, un et un, un et deux... J'ignorais alors le sens de cette litanie. J'apprendrais bientôt qu'elle appartenait au rite sacrificiel pratiqué ce jour-là par le grand prêtre. Celui-ci, après avoir sacrifié l'animal désigné, en prélevait le sang et en aspergeait la *Parokhet*, le fameux voile du Sanctuaire, sur un mode très précis : une aspersion en haut du voile suivie d'une en bas, puis une aspersion sur le haut et deux sur le bas et ainsi de suite jusqu'au chiffre sept.

Ces aspersions étaient répétées à plusieurs reprises avec le sang de différents animaux sacrifiés. Je saisissais enfin, à travers le triangle de Pascal, le sens de cet antique rite, le plus solennel de la cérémonie la plus grave du judaïsme, le *Yom Kippour*. Il s'agissait du mystère de la génération des nombres[1].

Je n'avais plus franchi, depuis près de vingt ans, le seuil d'une synagogue, et j'éprouvai soudain le désir de me procurer un rituel des prières de Kippour pour retrouver *ce texte* qui sonnait en ma mémoire son impérieux rappel. Peut-être est-ce lui qui avait structuré en mon inconscient le fantasme qui m'avait conduit, tel un somnambule, chez Lacan, pour déposer en son cabinet ce regard dirigé vers le voile du Sanctuaire.

Nous étions au mois de juin et mon anniversaire était proche. Mon père me demanda alors ce que je désirais comme cadeau d'anniversaire. Depuis le jour où j'avais

---

1. Comme me le fera remarquer plus tard François Rouan, l'opération ressemble au *dripping* que pratiquent les peintres modernes et en particulier Pollock. La peinture contemporaine aurait-elle ainsi retrouvé le chemin de cette quête du Un ?

décidé que mes enfants auraient leur *bar mitzva*, nos relations avaient repris leur cours normal, avec leur alternance de violents conflits et de réconciliations. Je lui demandai une Bible hébraïque bilingue et un *Mahzor*, le rituel des prières de Kippour. Ma demande le surprit.

« Je voudrais retrouver ce texte... tu sais... *ehad ve ehad,* un et un...

– On vient de publier une édition bilingue du *Mahzor*...

– C'est ce livre que je veux. »

Freud avait bien reçu, tardivement, une Bible en cadeau de son père. A mon tour, j'en réclamais une au mien. Mon acte avait cet avantage sur celui de Freud que cette Bible, c'était moi qui la réclamais.

Mon père me remit bientôt les deux précieux ouvrages que je lui avais demandés, auxquels il ajouta un troisième, une *Haggadah de Pessah*[1] établie et abondamment commentée par un rabbin tunisien. Depuis plus de dix ans, je n'avais pas tenu en main, encore moins lu, un livre écrit en hébreu, ces livres qui dans mon enfance étaient mes compagnons familiers, que je pouvais lire avec une grande aisance sans en comprendre le plus souvent un traître mot. Quelle fut ma réaction sur le moment ? De l'émotion ? Non, le retour du refoulé s'accompagne généralement d'étrangeté, d'embarras, l'*unheimlich* freudien.

Je pensais avoir tout oublié. Pourtant, au bout de quelques instants, je parvins à déchiffrer la lettre

_____

1. Livre que l'on lit la veille de Pessah, la Pâque juive.

hébraïque et à retrouver ce texte que j'appelais désormais « prière du triangle de Pascal ». Ce fut une petite déception car cette édition ne portait pas en vis-à-vis, pour je ne sais quelle obscure raison, la traduction du passage. Mais en définitive faut-il être un grand hébraïsant pour déchiffrer ces quelques noms de chiffres, ceux-là mêmes qui marquaient mon retour définitif au texte hébraïque ?

Je rendis compte à Lacan de toutes ces péripéties qui m'agitaient jusqu'au tréfonds de mon être, de la prière de Kippour, du *Mahzor* que j'avais réclamé à mon père.

« Pouvez-vous me prêter ce livre ?

– Il manque au passage dont je vous parle sa traduction française.

– Je me débrouille suffisamment en hébreu. »

Il garda mon ouvrage pendant plusieurs mois et il me fallut le lui réclamer.

A plusieurs reprises au cours de son séminaire, Lacan affirma qu'il ne connaissait pas l'hébreu. Mon témoignage, à côté d'autres, infirme cette déclaration sur laquelle je reviendrai quand j'aborderai les rapports mystérieux que Lacan entretenait avec le judaïsme. Je donnerai néanmoins déjà deux autres témoignages qui confortent le mien. Un ami, patient non juif de Lacan, lui demanda un jour en quelle traduction il lui conseillait de lire la Bible. Sa réponse le laissa coi :

« Il vaut mieux la lire en hébreu. »

Un autre ami, Alex Derczanski, me rapporta avoir, au début des années 60, croisé Lacan à l'Ecole des langues orientales, rue de Lille précisément, en conversation avec le bibliothécaire, Emmanuel Raïss. Il venait emprunter le dictionnaire talmudique Jastrow. Cet ouvrage n'est utilisable que par quelqu'un déjà passablement versé dans les textes hébraïques.

En attendant, s'éveillait en moi un désir de plus en plus vif de me remettre à l'étude des textes hébraïques depuis si longtemps abandonnés et dont, au demeurant, je n'avais jamais eu aucune connaissance bien sérieuse. J'avais appris très jeune à lire avec aisance un texte hébraïque, sans comprendre, loin de là, la signification du texte lu. Mon savoir actuel en la matière, pour fragmentaire et lacunaire qu'il soit, mais non dépourvu de consistance, doit donc être considéré comme un produit de mon analyse.

Il me fallait aussi initier mes enfants à ces textes, leur trouver un rabbin qui les préparerait à leur *bar mitzva*. Dans ce retour nostalgique de mémoire, me revint la figure de mon vieux maître d'hébreu, le rabbin Mordekhaï Koskas. Sa droiture, autant morale que physique, l'affection fidèle qu'il m'avait gardée, m'avaient certainement soutenu dans mes années d'errance. Il demandait souvent de mes nouvelles à mes parents qui lui répondaient en soupirant :

« Ah ! Si vous saviez... »

Et lui avait toujours cette réponse d'une infinie indulgence :

« Mon fils – c'est ainsi qu'il me nommait – ne peut jamais faire le mal. Il est en recherche... »

Il était centenaire désormais, mais l'esprit toujours clair. Dans les aspects par moments puérils de « ma recherche du temps perdu », j'eus un moment le souhait de lui confier mes enfants, qu'il leur inculque un peu de cette droiture que j'admirais.

Je fis alors ce rêve. Je me trouvais, en une attitude grotesque, infantile, sur les genoux de mon rabbin. J'en saisis, à côté d'autres aspects, le rappel à l'ordre qu'il renfermait. Ma régression topique ne devait pas dégénérer en enfantillage. Il fallait vivre le temps présent. Il me fallait donc trouver un rabbin pour mes enfants. D'ailleurs, quelques mois plus tard, le cher vieillard mourut. Je ne l'ai pas pleuré, et sa disparition sur le coup ne me toucha pas. Peut-être est-ce ce chagrin enfoui, et tant d'autres que je n'ai pas su affronter à la disparition de ceux qui incarnèrent pour moi authentiquement la foi juive, qui éclatèrent en une terrible douleur des années plus tard, quand mourut mon dernier maître, Yeshayahou Leibowitz, cet homme de Dieu.

Les soucis financiers, comme une colique qui s'apaise par moments puis revient vous tordre les boyaux, étaient là, à nouveau. La petite somme retirée de la vente de mon cabinet m'avait permis de survivre pendant un an. Cette fois, j'avais bien épuisé tout mon patrimoine. Lacan n'avait rien trouvé de mieux à faire entre-temps que d'augmenter le prix de mes séances. Il me fallait désormais débourser, jour après jour, cent cinquante francs. Il me fallait, encore et toujours, soit trouver de l'argent, soit diminuer mes dépenses.

Mon frère psychiatre m'annonça alors qu'il avait acheté un appartement à Garges dont il voulait faire un petit centre médical. Il me proposa d'y développer ma squelettique activité, sans même me demander de participer aux frais du centre. Allais-je accepter cette offre généreuse, quitter Paris, ses beaux quartiers, pour cette banlieue ingrate où, jusqu'alors, aucun psychanalyste n'avait songé s'installer ? Je ferais ainsi l'économie du loyer de mon cabinet.

Mes relations à ce frère étaient, depuis l'enfance, bien complexes. Elles participaient activement au noyau de nos deux névroses. Non seulement je refusai, mais sous un futile prétexte, un propos reçu par moi comme une offense, nous échangeâmes des mots.

Les jours passèrent, l'année universitaire venait de se clore et j'étais admis en cinquième année. Je déjeunai un samedi chez mes parents quand mon père m'informa que la Caisse des Dépôts venait d'achever de nouveaux immeubles, plutôt luxueux, à la périphérie de Sarcelles et qu'elle les louait pour un loyer des plus modiques, pas même celui que je payais à Maisons-Alfort. Je ne perdais rien à les visiter. La journée était belle, ensoleillée, le repas maternel copieux comme toujours. Une promenade nous dégourdirait les jambes. La nouvelle avenue du 8-Mai avec ses immeubles flambant neufs ne manquait pas d'allure. Les banlieues de la région ne connaissaient pas encore de graves problèmes de délinquance. On nous fit visiter un fort bel appartement, vaste, jamais habité. Je fus séduit. Je saisis rapidement tous les avantages de la situation. Je découvrirais bientôt que mon inconscient les avait calculés bien au-delà de ce que je pouvais imaginer. La proximité de mes parents, leur appui, me fournissait l'environnement nécessaire pour mener à bien la *bar mitzva* de mes enfants, projet qui avait pris à mes yeux une dimension métaphysique et dans lequel je m'engageais totalement.

Avec l'accord de A., je signai sur-le-champ le contrat de location. Mon père était ravi. Non seulement j'habiterais là, mais ma brouille avec mon frère m'apparut soudain dans toute sa puérilité. Je décidai d'accepter sa proposition : je déménageai mon cabinet parisien dans son centre. Ce revirement se fit comme toujours dans la traversée d'une crise, un violent refus se dénouant dans la joie d'une acceptation, le soulagement de la fin d'une morsure.

L'effort que j'accomplis ce jour-là, ce renoncement à des pans entiers de mon narcissisme stérile et de ma jalousie fraternelle, était immense. Les conséquences de ce choix de domicile furent considérables.

Je fis en séance le récit détaillé de toutes ces péripéties. J'en vins à mon acceptation de collaborer avec mon frère, moi-même, aîné de la fratrie, me trouvant dans une position peu glorieuse. J'y entrevoyais, sinon la disparition, du moins la possibilité de surmonter la rivalité fraternelle, si grosse de haine et de destruction, de l'autre et de soi-même. A ce moment-là, Lacan bondit de son fauteuil. Il paraissait très ému, bouleversé même. Je ne l'avais jamais vu dans cet état.

« Formidable, répétait-il en me tenant la main, je suis vraiment très content. »

Ce jour-là, quelque chose de la vilaine face grimaçante de la névrose obsessionnelle, voire même de mes tendances à la paranoïa, était définitivement tombé.

J'informai M.C., avec qui je partageais le cabinet de la rue Mayet, de mes décisions. Elle-même avait d'autres projets. Je résiliai mes deux contrats de location et j'informai mes deux derniers patients de la nouvelle adresse qui serait la mienne à la rentrée. M. accepta de m'y suivre.

*

L'analyse, depuis des mois, avait soulevé en moi une douloureuse nostalgie de mon pays natal, la Tunisie. Je ne cessais de rêver de ses rivages, de sa douceur de vivre, des rues de Tunis, de tous ces petits riens qui avaient fait mon enfance. L'*Odyssée* parle de l'inoubliable pays des Lotophages où Ulysse aborda. Selon une tradition tunisienne, ce pays-là, c'était précisément la Tunisie et j'éprouvais dans ma chair la vérité de cette tradition. Quelque chose de ma douleur névrotique y plongeait aussi ses racines. J'ignorais, pour quelque temps encore, que cette nostalgie-là recouvre celle de la mère, s'y substitue. Que de fois, sur le divan, avais-je dénoncé l'inanité de l'affirmation freudienne, celle d'une libido *pro matrem* ! Cette libido-là que je cherchais en aveugle, le grand secret œdipien qui me délivrerait la clé de mon être, avait, pour une large part, pris le déguisement de cette nostalgie.

Mon père, inconsolable de la perte de sa Méditerranée, et qui depuis plusieurs saisons avait repris le chemin de sa Tunisie, me proposa de l'accompagner. Il louait au Kram, station balnéaire non loin de Tunis, une modeste maison. J'acceptai avec joie. Après treize ans d'absence, je rentrais en Tunisie. Je retrouvai à Marseille le paquebot au parfum de vacances, si souvent pris autrefois, avant l'arrachement.

Cette décision ne se révéla pas particulièrement heureuse. La Tunisie de mon enfance s'était profondément transformée et je n'y retrouvai plus aucun visage connu. Le pays traversait aussi une période difficile de repli et d'angoisse. Peu à peu, je sentis s'infiltrer en moi la même mélancolie qui avait frappé mon père à son premier séjour. De surcroît, dans la promiscuité de cette inconfortable maison, mes relations avec lui redevinrent rugueuses. Je rentrai de ces vacances amer et découragé, croyant avoir tiré un trait définitif sur une nostalgie hors saison. La Tunisie m'apparut appartenir à un passé révolu. Combien de telles impressions se révèlent fausses, en définitive ! Œdipe ou pas, le pays natal reste inoubliable. Je retrouverai ma Tunisie vingt ans plus tard, après avoir accompli maintes révolutions mentales, par la grâce d'un colloque à Carthage où je pus renouer quelques fils. Cette fois-là, pour de bon, quelque chose de ma douleur, enfant d'un refus d'amour, s'apaisa.

Ma conversion

Le retour en Tunisie me laissa un goût amer. Je repris mon poste d'externe avec ses épuisantes gardes de nuit à l'hôpital Trousseau. J'avais choisi pour second stage le service de chirurgie infantile remarquablement dirigé par le Pr Gruner, que la maladie allait trop tôt emporter. Je ne voulais pas répondre à cette définition du psychiatre : un médecin juif qui a peur du sang. Je tins ma place au bloc opératoire, aux urgences, pendant plusieurs semaines, j'ai coupé, cousu, plâtré sans émotion particulière, essayant de faire au mieux et de me familiariser avec la panoplie la plus large possible de l'art médical.

Ce stage fini, je choisis de m'initier enfin à la psychiatrie dans le service du Pr Alby qui sera, quelques mois plus tard, mon bienveillant directeur de thèse. En même temps, je passai mes examens sans grand brio, mais sans jamais trébucher. A deux reprises seulement il fallut rattraper en septembre une note insuffisante.

Mon séjour en ce service de psychiatrie ne fut pas toujours confortable. Je ne parvenais pas à admettre mon douloureux statut de simple étudiant. J'affichais donc, sur le mode de la provocation, dans un milieu où ces idées étaient peu appréciées, ma position « lacanienne ». Celle-ci me permit néanmoins de remporter un jour un petit succès, une petite revanche.

Un matin, j'appris dans le service que l'on venait d'y admettre un travesti. La police l'avait ramassé au bois de Vincennes en grand état d'agitation et conduit à nos urgences.

« Si tu peux en tirer quelque chose, chapeau ! me dit gentiment l'interne. Personne n'a réussi à en tirer un seul mot. Pourtant il a l'air d'aller bien. Examen somatique normal. »

Me revint alors en mémoire une scène dont je fus témoin dans la bibliothèque de Lacan, pendant l'une de ces interminables attentes qu'il m'infligeait. (Merveilleuses attentes, après coup, où j'appris une bonne part de mon métier.) Un jeune homme attendait sagement son tour. Son aspect était très efféminé et je mis quelques instants avant d'être sûr qu'il s'agissait bien d'un homme. Lacan apparut bientôt et lui tendit la main.

« Venez, *ma* chère ! » lui dit-il.

Il avait imperceptiblement appuyé sur le mot *ma*. Je fus surpris, et passablement remué d'observer qu'il s'adressait à un être de sexe masculin en employant le féminin. J'appris ainsi que le seul espoir pour déplacer le discours d'un sujet, c'était d'y entrer, de l'accepter tel qu'il se donnait...

J'entrai donc dans la chambre de mon malade. Il s'était recouché et avait remonté le drap jusqu'aux yeux. Seule dépassait une touffe de cheveux décolorés.

Prenant mon courage à deux mains, je lançai un sonore :

« Comment allez-vous, *ma* chère ! »

Quelques secondes passèrent. Puis une voix émergea des couvertures :

« Ça va beaucoup mieux, docteur ! »

La glace était brisée. Le jeune homme se redressa dans son lit. Nous avons bavardé, entre autres, de son « travail » à Vincennes qui marchait très bien. Mais il en avait marre. Les pervers font souvent de terribles dépressions. Je pus remplir complètement son dossier. Quelques instants plus tard je le tendais à l'interne éberlué.

« La voilà, ton anamnèse. »

Je sus avoir le triomphe modeste.

« Il faut entrer dans le discours du sujet et non lui imposer le nôtre. »

*

Mais ma vie, en cette année, se jouait ailleurs, sur la scène familiale comme toujours. J'avais emménagé à Sarcelles, et c'est en ce lieu qu'allait se tisser ma nouvelle vie. Mon frère, qui m'accueillit dans son cabinet, y joua un rôle important. Il m'aida à développer ma clientèle et surtout, grâce à ses liens étroits avec l'important milieu rabbinique de la ville, il me permit de mener à bien mes deux projets, la *bar mitzva* de mes enfants d'une part, ma formation à la littérature religieuse d'autre part. Je voulais que ces choses se passent dans le cadre de l'orthodoxie religieuse la plus stricte. Les choses auraient évidemment été infiniment plus faciles si je m'étais adressé à l'une des communautés juives libérales de Paris. Mais je ne voulais pas, comme toujours, comme pour mon engagement politique ou ma formation d'analyste, faire les choses à moitié et risquer plus tard d'essuyer des objections humiliantes.

Risk

Une rumeur commençait alors à circuler, celle d'une influence méconnue du judaïsme dans l'apparition de la psychanalyse. Un livre de David Bakan, inspiré par les travaux de Gershom Scholem sur la mystique juive, soutenant que la Kabbale avait influencé Freud, connaissait un certain succès. Kabbale, ésotérisme, voilà bien des sujets pouvant faire rêver des esprits fragiles, en friche, comme le mien. Pour répondre à toutes ces demandes, mon frère me proposa de rencontrer un de ses amis rabbins, Abraham E.H. Cette rencontre devait m'éviter de nombreuses errances.

« Qu'aimeriez-vous étudier ? me demanda le rabbin en lissant sa barbe.

– Le Zohar, la Kabbale.

– Vous maîtrisez donc bien l'hébreu, nos grands textes ? Et vous connaissez le Talmud, bien évidemment. »

L'érudit avait du mal à masquer son ironie. A l'évidence, j'ignorais totalement toutes ces choses. Mais cette ignorance entretenait mon mépris pour le Talmud, ce grand fourbis de textes poussiéreux et sans intérêt.

« Pourquoi un jugement aussi négatif ? En avez-vous étudié, lu une seule page ? »

Je ne pouvais qu'avouer ma radicale ignorance : je n'avais jamais ouvert un traité de Talmud.

« Vous ne pouvez tout de même pas dire d'un fruit que vous n'avez jamais mangé qu'il a mauvais goût. Sachez que le Talmud est le fondement de tout le judaïsme, Kabbale comprise. Tenez ! Je donne un cours de Talmud à la synagogue chaque samedi après-midi. Faites un essai. Oh ! Le sujet que je traite en ce moment vous intéressera sans doute peu. Mais plus tard je vous montrerai des textes qui peuvent intéresser un psychanalyste. »

Mon rabbin pensait sans doute à des textes sur la sexualité, supposée être l'alpha et l'oméga des intérêts freudiens.

En ce qui concernait mes enfants, il m'invita à les inscrire le dimanche suivant au cours de préparation à la *bar mitzva*.

Le samedi suivant, avec beaucoup de gêne, je franchis après tant d'années le seuil d'une synagogue. Peut-être les grandes avancées se font-elles ainsi à reculons. Je m'apprêtais à écouter le cours, puis à m'éclipser afin d'éviter l'office qui avait lieu peu après. J'acceptais d'apprendre les textes du judaïsme mais à aucun prix de devenir pratiquant.

Ce premier cours me procura une des émotions intellectuelles les plus fortes de mon existence. De quoi le rabbin parlait-il ? D'une lettre perdue sur la voie publique[1]. Quelle conduite devait adopter celui qui la retrouvait ? La rendre à son expéditeur ou à son destinataire ? Le texte talmudique en discourait tout au long d'une quinzaine de pages denses.

---

1. Traité *Baba metzia*, chap. 1, 3ᵉ michna.

« Mais pourquoi, demanda un auditeur, est-ce si compliqué ?

– Parce qu'une lettre qui traîne sur la voie publique, répondit le rabbin, est, par essence, hautement suspecte. »

On ne pouvait mieux dire, ni être plus lacanien. Je sortais à peine d'une relecture du texte sur *La Lettre volée* d'Edgar Allan Poe. Cette lettre perdue, lettre de change et de dette en l'occurrence, était plus troublante encore. J'eus le coup de foudre pour le Talmud.

Mais je ne m'en tirai pas à si bon compte. Après le cours, pas question de s'esquiver pour l'office. La courtoisie m'en empêchait. Je retrouvai avec une émotion que je refusais les mots à moitié effacés de la prière juive.

Le lundi suivant, je rapportai à Lacan ma découverte et l'orage qu'elle suscitait en moi. Il dressa l'oreille, me posa une question. Je percevais qu'à mots couverts un dialogue s'établissait entre nous sur cette question, sans immédiatement en mesurer la portée, pour lui comme pour moi.

J'en eus confirmation à la lecture du texte *Radiophonie*, que je possédais depuis sa parution deux ans auparavant, et dans lequel je ne parvenais pas à me plonger. Le temps de cette lecture avait enfin sonné. J'y découvris, avec une grande surprise, le rapprochement que Lacan y faisait entre le *Midrash* juif et l'interprétation en psychanalyse. Nul avant lui n'avait osé ce parallèle. Quant à moi, j'ignorais jusqu'à l'existence du mot *midrash* et plus encore sa signification. Je mis à profit ma nouvelle relation avec le rabbin

Abraham E.H. pour éclairer quelque peu ma lanterne et découvrir l'immense et fascinant univers textuel qui s'ouvrait devant moi. D'une certaine manière, le Talmud appartient au corpus du *Midrash*. Plus tard, quand les éditions Desclée de Brouwer me proposèrent de diriger une collection de livres sur le judaïsme, je me souvins de ce mot magique où mon passé et mon avenir de psychanalyste, par la grâce de Lacan, sont venus se conjoindre. Je donnai à ma collection ce nom de « Midrash », précisément en hommage à Lacan.

Il me paraît remarquable que Lacan, en quête d'une influence du judaïsme sur la pensée de Freud, n'ait pas erré du côté de la Kabbale, de l'ésotérisme. Si un effet judaïque existe dans la psychanalyse, il tient à la structure même du discours, au *Midrash* donc, et c'est lui qu'il convient d'interroger.

Ce fut le début d'un véritable bouleversement. Telle une rivière en crue, il emportait irrésistiblement tout ce qui entravait sa course. Chaque fois que l'occasion se présentait, causerie d'un rabbin, parution d'un ouvrage, je me précipitais pour grappiller quelques miettes de savoir, pour étancher une soif nouvelle et ardente, avec l'exaltation qui accompagne nécessairement le processus psychique de conversion. Lacan s'efforcera de le contenir tout en me laissant libre de parcourir jusqu'au bout le chemin qui s'ouvrait.

La conversion n'est pas un phénomène purement intellectuel. On sait qu'elle s'accompagne à l'extrême de l'apparition de stigmates physiques. Les miens seront plus discrets que ceux de sainte Thérèse d'Avila, fille de marranes. Ils seront au début gastronomiques.

Converti depuis des lustres à la cuisine européenne ou exotique, chinoise ou hindoue, voilà que s'éveilla en moi la nostalgie de la cuisine juive, tunisienne certes, mais aussi bien ashkénaze. Je me mis à fréquenter les restaurants de la rue Richer comme ceux de la rue des Rosiers. Ce n'était qu'une première étape. Je demandai bientôt à ma femme de ne plus acheter de viande de porc et d'autres espèces interdites. Finalement je l'invitai à ne plus acheter de viande hors des boucheries cacher. Cette dernière demande l'agaça profondément. Elle résista. Je donnai mille arguments, apparemment raisonnables, la possibilité d'inviter mes parents, désormais nos voisins, à prendre repas chez nous. En vérité, peu à peu, à ma façon, je devenais un juif pratiquant. A., elle, se renfermait de plus en plus. L'évolution des choses depuis quelques mois lui déplaisait, la heurtait au plus profond de son être. Jusqu'où irions-nous ?

Je me souviens d'un week-end que nous passâmes à Etretat. On nous servit des huîtres. Depuis mon séjour au lycée Montaigne de Bordeaux j'adorais les fruits de mer et les huîtres particulièrement.

« Apprécie bien ces coquillages, dis-je à A. Ce sont les derniers que nous mangeons.

– Je me fous des fruits de mer. J'ai toujours détesté ça, et c'est toi qui m'as poussée à en manger, c'est le reste qui ne me convient pas. »

Je croyais plaisanter. Pourtant cette phrase s'avéra prophétique. Depuis lors, depuis vingt-cinq ans déjà, je n'ai plus jamais touché à un coquillage ni à aucune espèce interdite. Cette étrange évolution m'inspirera plus tard la thèse exposée dans *Manger le Livre*.

La réplique de A. annonçait que nous entrions dans une nouvelle crise. Nous en avions certes connu tant d'autres, la crise avait même été notre mode quotidien de fonctionnement. Mais celle-ci faillit vraiment tout emporter. Quelque temps après l'inscription de nos enfants au cours d'instruction religieuse qui devait les préparer à leur *bar mitzva*, son directeur, mon nouvel ami rabbin, Abraham E.H., demanda à me parler.

« Il y a un problème, me dit-il. J'ai appris que votre femme n'était pas juive. Par conséquent vos enfants ne le sont pas.

– Comment ? Elle est convertie depuis plus de quinze ans et nous avons eu un mariage religieux. Je vous ai transmis le document qui l'atteste.

– L'acte que vous m'avez fourni n'est pas reconnu par notre rabbinat... »

Ces paroles me portèrent un coup terrible. J'essayai vainement de négocier.

« Mais mes enfants ont été circoncis par un rabbin. »

J'appris alors qu'on peut être juif sans être circoncis et circoncis sans être juif. Un sentiment très douloureux m'envahit. Ce discours avait pour effet d'éloigner de moi mes enfants, je n'étais plus qu'un père illégitime. Le rabbin saisit ma détresse et voulut l'atténuer :

« En attendant la régularisation de leur situation, vos enfants peuvent suivre normalement les cours. »

Quelques minutes plus tard, j'informai A. de la situation devant laquelle la seule solution consistait en une conversion. Mais de qui ? Des enfants, d'elle, de moi ? En mon esprit la chose était claire. Seule une conversion de toute la famille nous donnerait la base claire et solide sur laquelle avancer.

« Je refuse catégoriquement ! » me lança-t-elle, blessée.

Aveugle au monde extérieur, poussé par je ne sais quelle force désormais irrésistible, je ne saisissais pas la cruauté, la barbarie de la demande que j'infligeais à ma compagne, le drame que je lui faisais vivre. Je ne voulais voir que son habituel et rigide refus systématique, avant toute réflexion. A partir de ce refus, notre cohabitation devint encore plus tendue, sorte de paix ou de guerre froide, sans cette alternance de tendresse, de désir et de conflit qui, jusque-là, tempérait les choses.

Un nouveau personnage surgit bientôt sur la scène rabbinique de Sarcelles, un rabbin ultra-orthodoxe, Raphaël Israël. Sa remarquable érudition talmudique, sa fougue et son énergie, sa nature aimable et joviale allaient vite impressionner la communauté et la pousser de plus en plus dans la voie de l'ultra-orthodoxie. Je fus moi-même fasciné par cette fontaine jaillissante d'un savoir oublié.

« Je crois que nous avons beaucoup de choses à nous dire, lui ai-je dit à notre première rencontre.

– Je le crois aussi ! » me répondit-il.

Nous n'imaginions pas, alors, l'un et l'autre, si bien dire.

*

Mois après mois désormais, je mesurais le temps qui me séparait du jour libérateur, celui où, ma thèse passée, je serais médecin et accéderais ainsi à une vie professionnelle digne et reconnue. Mais toute mon entreprise était marquée d'un sceau : ne rien faire au rabais, pas d'études à la sauvette, pas de conversion escamotée, payer toujours le prix fort. Ce souci valait pour ma thèse.

Les études médicales se concluent en effet par ce petit mémoire, souvent bâclé : la thèse de médecine. Je voulais, moi, que cette thèse soit le digne couronnement de ma longue peine. En même temps, il ne fallait pas que sa rédaction retardât la remise de mon diplôme. Pour résoudre la contradiction de ces deux termes – il y en aura bientôt un troisième – il suffisait que je m'y prenne longtemps à l'avance. Mes camarades d'études se jetaient à corps perdu dans la préparation du concours de l'internat médical. J'estimais avec sagesse que mon âge ne me permettait plus d'envisager une carrière hospitalière, laquelle au demeurant ne m'intéressait pas. Je disposais donc d'un peu de temps pour penser à ma thèse. Je décidai, deux ans avant le terme normal de mon deuxième cycle d'études, de la commencer. Restait à en déterminer le sujet.

Pendant mon stage en psychiatrie, j'avais noté la fréquence d'un diagnostic chez les responsables du service, concept passe-partout alors en vogue, celui d'*état limite*. Ni psychose, ni névrose, ni perversion, il s'agirait d'un état incertain où la pathologie narcissique serait au premier plan. Cette conception – je le savais par ma fréquentation assidue de sa présentation de malades – irritait Lacan pour qui la question de la paternité dans ses multiples avatars restait l'indispensable opérateur pour comprendre tout l'éventail des troubles psychiques. Le diagnostic d'état limite lui apparaissait comme le fruit d'une certaine paresse mentale ou de l'ignorance. Les héritiers de Freud, ceux qui se posaient comme tels, ne savaient plus se servir des instruments laissés par le fondateur. Ils étaient obnubilés soit par les « mécanismes de défense » de l'ego, soit par la pathologie d'un narcissisme qu'il fallait rectifier.

Je décidai donc de « voler au secours du père » ou plutôt de défendre sa gloire. Pour cela j'envisageais de consacrer ma thèse à la critique de la notion d'état limite en lui opposant l'efficacité du concept de Nom-du-Père. Je ne percevais pas combien cette tâche était au-dessus de mes moyens, impossible et vaine. Par quelle méthodologie pourrait-on l'aborder ?

Je rencontrai donc le Pr Alby et lui fis part de mon projet qu'il enregistra, il me donna même quelques références bibliographiques. J'étais donc prêt pour affronter Lacan comme à l'accoutumée, c'est-à-dire non pas lui demander conseil, mais lui soumettre un projet suffisamment élaboré dont je ne lui avais pas encore soufflé mot.

Quelque temps auparavant, j'avais expérimenté la curieuse cérémonie du contrôle telle que Lacan la concevait.

« Je souhaite, lui avais-je dit, vous soumettre en contrôle le cas que je suis.

– Eh bien, demain, après votre séance. »

Le lendemain, comme convenu, après une séance sur le divan, il m'invita à m'asseoir face à lui.

« Un contrôle, me précisa-t-il, ça se fait en face à face. »

Après quelques minutes d'angoisse où je percevais en chacun de mes mots la nullité de mon propos et de ma compétence d'analyste, Lacan, paraissant jusque-là lire une feuille posée sur son bureau, m'interrompit par ce simple conseil :

« Ne forcez jamais les choses, laissez-les venir. »

Puis il ajouta :

« Pour le contrôle, je prends des honoraires doubles. »

Le prix de mes séances ayant depuis été porté à deux cents francs, je me trouvais ainsi délesté en quelques minutes de six cents francs, véritable coup de massue qui me laissa groggy sur le palier de son cabinet. Je ne lui avais plus, à partir de ce jour, demandé de nouvelle séance de contrôle.

Mais le choix du sujet de ma thèse était chose trop importante pour ne pas accepter un nouveau sacrifice financier.

« La fin de mes études médicales approche, lui dis-je un jour en le quittant, j'aimerais vous parler en contrôle du sujet de ma thèse.

– Volontiers, nous en parlerons demain, après votre séance. »

Le ton était aimable. Peut-être pouvait-on y déceler quelque chose de cette satisfaction que l'artisan éprouve quand sa tâche est sur le point de se conclure.

Le lendemain, pendant le temps bref et infini de ma séance, moment hors du temps, je ne pensai qu'à une chose, à l'entretien en face à face qui allait la suivre.

Lacan m'arrêta brutalement. Il semblait courroucé.

« A demain !

– N'étions-nous pas convenus de parler du sujet de ma thèse ? »

Il émit son grognement d'ours furieux dont j'avais appris à déchiffrer le sens : « inutile d'insister ! » et se dirigeait déjà de son pas traînant de vieil homme vers la salle d'attente où se pressaient plusieurs patients.

Je restai de longues heures abasourdi, atterré. Pourquoi une attitude si méprisante ? Pourquoi ce brutal changement ? La totale confiance que je lui faisais – excessive, à coup sûr, mais elle me permit d'avancer en d'impossibles gageures – exigeait une explication.

Le soir venu, je rentrai à Sarcelles. Je repensais à ma passion nouvelle pour le Talmud. Les quelques cours et sermons, grappillés ici ou là, ne me suffisaient plus. J'aurais aimé passer quelques mois dans une *yéchiva,* une école talmudique où, du soir au matin, on s'immergeait dans les grands textes hébraïques. Bien évidemment, mes études de médecine, ma thèse m'en empêchaient. Je ne pouvais pas en même temps préparer cette thèse et étudier intensément le Talmud.

Soudain, ce fut comme une illumination. La chose était bien sûr possible, nécessaire même. Il suffisait que mon sujet de thèse portât sur le Talmud, ce qu'il disait des maladies mentales, une thèse d'histoire de la médecine, en somme, une archéologie du savoir. Je compris en même temps pourquoi Lacan m'avait rabroué. Il avait probablement deviné en quelle direction j'orientais mes pas et, en s'interposant, il me forçait à en prendre une autre, celle précisément que je désirais sans oser me l'avouer.

Mais par quel moyen, avec mon ignorance du Talmud, réaliser un projet aussi vaste qui nécessitait l'examen de soixante-deux traités ? Avec l'aide du rabbin Raphaël Israël. Encore fallait-il qu'il veuille bien accepter une charge aussi lourde. Sans perdre une minute, je lui téléphonai, lui présentai mon projet et ma demande d'aide. Le cher homme accepta sans délai.

Je me souviens avec une étonnante précision du moment où se produisit cette épiphanie, comme si les aiguilles d'une mystérieuse horloge s'étaient arrêtées là : vingt et une heures quarante. Par contre la date en est floue, un soir de février 1975.

Je me rendis à ma séance du lendemain, plein d'une excitation légère et joyeuse. J'annonçai à Lacan l'abandon de ma première idée de thèse et le nouveau projet où je m'engageais.

« Mais c'est ça ! » lança-t-il en se relevant pour marquer la fin de la séance.

Il me souriait et cette fois j'eus droit à l'amicale poignée de main des jours importants. Le grand archer avait atteint sa cible. Les moyens qu'il employait pour dévoiler à un sujet ce que celui-ci désire secrètement sans parvenir à se l'avouer me resteront à jamais mystérieux. Du grand art.

Il se confirmait, de surcroît, que Lacan, à sa manière, avait tenu parole. Nous avions bien parlé au jour convenu de ma thèse, même si notre entretien se

299

résumait à un grognement, mais tellement plus efficace qu'un long discours.

Semaine après semaine, désormais, je me rendais chez mon rabbin qui avait préalablement criblé un traité talmudique de ses références à la question de la folie. J'enregistrais ses paroles sur magnétophone puis, rentré chez moi, je réécoutais l'enregistrement, le traité talmudique sous les yeux, puis transcrivais ce que j'avais entendu. Ma connaissance de l'hébreu progressait, soutenue par des cours d'hébreu moderne, si proche de l'hébreu de la *Michna* talmudique, que je prenais.

Un phénomène inattendu se produisit bientôt. Je constatai en effet que mon rabbin débordait largement le sujet que je lui avais soumis. Il relevait tout ce qui dans le Talmud lui paraissait piquant, suggestif, si bien que le volume de mes notes devenait impressionnant. Je lui en fis la remarque. En vain. Je compris alors que j'avais déclenché chez cet homme une opération mystérieuse, un parcours subjectif personnel et je décidai de lui laisser carte blanche.

Cette collaboration dura plus d'un an et la totalité du Talmud de Babylone, le plus important des deux Talmud, fut ainsi examinée. Parallèlement, je parcourais seul la traduction française du Talmud de Jérusalem, ainsi que les traductions de certains traités du Talmud de Babylone qui commençaient à paraître. Je lisais aussi tout ce qui me tombait sous la main concernant le *Midrash*, dont rien n'avait alors été traduit.

Comment, après avoir vécu de telles expériences, avoir été le témoin et l'aveugle agent d'incroyables coups de jeu d'échecs, de stratégies si raffinées, douter de l'existence de cette mystérieuse instance nommée par Freud *inconscient* ? Avec le recul, je découvre combien ma provisoire installation à Sarcelles procédait d'une complexe stratégie où se mêlèrent les processus de conversion et l'élaboration de ma thèse qui deviendra l'ouvrage *L'Enfant illégitime. Sources talmudiques de la psychanalyse*, pierre d'angle de mon destin d'analyste. Ces objectifs atteints, cette ingrate banlieue me deviendra insupportable et je n'y demeurerai pas un mois de plus.

Notre travail sur le Talmud avait suscité de l'amitié entre R. Israël et moi-même. Il connaissait ma situation familiale. Il invita ma femme à le rencontrer, ce qu'elle accepta.

Elle opposait toujours, en apparence du moins, le même refus catégorique d'une conversion. Je ne percevais pas, dans mon inconfortable vie quotidienne, les fissures qui apparaissaient derrière ce masque.

Pourquoi ne pas engager le processus de conversion qui consiste à s'initier aux rites du judaïsme, à ses textes ? La chose n'est-elle pas intéressante en soi ? Libre à elle, en fin de parcours, d'accepter ou de refuser le rite de la conversion. Tel fut le discours amical et subtil que lui tint R. Israël, mais aussi ma famille, mon père surtout, lequel, depuis le premier jour, avait pour ma femme une grande affection. Elle accepta en prévenant que cela ne l'engageait pas.

Le grand rabbin Ernest Guggenheim la reçut, courtoisement mais froidement.

« Un long processus vous attend et je ne vous garantis pas, au bout, la conversion.

– Moi-même je ne la souhaite pas. »

Sur de telles bases, les choses étaient plutôt mal engagées.

On la confia néanmoins au tutorat, bienveillant et compréhensif, de Mme H., femme d'un autre grand rabbin mais aussi notre voisine.

Mon intérêt volcanique pour le judaïsme ne pouvait longtemps rester cantonné à des considérations théoriques, documentaires. Une force violente, contre laquelle je tentais de résister, me poussait à renouer avec la pratique religieuse, avec les rites alimentaires mosaïques. Je repris le chemin de la synagogue. Je consommai des azymes pour la fête de Pâque, je jeûnai le jour de Kippour. A chaque pas fait dans cette direction, A. manifestait son opposition ouverte ou larvée. La vie à deux, déjà difficile, devenait chaque jour plus insupportable.

Pour les vacances d'été, je décidai de réaliser mon rêve du moment, séjourner seul dans une *yéchiva,* la plus orthodoxe possible, celle d'Aix-les-Bains, avant de passer en famille une semaine de vacances en Corse.

Dès mon arrivée en cette école talmudique, je fus plongé dans un bain de judaïsme et d'étude. Levé aux aurores, couché à minuit, la journée se partageait entre les moments de ferventes prières et les longues heures d'étude intensive. Cette expérience spirituelle, cette passion collective pour l'étude, m'enivra jusqu'au vertige. Je fus particulièrement touché par la modestie et la spiritualité de Yona, un jeune homme à qui le maître de la *yéchiva* me confia afin de m'initier, une demi-heure chaque matin, au texte du Midrash.

Je fus aussi pris en charge par un étrange et attachant personnage, le rabbin Besançon, un adepte du hassidisme de R. Nachman, de Breslav et de... Chagall. Le jour de mon arrivée, il m'entraîna dans une longue promenade et pendant des heures me fit un long discours sur la foi, sur les contes de R. Nachman, sur sa propre histoire. Fils d'une mère juive qui lui avait caché ses origines, il fut, un jour de son enfance, bouleversé par un tableau de Chagall représentant un rabbin. « J'aimerais ressembler à cet homme », dit-il à sa mère. Celle-ci s'effondra en larmes et lui avoua ses origines : « Tu es juif toi aussi ! »

Je fis dans cette école la pittoresque rencontre de Mme Blau. On la disait ancienne danseuse à Pigalle, puis, touchée par la grâce, elle s'était convertie au judaïsme et était devenue l'épouse du rabbin Blau, le chef de file des Naturei Karta, une branche de l'orthodoxie violemment antisioniste et pro-palestinienne. Un membre de ce groupe n'avait-il pas un jour jeté une bombe dans l'enceinte du parlement israélien ? Au demeurant, tous les rabbins de cette école juive étaient, à des degrés divers, hostiles à l'Etat d'Israël. Mme Blau était accompagnée de deux jeunes Russes, des marins, qu'elle voulait placer, en asile provisoire, dans la *yéchiva* :

« Je les ai arrachés aux griffes d'Amalek ! » disait-elle.

Amalek, dans la tradition, désigne l'ennemi mortel

du peuple juif. J'imaginai donc qu'elle avait aidé les deux jeunes gens à déserter la marine soviétique. Je me trompais. Amalek, c'était l'Etat d'Israël et nos deux jeunes marins russes des soldats de l'armée israélienne où, nouveaux immigrants, ils étaient depuis peu incorporés. Je ne comprenais pas alors comment des juifs pouvaient à ce point haïr l'Etat d'Israël. Depuis, hélas ! les événements m'ont permis de saisir que cette position avait sa pertinence.

Placé dans cet étrange chaudron, j'aurais pu, et je fus un moment tenté de le faire, tout abandonner et basculer dans le camp de l'ultra-orthodoxie. Lacan, toujours présent en mon esprit, sut, durant tous ces mois, avec tact et adresse m'éviter cette nouvelle embardée. Il insistera ainsi pour que je vienne à ma séance du jour de Kippour. Ce que je fis, quittant la synagogue à l'heure de ma séance, respectant jusqu'au bout notre règle du jeu.

Aux derniers jours de ma présence à Aix-les-Bains, ma femme et mes enfants me retrouvèrent afin qu'ensemble nous rejoignions la Corse. J'essayai de lui communiquer quelque chose de l'intensité de mon expérience. En vain.

« Ces gens vivent hors du monde, me dit-elle avec pertinence, leur foi est une forme de fanatisme. »

Je ne pouvais alors l'entendre. Un de mes maîtres de la *yéchiva* m'avait dit un jour : des enfants à qui vous ne pouvez pas transmettre votre judaïsme sont-ils vraiment vos enfants ? Cette remarque me déchirait. Tout ce bouleversement autour du judaïsme tournait autour de la question, si problématique pour moi, de la filiation et de la paternité.

Cette ombre plana sur nos vacances en Corse. La xénophobie de la population m'irrita profondément, mais surtout le séjour à Aix-les-Bains avait creusé entre A. et moi un véritable gouffre. Il fallait désormais se résigner à notre séparation.

De retour à Paris après ces maussades vacances, je trouvai un petit meublé bon marché, non loin de Barbès, et m'y installai, avec des meubles vieillots et sans charme, dans des murs d'une infinie tristesse. Je respectais désormais dans toute leur rigueur les pratiques religieuses juives, je mangeais cacher, je priais quotidiennement avec les *tefilin* tout neufs que je venais d'acheter. Plus d'une fois, des sanglots me nouaient la gorge au milieu de ma psalmodie, vague de nostalgie pour mon enfance reniée, pour cet amour de Dieu au plus profond de mon être et que, férocement, j'avais voulu méconnaître. Qu'avais-je fait de ma vie ? Dans quelles impasses m'étais-je fourvoyé ? J'étais semblable à Jonas que le monstre marin venait de vomir sur la terre ferme.

Au jeûne de Kippour, le récit du sacrifice d'Isaac me bouleversa jusqu'aux larmes. *Portez ces cendres à ma mère*, disait la mélopée, *et dites-lui : ceci est le parfum de ton fils sacrifié.*

La séparation d'avec mes enfants m'était particulièrement douloureuse, comme l'était, méconnue, celle d'avec ma femme, avec cet amour refusé, excessif, fusionnel, dont il fallait faire le deuil. La tragédie de mon couple n'était rien d'autre que celle de l'Œdipe.

*

Mes études médicales, ma formation d'analyste se poursuivaient à travers ces orages et, mystérieusement, sans accroc. Après le stage en psychiatrie, je choisis le service de cancérologie de l'hôpital Tenon. De nouveau, je décidai de me confronter aux aspects les plus extrêmes de la médecine. Ce stage fut effectivement éprouvant. Se trouver un matin devant le lit vide d'un malade que l'on avait écouté, soigné, aimé est une terrible épreuve. Après un mois dans le service du Pr Laugier, je connus une véritable petite dépression avec son cortège d'insomnie, de prostration, de sanglots. Puis cette dépression me quitta et je pus accomplir mes tâches quotidiennes d'externe avec l'indispensable recul.

Mon séjour en cancérologie fut essentiel à ma formation. J'y appris la vanité de « la vérité dite aux malades », fantasme de bien-portants. Comment, d'ailleurs, cette vérité pouvait-elle être ignorée de ces patients que l'on conduisait en radiothérapie, qui perdaient leurs cheveux sous l'effet de certains médicaments. Et pourtant...

Je me souviens d'un architecte, sympathique quadragénaire atteint d'une forme grave de cancer du poumon. Sa compagne, fidèle au principe ci-dessus, lui avait donné à lire le compte rendu des analyses : *cancer carcinoïde à petites cellules*. Habitant sur la place de l'Odéon, face aux librairies médicales, il n'eut aucune difficulté à se procurer un ouvrage traitant de ce mal et à y lire son sort funeste. Le choc fut terrible, insoutenable. L'équipe médicale fut contrainte d'inventer un pieux mensonge. Une erreur de classement avait permuté deux dossiers. Lui ne souffrait que d'une mauvaise bronchite, d'une mauvaise grippe compliquée. Il crut en ce grossier mensonge et son moral se rétablit. Il put désormais subir chimiothérapie, radiothérapie, injections de morphine, avec la conviction qu'il s'agissait du traitement d'une grippe.

Ce mensonge me paraissait insupportable. Un jour où il me reparla de sa « bronchite », j'émis un grognement. Croyait-il vraiment qu'il s'agissait de cela ?

A peine eus-je quitté sa chambre que mon malade demanda à voir le chef du service. Il voulait se plaindre de mes inepties. Je fus bientôt convoqué par le patron :

« Qu'avez-vous dit à notre architecte ?

– J'ai essayé de lui dire un peu de vérité.

– Mais mon pauvre ami, cette vérité il la connaît tout entière ! Comment voulez-vous qu'il puisse vivre le temps qui lui reste avec elle ? »

J'aimais bien Laugier, contrairement à la plupart des autres étudiants. Je décelais en lui une véritable humanité derrière son mauvais caractère. Le « savon » fut plutôt un conseil et l'interdiction de m'occuper désormais de l'architecte. Le malheureux nous quitta quelques semaines plus tard.

Je fus témoin, dans ce service, d'une autre hypocrisie, celle de l'euthanasie. Ici comme ailleurs, aucune loi n'est nécessaire pour abréger la souffrance incontrôlable. Je me souviens de cette femme courageuse – les femmes m'ont paru au cours de ce stage affronter la mort avec plus de courage que les hommes – interpellant un jour le patron :

« Laugier, vous m'avez promis de ne pas me laisser souffrir inutilement.

– Ma chère, je vous l'ai promis et je tiendrai ma promesse. Quand ce sera au-delà des moyens de notre médecine, je vous aiderai. »

Et il l'aida en effet, quand tout traitement devint inutile et sa souffrance insupportable.

Je me suis ainsi forgé la conviction que l'euthanasie *légale* était une abjection, le moyen de couvrir certaines pratiques, comme celle dont je fus témoin en neurologie.

Après ces six mois éprouvants en cancérologie, je pus choisir pour mon avant-dernier stage d'externe, et désormais en sixième année de médecine, la dernière de mes études théoriques, la consultation de l'hôpital Tenon. On confiait aux stagiaires leurs premières véritables responsabilités de médecin. Nous recevions les patients, prescrivions examens complémentaires et traitement. Devant un cas difficile, ou un doute sur la conduite à tenir, nous en référions aux médecins confirmés du service. J'appris ainsi concrètement la médecine générale, médecine de chaque jour. L'angoissante atmosphère de mon précédent stage, où j'avais fini par croire le monde entier atteint de cancer, s'était dissipée. Durant ces six mois, je ne vis aucun cas du terrible mal, cette folie du biologique.

Je poursuivais aussi activement la préparation de ma thèse avec la précieuse collaboration de R. Israël. Entre deux pages de Talmud, il nous arrivait d'évoquer ma situation familiale. Paradoxalement, lui, l'orthodoxe, ne blâmait pas le refus obstiné de ma femme. Il éprouvait même pour elle, avec plus de lucidité que je n'en avais, une profonde sympathie. Il me conseillait la patience.

Et l'inattendu, en effet, se produisit. Au moment où je n'y croyais plus, A. céda. Mes enfants jouèrent un rôle décisif en ce revirement.

« Tu n'es pas logique, lui dit un jour mon cadet. Tu as épousé un juif, tes enfants veulent être juifs. Comment notre famille peut-elle tenir si chacun vit à sa manière ? »

A. demanda sa conversion et l'obtint. Sans l'avoir consciemment organisée, j'avais rassemblé autour de moi des appuis influents et leur avis fut décisif.

La cérémonie de conversion fut particulièrement émouvante. Ma mère assistait ma femme tandis que j'étais présent à celle de mes trois enfants. Tous les trois nus dans le *mikvé*, le bassin rituel, avec mon dernier dont la tête seule dépassait au-dessus de l'eau, devaient à tour de rôle prononcer en français la phrase rituelle : « Je désire entrer dans la loi de Moïse » avant de s'immerger à trois reprises dans l'eau tiède. Devant l'acte d'amour filial de ces trois enfants, j'aurais dû éclater en sanglots. Mais la scène me paraissait irréelle !

La sobre cérémonie achevée, je rencontrai le grand rabbin Ernest Guggenheim, qui en toute cette affaire joua un rôle discret mais déterminant.

« Nous allons pouvoir désormais procéder au *mariage*. »

Je crus à un lapsus de sa part.

« Vous voulez dire à la *bar mitzva* de mes deux aînés.

– Non, au mariage, à *votre* mariage ! »

Je restai quelques minutes sans voix. A. et moi avions déjà connu deux mariages. Un premier, religieux, que le rabbinat officiel refusait de reconnaître, mais qui s'était déroulé devant ma famille, dans les règles de l'art. Puis notre mariage civil quelques mois plus tard. Voilà qu'il fallait une nouvelle cérémonie. Encore heureux qu'on n'ait pas demandé une nouvelle circoncision à nos enfants. Mais le premier moment de surprise passé, l'idée me plut et bientôt je ressentis une vraie joie, inattendue, de plus en plus intense. J'en parlai à Lacan.

« C'est tout à fait légitime ! » me répondit-il.

Je m'appliquai à respecter tous les préceptes d'une noce juive, y compris ma propre immersion dans le bain rituel. Ce bain me laissa une étrange impression de légèreté, de bonheur, flottant dans le liquide tiède, entre deux eaux, dans la solitude et le silence, comme une renaissance.

Le mariage eut lieu au début de l'été, dans la synagogue de Sarcelles, devant les plus hautes autorités rabbiniques du lieu, toutes plus orthodoxes les unes que les autres. Je ne voulais pas que la régularité de ce mariage puisse être mise en question par qui que ce soit. Je désirais aussi que ce mariage soit un vrai mariage, et nous donnâmes une petite réception dans notre appartement qui se trouva rempli de monde et de musique. Il y eut même quelques cadeaux, ce que nous n'avions pas connu à nos précédents mariages qui avaient été si tristes, si gris. Je vivais ainsi pour la première fois une plénitude conjugale qui m'avait toujours fui. Tous nos efforts, dans leur inhumaine cruauté, n'avaient pas été vains.

De surcroît, ce bonheur ne venait pas seul. Quelques semaines auparavant je reçus un coup de fil d'un collègue de l'Ecole, le Dr Lauff, qui dirigeait un service à l'hôpital psychiatrique de La Queue-en-Brie. Lauff recherchait un étudiant en fin d'études pour tenir une place d'interne dans son service. En principe, on ne pouvait occuper une telle fonction que la sixième année révolue et il me manquait encore d'avoir accompli un dernier stage de six mois. Lauff demanda une dispense en ma faveur et l'obtint.

Cette proposition était une aubaine. J'allais désormais avoir un véritable petit salaire auquel s'ajoutaient de nombreuses vacations. J'émergeais enfin de ma misère, l'horizon s'éclaircissait et je pouvais désormais envisager l'équilibre de mon budget.

Je me lançai dans ma nouvelle fonction avec toute la fougue du néophyte, si longtemps bridée. N'ayant pas passé le concours de l'internat, je devais nécessairement me contenter du pavillon le plus ingrat, répondant au prestigieux nom de Paracelse, où l'on avait regroupé les cas les plus graves, psychotiques depuis l'enfance, mongoliens, maladies neurologiques graves, grabataires. C'était un poste dont, en vérité, personne ne voulait.

Je décidai de rechausser mes « bottes d'agronome »,

comme autrefois en Haute-Volta, confronté à la stérilité du plateau mossi. Il s'agissait de s'occuper vraiment de ces pauvres malades, plus ou moins abandonnés à leur sort désespéré, mais aussi des infirmiers découragés, d'ouvrir des perspectives aux moins atteints. Je parvins à insuffler de l'enthousiasme à plusieurs membres de l'équipe. Après un éreintant travail de soins corporels, de psychothérapie, de réunions avec les parents que l'on ne convoquait plus, nous parvînmes à réinsérer quelques-uns de nos malades dans des structures de type CAT (Centre d'aide par le travail). La morne torpeur qui pesait sur ce lieu oublié de Dieu et des hommes retrouva quelque dynamisme. Je découvris aussi que le travail en psychiatrie, ce défi à la psychose, n'était pas sans danger. En mobilisant les forces de l'équipe, je suscitai aussi des orages passionnels, transférentiels, qui échappèrent à mon contrôle.

Ces premiers résultats justifièrent que mon contrat soit prolongé de six mois. En même temps s'achevait le cycle de mes études médicales théoriques. Je pouvais désormais remplacer un collègue, faire des gardes, et soutenir les deux épreuves conclusives qui me conféreraient le titre de médecin. La première consistait en un examen récapitulatif que nous appelions « les cliniques ». Le succès à cet examen me donnait le droit de passer ma thèse.

Mais déjà, comme toujours, sans comprendre le sens de mes actes qui ne m'apparaîtra qu'après coup, j'étais de nouveau en mouvement.

Quelques jours seulement après la cérémonie du mariage, je décidai, à la grande satisfaction de ma femme, de quitter Sarcelles. Les deux années que j'y avais passées avaient épuisé la fonction du lieu : réussir ma greffe et celle de ma descendance sur le tronc dont je m'étais arraché, celui du judaïsme, rassembler les matériaux de ma thèse sur le Talmud que je n'aurais jamais pu mener sans l'aide de mon rabbin. L'inconscient, ce prodigieux calculateur, me poussait désormais vers d'autres horizons.

Lacan avait su déclencher, puis accompagner, cette lame de fond, sans jamais y faire obstacle, mais en maintenant le cadre précis de la cure. Combien d'analystes auraient tremblé devant une telle métamorphose et ses risques de dérapage ?

Je traversais une période faste où mes entreprises possédaient cette étrange grâce de la réussite. Une aubaine : on me proposa, pour un loyer curieusement bas, un très grand appartement dans le XVIᵉ arrondissement, rue Lauriston. J'ignorais la sinistre réputation historique de cette rue où, pendant la guerre, des miliciens français avaient installé dans un hôtel particulier leur quartier général... On y avait volé, torturé, tué des juifs. Cette information que je reçus bientôt me fit hésiter. Finalement, je décidai de ne pas en tenir compte. En renonçant à cette belle occasion, j'aurais accordé à ces nazis et à leurs complices qui nous avaient empoisonné l'existence, quarante ans plus tard, une satisfaction supplémentaire.

Après quelques brèves vacances passées en Italie, je m'installai dans mon nouvel et bel appartement où mes quelques meubles semblaient flotter dans tant d'espace. Ce serait à la fois mon logement et mon cabinet et je mis fin du même coup à mes activités au cabinet de mon frère. La page sarcelloise se trouvait ainsi complètement tournée.

Je repris ma place d'interne à l'hôpital de La Queue-en-Brie, mes vacations en dispensaire, et bientôt, l'épreuve des « cliniques » franchie, mes remplacements de médecin généraliste. J'étais presque médecin.

La « leucémie » du Dr Lacan

Comment devient-on psychanalyste ? Pourquoi l'idée vient-elle à quelqu'un d'occuper cette place ? Telle fut la grande question que Lacan posa à ceux qui déclaraient suivre son enseignement. Il en attendait un témoignage sur ce moment pivot, qu'il appela *la passe*, témoignage qui enrichirait et renouvellerait la théorie analytique.

Quelques années plus tard, à proximité d'une fin qu'il connaissait et qu'il avait voulue telle, en refusant de faire opérer son cancer, au moment de dissoudre son Ecole, il déclara n'avoir reçu témoignage qui vaille d'aucun impétrant. Au mirage de *la passe,* faudrait-il substituer le terme *l'apasse*, concept d'une impossible expérience à laquelle je me soumis en son temps.

La formation que l'on pouvait acquérir auprès de Lacan, du moins telle que je l'ai vécue, était d'une complexité et d'une richesse inconcevables aujourd'hui.

En premier lieu, il y eut cette expérience sans laquelle rien d'autre ne serait advenu : ma propre analyse. Avec son infernale scansion quotidienne, elle opéra un bouleversement aussi bien en ma subjectivité qu'en mon existence la plus concrète. J'en acquis la conviction qu'une subjectivité inconsciente active, qui calcule et élabore des stratagèmes pour parvenir à ses fins, agissait sous le masque de ma conscience. Je fis l'expérience de multiples affects qui accompagnent l'émergence de cette pensée, subjectivité inconsciente que je retrouverai chez mes patients.

Ces séances de quelques minutes, réduites souvent à quelques secondes, se transformaient parfois en fulgurances qui bouleversaient le médiocre clapotis de mes pensées. Je m'efforçais, en ces brefs instants, de confier ma misère quotidienne, ma relation conjugale, insupportable par suite d'un attachement excessif, l'inguérissable conflit avec mon père, mes moments de dépression, ma propre difficulté à être père.

Mais, au-delà de cette longue et assommante plainte, une autre volonté cherchait sa voie, une ambition, essentiellement intellectuelle. Je voulais que la découverte fondamentale de Freud, à savoir le complexe d'Œdipe, ne soit pas pour moi un ouï-dire culturel, un savoir livresque, mais une expérience vécue. J'étais en somme dans la position de Job qui ne pouvait plus se contenter d'une foi en Dieu transmise par la tradition et qui désirait une radicale et directe redécouverte de Dieu.

Cette obsédante volonté recouvrait le désir de produire à mon tour du nouveau, de la théorie encore jamais articulée, de l'inouï, désir au cœur des trois ou quatre ouvrages que j'ai commis depuis.

J'étais particulièrement agacé par le concept d'objet *a* dont Lacan disait qu'il était sa seule trouvaille. On ne cessait dans les cercles lacaniens de répéter ces mots : *objet a, objet a...* sans que l'on sache jamais de quoi il retournait précisément. En quoi différait-il des objets pulsionnels définis par Freud, le sein, l'excrément, le regard ? C'était le vase du Graal que personne n'avait jamais vu et que tout le monde invoquait. Je fus un jour, le temps d'un week-end, saisi du violent désir d'en avoir le cœur net. Fébrilement, je rassemblai différents textes où Lacan paraissait définir ce concept et je les « superposai » mentalement, c'est-à-dire que je tentai d'en découper la partie commune. Je découvris que cette opération logique ne donnait... rien. Il n'y avait pas de partie commune. J'en déduisis que l'objet *a*, c'est le *rien*. Ce fut une sorte d'épiphanie comme j'en connus quelques-unes au cours de mon analyse.

Le lendemain, je portai tout fumant sur le divan « cet enfant d'une nuit d'Idumée », ma « superposition » :

« Et alors ? me demanda Lacan en se penchant sur moi et en plongeant son regard dans le mien, comme en une exigence d'aveu :

– C'est le *rien* !

– Excellent ! »

J'eus droit à la longue poignée de main qui ponctuait mes avancées. Mais j'aurais surtout la satisfaction, quelques mois plus tard, de lire dans un de ses textes qu'il adjoignait à la série des quatre objets : mamelon, scybale, regard, voix, dont l'ensemble formait l'objet *a*, un cinquième terme, le *rien*, ce rien précisément au cœur, selon lui, du désir de l'anorexique mentale.

Au second niveau de ma formation, il y avait son séminaire, cette apparente grande messe absconse, qui fut pour moi un formidable stimulant intellectuel. C'est là que je pris goût à la philosophie, aux ouvrages de Platon principalement, mais aussi à Aristote, à Kant et Hegel, à l'anthropologie, à la logique mathématique, à la topologie (je suivis pendant plusieurs années le cours de Michel Soury), à Joyce. Sans doute ce goût préexistait-il en moi, mais en puissance et non en acte. Comment cette transformation aurait-elle pu spontanément s'opérer alors que je débarquais de mes rizières casamançaises ? J'avais un tel retard à combler et si peu de temps.

Je n'ai aucun doute sur ce point : mon analyse avec Lacan me métamorphosa. Je lui en fis un jour l'aveu :

« Il n'y a désormais aucun élément de mon existence, de ma pensée, qui n'ait été élaboré auprès de vous, qui ne trouve sa racine dans notre dialogue. Vous avez été pour moi, dans le transfert, mon père et ma mère à la fois. »

Il acquiesça.

Ma formation comportait un troisième étage : le contrôle. J'ai précédemment fait état de ce passage obligé pour tout analyste débutant – mais aussi pour un analyste confirmé rencontrant une difficulté ou souhaitant élargir son approche clinique : soumettre pour avis certaines des cures qu'il conduit à un confrère expérimenté.

C'est auprès de Lacan, en un acte hautement symbolique par lequel il me reconnaissait comme analyste,
que j'eus ma première séance de contrôle. Mais cet
acte se révéla ruineux, au-delà de mes moyens financiers. Je cherchai donc auprès d'un de ses élèves
confirmés ce soutien à mes premiers pas. Et pourquoi
ne pas essayer une analyste femme ? Mon choix se
porta sur Ginette Raimbault, une des gloires de l'Ecole,
qui accepta de me recevoir dans son luxueux appartement à proximité des Champs-Elysées. Curieusement,
le cabinet de Lacan, qui renfermait pourtant de beaux
objets, m'apparut soudain dans son austère sobriété.
Là, par contre, je me retrouvais entre commodes et
fauteuils Louis XV, dans le cabinet d'un analyste qui
avait réussi. Le plébéien qui ne sommeille jamais en
moi s'en trouva gêné, gêne que l'accueil de la dame
analyste ne dissipa aucunement, loin de là. J'étais
plutôt glacé devant cette personne au masque impas-
sible, quasi muette. Elle accepta de me prendre en
contrôle, m'indiqua ses horaires. Après tout, le peu
d'agrément du premier contact pouvait peut-être, ultérieurement, quand nous entrerions dans le vif du sujet,
laisser place à un peu de chaleur. Je me rendis donc
au deuxième rendez-vous. Mais plus je parlais, plus je
me sentais étranger à ce lieu, à cette relation. Le courant ne passait décidément pas. Au troisième rendez-
vous j'annonçai que je ne reviendrais plus. La dame
ne me posa aucune question, ne chercha à dissiper
aucun malentendu, ni à analyser cette situation. Elle
m'opposait toujours le même masque de cire. Pour
certains analystes, c'est ça la psychanalyse. Au nom

de je ne sais quelle fumeuse conception du désir ou de la neutralité. Je repartis comme j'étais venu. Lacan m'avait accoutumé à un autre mode de relation. Je lui annonçai le lendemain que j'avais mis fin à l'insupportable exercice. « Je suis d'accord avec vous. »

Cet accord me surprit. Une fois de plus, dans un différend avec l'un de ses élèves, c'est mon parti qu'il prenait. Lacan n'aimait décidément plus ses élèves.

Les mois passèrent sans que je tente à nouveau l'expérience du contrôle.

Je me trouvais encore à Sarcelles quand je rencontrai une grave difficulté dans ma pratique. J'avais pris en analyse un adulte, un quadragénaire, bien connu des services psychiatriques de la région, marié et père de trois enfants. Il présentait un tableau clinique complexe où les plaintes somatiques se mêlaient à des troubles de l'humeur. Cet homme me fut sympathique et le début de sa cure produisit des effets si spectaculaires que le responsable du secteur psychiatrique me téléphona. Après avoir fait l'éloge de mon travail, il me demanda de le rencontrer. Cette démarche ne pouvait que me toucher dans ma quête de reconnaissance.

Seulement, au bout de quelques mois, ce patient miraculé, qui avait repris son travail et même créé une petite entreprise de transport, révéla le ressort de sa métamorphose : il avait construit un véritable délire amoureux autour de ma personne, il entendait sans cesse ma voix qui le guidait dans le moindre acte de sa vie. Et bientôt le château de cartes s'effondra. J'avais cru avoir affaire à un de ces cas d'« hystérie masculine » dont certains analystes font leur gourmandise, monstre du Loch Ness que beaucoup croient avoir rencontré. Freud dans ses premiers travaux, qui ne donneront lieu à aucun développement ultérieur, parlait, lui, d'hystérie *traumatique* masculine. A la suite d'un accident, alors que l'organe blessé se trouve guéri, le sujet continue à souffrir de cet organe.

Mon patient, en tout cas, était bel et bien psychotique. Il envahissait le cabinet à n'importe quel moment, hurlait, se roulait par terre. La situation devenait intenable, non seulement pour moi, mais pour les autres médecins qui partageaient le cabinet.

J'en parlai à Lacan et lui demandai son aide.

« Où en êtes-vous de vos contrôles ? me lança-t-il furieux.

– Je n'en ai pas. J'aimerais le reprendre avec vous. »

Il émit son fameux grognement qui m'invitait à aller voir ailleurs. Le soir même je téléphonai à Claude Conté que Lacan, je le savais, estimait particulièrement. Après un moment de réticence, Conté accepta ma demande et me reçut. Cette fois-ci, malgré la distance nécessaire à ce genre de travail, je ressentis une certaine chaleur dans l'accueil. J'étais pris en charge et soutenu en ce début de pratique si balbutiant et maladroit. C'est avec Conté que j'appris concrètement mon métier, apprentissage qui impliquait la fin de ma fascination pour les séances brèves de Lacan. Désormais, je prenais le temps d'écouter, de comprendre et je constatai bientôt que les personnes qui venaient me consulter restaient plutôt que de s'enfuir. Au bout de quelques mois, Conté lui-même m'adressa des patients, toujours d'un grand intérêt. Hélas, après la mort de Lacan, dans les convulsions qui suivirent cette disparition, cet homme que j'estimais s'effondra et connut une fin tragique.

La polyphonie instaurée par Lacan pour la mise en orbite d'un nouvel analyste comportait bien d'autres portées qui avaient pour cadre l'Ecole.

Des analystes chevronnés tenaient séminaire et j'ai suivi plusieurs d'entre eux. D'abord celui de Melman sur les textes de Lacan, jusqu'à notre brouille, celui de Conté portant sur les textes de Freud traitant particulièrement de la pulsion sexuelle.

Je participai également à plusieurs petits groupes de travail nommés *cartels*. L'un d'entre eux laissa en moi, pour de multiples raisons, une profonde empreinte. Une collègue, Marie Albertini, avait invité cinq personnes à travailler avec elle sur le séminaire de Lacan *L'Identification* dont le thème était proposé à un congrès de l'Ecole qui devait se tenir à Lille, deux ans plus tard.

Dans de tels groupes, les échanges ne restent pas longtemps cantonnés aux questions théoriques. Des amitiés, des inimitiés se nouent et se dénouent. Des sentiments plus intenses naissent parfois. Ce qui m'arriva. C'est dans ce cartel que je rencontrai une jeune femme, A.D., qui joua un rôle important et positif dans mon existence d'alors.

La tendresse qui nous lia se mua rapidement en amitié. A.D. avait conçu un curieux projet me concernant, celui d'être mon précepteur en bonnes manières. Mon mauvais caractère, ma personnalité hérissée de piquants et de maladresses, mes constantes colères contre tout et rien, elle entreprit illico de les polir, avec une réussite sans doute insuffisante, mais réelle. Au bout de quelques mois je devenais sortable. A.D. croyait en moi, me trouvait du talent, malheureusement gâché par cette façade caractérielle peu engageante.

Voici qu'à nouveau l'argent me manquait. Après tant d'années de privations, j'avais commis quelques écarts. Il fallait tout de même meubler mon nouvel appartement. A.D. me prêta de l'argent, m'adressa toutes les personnes qui lui demandaient une adresse, me trouva un poste au dispensaire pour enfants de Montrouge. Plus tard, je lui devrai l'édition de mon premier livre d'analyste, *L'Enfant illégitime*. Elle fut ma bonne fée en ce moment virage de mon existence, celui où ma métamorphose allait trouver son dénouement.

Restaient mes éprouvantes études de médecine. Elles m'ont coûté tant d'efforts et de sacrifices. Je suis pourtant infiniment reconnaissant à Lacan de m'y avoir conduit et encouragé puisque mon titre de médecin sera plus tard la meilleure garantie de mon indépendance à l'égard des coteries d'analystes.

Restait néanmoins un dernier et redoutable obstacle à franchir avant de soutenir ma thèse et d'acquérir le titre salvateur : les « cliniques » que j'évoquais précédemment. Cette épreuve récapitulative de tout ce que nous avions appris en médecine se déroulait tout au long d'une journée. Le matin, un malade était confié au candidat afin que celui-ci l'examine, établisse un dossier où il évoquerait les hypothèses diagnostiques et thérapeutiques les plus pertinentes. Ce travail écrit était, l'après-midi, soutenu devant un jury de cinq ou six professeurs. Il fallait ensuite se soumettre au feu croisé des questions de l'aréopage.

Cet examen me terrorisait déjà par la masse des révisions qu'il fallait entreprendre et l'effort de mémoire qu'il exigeait : toute la médecine ! En cas d'échec, on repassait l'épreuve quatre mois plus tard, autant de fois qu'il le fallait. Cette perspective m'était insupportable, car elle reculait le moment où je pourrais accomplir des remplacements et, surtout, soutenir la thèse libératoire. Il me fallait absolument réussir car j'étais à bout. L'enjeu, comme à la veille du concours de l'Agro, m'inhibait si bien que je différais sans cesse le moment de m'engager à fond dans mes révisions. Il me restait encore deux petites semaines avant la date fatidique, quand se produisit un des phénomènes les plus extraordinaires et les plus étranges de mon analyse.

Un soir, au coucher, j'eus avec A. une de mes habituelles et méchantes querelles. La nuit qui suivit fut particulièrement pénible, partagée entre des rêves agités et des heures d'insomnie.

Aussi, ma séance du lendemain commença-t-elle par ces mots :

« J'ai passé *une de ces nuits* !

– Quoi ? Comment ? *Vous avez la leucémie ?* »

Lacan prononça ces mots comme s'ils avaient été arrachés à la somnolence de son après-midi. Quelle mouche l'avait piqué ? Je n'avais jamais parlé de leucémie ! Je protestai.

« Bon, à demain ! »

Il paraissait bougon et ne me laissa aucune possibilité, ni de rectifier son erreur, ni de raconter cette mauvaise nuit : fin de la séance !

Je partis, atterré. Le vieux avait-il perdu la boule ? Mais très vite, une idée s'insinua en mon esprit, avant de s'imposer comme certitude : *J'ai la leucémie...* comme question qui me serait posée à mes prochaines cliniques. Ma conviction était totale, absolue, folle. Je me procurai non pas un, mais deux manuels d'hématologie, branche de la médecine complexe, difficile mais compacte. Je m'y plongeai avec une curieuse ferveur, en commençant, bien sûr, par les chapitres concernant les différentes leucémies. Puis, emporté par l'intérêt soudain que j'éprouvais pour cette discipline, j'assimilai en quelques jours toute l'hématologie et particulièrement la question des anémies.

Les jours passaient et il ne m'en restait plus que deux ou trois pour rafraîchir mes connaissances sur les quatorze autres branches de la clinique médicale : cardiologie, neurologie, néphrologie, etc., tâche évidemment impossible.

Le matin de l'examen arriva. Les étudiants étaient répartis par groupes de trois. Nous devions consulter un tableau où se trouvait indiqué le service où chacun devait se rendre. Je lus mon nom. On m'adressait au service du Pr Krulik. Le ciel s'effondra. A ma connaissance, le Pr Krulik dirigeait le service de réanimation pour lequel je n'avais aucune compétence. J'avais bien mérité, à cause de ma folie, une telle infortune. Accablé, je me dirigeai malgré tout vers le « bâtiment axial » où se trouvait la réanimation. En cours de route, je croisai d'autres camarades qui passaient eux aussi leurs cliniques :

« Que fais-tu par là ? me demanda l'un d'eux.

– Je vais au service de réa, chez Krulik.

– Qu'est-ce qui te prend ? Krulik, ce n'est pas la réa, c'est l'*hématologie.* »

Etrange méprise. C'était peut-être trop beau pour être vrai d'emblée. J'étais en même temps libéré et pris de vertige. Trois ans auparavant, Krulik nous avait justement donné le cours sur les leucémies. C'est lui qui personnellement m'accueillit et qui me présenta une malade en me demandant de l'examiner. Je le regardai avec un étrange sourire, en essayant de retenir les mots qui venaient à mes lèvres : inutile de l'examiner ! Je sais ce qu'elle a. *Elle a une leucémie !*

Je fis consciencieusement mon examen et je parvins facilement à identifier la forme spécifique de la maladie. Je prescrivis les examens nécessaires, la thérapeutique à envisager et le pronostic, malheureusement peu encourageant, du mal. L'affaire fut assez vite réglée.

Après le déjeuner, j'affrontai le jury. Mon examen se distinguait par la richesse des signes cliniques que j'avais consignés. « Puisque vous êtes si savant, me dit un membre de ce jury, une dame que je savais spécialiste des anémies, que pensez-vous de cette formule sanguine ? »

J'examinai pendant quelques minutes les différents chiffres que j'avais sous les yeux. J'avais rencontré dans un de mes manuels un tableau analogue. Je répondis avec assurance :

« Il s'agit d'une anémie chez un sujet épileptique traité au dihydan [1]. »

L'assistance fut impressionnée. Ce n'était plus de la médecine, semblait-il, mais de la voyance.

« Cher monsieur, vous envisagez certainement de vous orienter vers l'hématologie, me dit la dame professeur.

– Non, madame, je m'oriente vers la psychiatrie. »

Pouvais-je lui confier mon secret au risque d'être immédiatement enfermé dans le pavillon des aliénés ? La fête fut alors gâchée par l'intervention du seul membre du jury qui n'était pas hématologue, mais cancérologue.

« Si vous nous parliez à présent du syndrome de Garcin ? »

Je ne savais à peu près rien de ce syndrome de Garcin, sinon qu'il s'agissait d'un cancer rare. Je n'ai pas rencontré ce signifiant sur le divan, ai-je tout de suite pensé. Je bafouillai quelques instants.

Le jury me demanda alors de me retirer quelques minutes pour statuer sur mon sort. Peu après, on me rappela pour m'annoncer que j'étais reçu, que j'aurais mérité la mention *très bien* si je n'avais pas été aussi médiocre sur le syndrome de Garcin. On m'invitait, en outre, à bien réfléchir sur ma vocation de psychiatre quand l'hématologie me tendait les bras.

Que m'importaient tous ces discours ? J'étais reçu, mes études médicales étaient achevées après six années de souffrance et de privations. Et puis, *j'avais eu la*

---

1. Un des produits utilisés contre l'épilepsie.

leucémie. En toute hâte je me rendis chez Lacan, à qui pendant tout ce temps je n'avais pas osé parler de « mon intuition ». Qu'aurait-il pensé de moi ?

J'arrivai chez lui, tout essoufflé par ma course et mon émotion, et je fus, par hasard, immédiatement admis dans son bureau. Là, sur le divan, je pus enfin laisser exploser en paroles mon agitation intérieure :

« Vous savez, je l'ai bien eue la leucémie, j'ai eu la leucémie à mes cliniques. C'est de la magie ! »

Lacan quitta alors son mutisme pour lâcher ces quelques mots qui me resteront à jamais énigmatiques :

« Il ne s'agit pas de magie, mais de *pure logique.* »

De quelle logique pouvait-il bien s'agir ? Logique du signifiant, certes. Mais c'est dire, comme Molière, que votre fille est muette parce qu'elle ne parle pas. Au moment où j'eus cette sorte d'épiphanie, quinze jours auparavant, ni les sujets n'avaient été choisis, ni les candidats répartis entre les différents services. Et puis, mon analyse n'avait-elle pas ainsi été ponctuée de « coups de magie » ?

Je fis un jour la connaissance, dans la salle d'attente, d'un autre patient, lequel, comme moi, s'était lancé sur le tard dans des études de médecine. Seulement, lui, ne parvenait pas à les boucler. Il ratait ses examens, redoublait et envisageait de les abandonner. Il me vint alors cette idée, cette fois proprement délirante : comment se faisait-il qu'à lui, Lacan n'ait pas soufflé les sujets de ses examens ?

La seule donnée absolument claire de ma trajectoire se trouvait dans la force de mon désir d'aboutir, et peut-être ai-je laissé là une partie de mon énergie vitale.

La réussite aux cliniques leva le dernier obstacle de mes études. Je pouvais désormais remplacer un médecin, ce qui améliora mes revenus, m'inscrire en spécialité psychiatrique, envisager de passer ma thèse, me débarrasser aux approches de la quarantaine de mon humiliant statut d'étudiant attardé.

Mais un chantier était-il à peine bouclé que j'en ouvrais un autre, que je m'engageais dans un nouveau projet. Celui de la fameuse passe cette fois. La procédure de ce témoignage, telle que Lacan l'avait codifiée, consistait à rapporter auprès de deux analystes eux-mêmes en formation – les passeurs – comment et pourquoi j'étais devenu analyste. Dans un deuxième temps, ces passeurs transmettaient mon témoignage, en mon absence, devant un jury dit jury d'agrément. Cette expérience n'était pas totalement désintéressée. La validation de cette passe par le jury conférait au candidat le titre envié d'Analyste de l'Ecole, c'est-à-dire l'appartenance à une élite. On disait l'affaire dangereuse. Certains en avaient été si bouleversés qu'ils avaient mis fin à leurs jours. Cette dernière affirmation me semblait excessive et en tout cas ne m'impressionna pas.

Quand j'informai Lacan de mon projet, il resta profondément silencieux, sans y faire obstacle mais en gardant la plus extrême et apparente neutralité.

Je téléphonai donc à Jean Clavreul, l'analyste ordonnateur de l'étrange cérémonial, qui me donna rendez-vous à son cabinet, place des Vosges. Clavreul était assis près de sa cheminée, distant, tisonnant entre deux bouffées de cigarette la cendre éteinte de l'âtre.

Il finit par me présenter deux enveloppes fripées, renfermant des papiers pliés. J'avais imaginé deux urnes plus dignes. Puis, se ravisant, il retira certains des bouts de papier, en ajouta d'autres. Tout ce manège m'intriguait.

Dans mon incurable naïveté, je pensais qu'au-delà des légitimes ambitions de chacun, l'intérêt supérieur de la psychanalyse restait prioritaire. En vérité, je le découvrirai bientôt, chacun des barons du lacanisme, en prévision de la fin du maître déjà bien âgé, cherchait à placer ses hommes aux postes clés de l'Ecole. Or je n'ai jamais été et je ne puis être, par ma propre constitution psychique, au service intéressé de quiconque. La stratégie de formation d'équipes en vue d'une prise de pouvoir ne m'intéresse pas.

Finalement, je tirai un nom de chacune des enveloppes, Pierre M. de l'une, Catherine M. de l'autre. Quelques jours plus tard, je contactai ces deux personnes et nous fixâmes un premier rendez-vous. Pierre M. préférait me recevoir à son cabinet, rue de Rennes, et Catherine M. choisit de venir chez moi. J'eus un long entretien avec chacun et je devais les revoir, à ma demande, à peu près tous les mois pendant près d'un an. Ainsi était déclenché le mécanisme de ce qui ressemblait à une analyse de mon analyse. Je rapportai à mes deux passeurs, dans des formulations différentes, les moments nodaux de ma cure. J'insistai sur ce qui fut la grande surprise et la grande leçon de mon analyse : le retour inexorable du fait religieux, de mon judaïsme, devant lequel je n'avais pu que déposer les armes. Après tout, l'anthropologie ne définit-elle pas l'homme comme animal religieux ?

Mais bientôt se produisit ce à quoi j'avais refusé de croire, à savoir que la passe produit des effets, parfois violents. Ce deuxième tour d'analyse inventé par Lacan allait chahuter le cours de mon existence qui semblait devenir plus paisible et confortable. La scène familiale fut, comme toujours, celle où se joua le nouvel acte. Mes deux fils les plus âgés, désormais adolescents, allaient incarner cet orage.

L'aîné, celui-là même qui, par son exigence de *bar mitzva*, avait déclenché mon retour au judaïsme, commença à présenter d'inquiétantes manifestations et, dans mon angoisse de père, je me mis à imaginer le pire. Le second, qui avait suivi mes traces en passant des vacances à l'école talmudique d'Aix-les-Bains, souhaita y continuer ses études. Cela signifiait s'inscrire dans la mouvance ultra-orthodoxe, orientation que je ne pouvais accepter, sa mère encore moins. Ne suffisait-il pas de suivre à Paris des cours de Talmud ? Mon refus, ce *stop and go* qui fut ma fréquente conduite, le désarçonna. Il se replia dans un silence et une aboulie dont rien ne semblait devoir le sortir.

Ces inquiétudes avivèrent nos tensions conjugales. J'accusais A. à demi-mot d'être la cause de ces troubles qui la blessaient déjà suffisamment. En ces temps de doltoïsme triomphant, la mère, Grand Autre par excellence, se trouvait désignée par une certaine vulgate psychanalytique comme cause de tous les maux de sa progéniture.

La situation devint vite intenable et l'ombre de la séparation, que je croyais exorcisée à jamais, plana à nouveau sur notre couple. A. se sentait très seule, déprimée. Peut-être devait-elle reprendre son analyse interrompue par la fâcheuse intervention de Melman ! Après cet incident, à qui s'adresser ? Seul Lacan paraissait en mesure d'éponger toutes ces éclaboussures. Elle lui téléphona sur mon conseil. Il lui arrivait en effet de recevoir les deux membres d'un couple, non pour ces thérapies dites « de couple » ou « familiales », si à la mode aujourd'hui, mais chacun pour son compte, en maintenant entre eux la cloison la plus étanche possible.

Lacan m'informa de son coup de fil et me demanda mon accord avant de la recevoir. J'acquiesçai bien volontiers, son intervention nous permettrait de sortir de ce nouveau tourbillon destructeur.

Le premier rendez-vous eut des effets immédiats et importants. A. m'en rapporta certains éléments. Il la reçut avec une infinie gentillesse, ce qui la fit fondre en larmes. Elle avait accumulé tant de souffrances dans cette diabolique vie conjugale. Elle s'accusait en outre de toutes les difficultés de sa progéniture et elle cherchait à en saisir la raison. Lacan intervint très clairement sur ce premier point : non, elle n'était pas une mauvaise mère, la fameuse mère pathogène dont tant d'analystes faisaient leur fonds de commerce, mais, bien au contraire, une excellente mère. A. était convaincue que notre problème, après tant d'années de conflits et d'incompréhension, serait en partie résolu par une certaine prise de distance. Sur ce point aussi

Lacan la surprit. Il lui conseilla, au contraire, de rester très proche de moi, les choses s'arrangeraient. Puis il conclut par cette phrase : « Ne vous laissez pas impressionner par l'analyse de votre mari. »

Ces propos que A. me rapporta me bouleversèrent profondément. Si les troubles de nos enfants n'étaient pas de son fait, quelle pouvait donc en être la cause ? Il me fallut de longs mois pour l'admettre sur le divan, dans une phrase que j'arrachai littéralement à ma gorge, en déchirant la cuirasse de mon narcissisme :

« Je suis un père pathogène.

– Vous en avez mis du temps pour vous en apercevoir ! »

Sa réplique résonna comme une gifle. Elle était pourtant conforme à toute la théorie de Freud : le père est déterminant dans les symptômes de sa descendance. Au demeurant Lacan savait de quoi il parlait, comme je l'appris plus tard, en matière de *père pathogène*. Mais tout analyste tire son savoir de son propre symptôme. Malgré l'affection et l'admiration que je lui porte aujourd'hui encore, je n'ai jamais considéré Lacan comme un modèle mais comme l'opérateur de ma propre naissance subjective.

Après m'avoir laissé expérimenter maintes solutions, Lacan désormais ne toléra plus aucune incartade. Le temps de conclure était venu comme était scellé mon destin d'homme face à une femme. Le couple que nous formions, A. et moi, constituait le cadre hors duquel je ne pouvais qu'errer. C'est à cette époque-là qu'il émit son célèbre aphorisme : *il n'y a pas de rapport sexuel*, que l'on peut entendre de maintes façons, la plus simple étant celle-ci : tout couple repose sur un discord qu'il faut accepter. Désormais, Lacan prendra soin, avec sa diabolique adresse, de torpiller la moindre de mes velléités de cœur.

Revenant un autre jour sur les problèmes de nos enfants, A. reçut ce conseil :

« Laissez votre mari s'en occuper. »

Les adresser à un collègue était impossible, nos moyens ne le permettaient pas, puisqu'il fallait désormais payer la cure de A. au prix fort, le double de celui que je payais.

« C'est que lui vient tous les jours, lui avait-il dit, et vous une seule fois par semaine. »

J'entendis le message de Lacan comme une invite à devenir l'analyste de mes propres enfants. Je lui en demandai confirmation et je l'obtins.

Ainsi, chaque soir, mon dernier patient parti, je « recevais » mes deux enfants à tour de rôle et leur demandais de me parler avec cette promesse formelle que les propos tenus là n'interféreraient pas sur notre vie de famille et que je n'y ferais jamais allusion. Leur animosité à mon égard trouva ainsi un exutoire. « Tu n'es pour moi qu'un flic, un nazi ! » me dit un jour mon aîné.

Ces entretiens conduits en face à face eurent des effets importants et positifs. Au bout de quelques mois, les troubles scolaires et caractériels ayant sensiblement évolué, Lacan m'invita à cesser l'expérience.

Des confrères au courant de cette expérience la jugèrent scandaleuse. Mais cette réaction ne m'émut nullement. Après tout, Freud avait été l'analyste de sa fille, tout comme le petit Hans analysé par son père, sous le contrôle de Freud.

Ma vie se déroulait ainsi sur le contrepoint de ma pratique d'analyste, de mes études, des séminaires suivis, de mes rencontres avec mes passeurs, de ma vie familiale.

Lacan s'était, depuis quelque temps, passionné pour la théorie des nœuds et j'essayais de suivre cette orientation en assistant aux cours que Michel Soury donnait à la faculté de Jussieu. Je cherchais ma voie alors que je l'avais déjà trouvée : mon intérêt pour la question religieuse, pour le judaïsme. Mais j'étais si isolé sur cette question, objet même de sarcasmes, que je m'efforçais de dépasser cet intérêt, de le considérer comme un moment transitoire de mon analyse. Mais Lacan m'y ramenait sans cesse.

C'est précisément ma réflexion sur le religieux qui m'inspira bientôt ma contribution à la théorie freudienne la plus originale et la mieux fondée, probablement la seule véritable trouvaille que l'on ait faite depuis Lacan.

Nous étions à un an du congrès de Lille sur l'Identification. Pour préparer cette rencontre, deux des plus éminents analystes de l'Ecole, Claude Conté et Mustapha Safouan, organisèrent un séminaire sur ce concept que je travaillais en cartel avec A.D. depuis plusieurs mois.

Une question posée dans le séminaire de Lacan *L'Identification* m'intriguait particulièrement, celle de l'identification primaire. Freud présente ce mode d'identification comme antérieur à l'Œdipe, il découle d'un amour premier au père, ceci quel que soit le sexe du sujet, de surcroît il s'enracine dans l'oralité cannibalique du premier âge. En résumé, cet important processus psychologique cumule les paradoxes et les énigmes. L'affaire semblait si délicate à Lacan lui-même, qu'après en avoir montré la complexité et les apories, il déclara que ce concept était incompréhensible dans l'état actuel de la réflexion psychanalytique et qu'il ne l'étudierait pas. Il faudrait aller voir, disait-il, du côté des cultures sémitiques.

Un tel défi méritait d'être relevé. Mais comment ? Le déclic se fit un soir au séminaire de Conté en écoutant la présentation qu'un confrère, Eric Porge, faisait de l'ouvrage *Totem et Tabou*. Dans les jours qui suivirent, cet exposé suscita en moi une intense activité psychique, un bouillonnement intellectuel comme je n'en connus en toute mon existence qu'à trois ou quatre reprises.

Ce qui m'arrêtait particulièrement, c'était cet intérêt que Freud portait à la théorie, vieille d'un siècle, du repas totémique de Robertson Smith : l'animal totémique supposé tabou pour un clan donné était, une fois par an, dévoré par ce même clan au cours d'une cérémonie d'une grande importance pour le groupe humain considéré. Depuis lors, les ethnologues unanimes avaient montré que ce rite n'existait pas, qu'il ne s'agissait que d'une erreur d'optique de l'anthropologie balbutiante, d'un fantasme européen projeté sur les peuples primitifs. Pourtant, tout comme pour Freud, ce repas soulevait en ma mémoire un écho insistant.

J'avais en tête le souvenir d'une cérémonie religieuse, d'un repas étrange et absurde que nous faisions à Tunis, en septembre, la veille de l'importante solennité de *Rosh Ha-Shana* ou nouvel an religieux juif. Ce soir-là, la famille élargie, « le clan », se réunissait autour d'une table où l'on disposait une série de coupelles renfermant les mets les plus hétéroclites : miel, tranches de pommes, dattes, nougat de sésame, grains de grenade, gousses d'ail, courges, épinards préparés en beignets, poisson... De chacun de ces mets, le chef de famille prélevait de petits fragments et les tendait à chaque convive. Après avoir prononcé une certaine formule, on avalait ce fragment. Etait-ce là le repas totémique que Freud alla chercher chez les peuples primitifs, en une intuition juste et erronée à la fois ? Mais aucun de ces aliments n'était tabou le reste de l'année et il y avait pléthore de mets totémiques et non un seul comme le voulait sa théorie.

Ces réflexions m'agitèrent ainsi pendant plusieurs jours. Je demandai à mes parents, à des interlocuteurs supposés férus en judaïsme, la signification de ce rite. Je n'obtins que des réponses vagues, insatisfaisantes. La loi ethnologique selon laquelle les peuples ignorent généralement la signification de leurs rites s'en trouvait confirmée. « Des symboles, me répondait-on. C'est pour nous souhaiter une bonne année. » Mais pourquoi l'ail ou le potiron seraient-ils des augures d'une année à venir heureuse ?

Soudain, dans une sorte d'illumination, la solution du problème m'apparut. Je saisis qu'entre le mets symbolique et la formule rituelle, ou plutôt du verbe de cette formule en tant que signifiant principal, il y avait *homophonie*. Ce que l'on mangeait, c'était le mot porté par l'aliment, son écriture. Le repas totémique consiste à manger un certain texte. Ce fut le premier germe de ce que je développerai des années plus tard dans un ouvrage, *Manger le Livre*. Je compris immédiatement l'importance de ma trouvaille, les nouvelles portes qu'elle ouvrait à la théorie freudienne, à la solution de certains de ses paradoxes, comme ceux de la théorie du Surmoi. En effet, celui-ci se manifeste dans la conscience par des ordres, des mots ; en même temps, nous dit Freud, ce Surmoi s'enracine dans l'oralité de la petite enfance. On comprend mieux la métamorphose de l'alimentaire en paroles si, justement, ce sont des mots que l'on a mangés, des mots matérialisés, donc une écriture.

Je parlai de ma trouvaille à Claude Conté, en séance de contrôle. Il me manifesta un intérêt poli et m'invita à exposer mon idée, brièvement de préférence, à une proche séance de son séminaire. A travers cette réaction, apparemment bienveillante, je perçus combien ces histoires juives agaçaient tout le monde, psychanalystes juifs inclus. « Arrête de remuer ces histoires », me dit un jour une collègue. J'avais pourtant la conviction de tenir une véritable nouvelle théorie.

Je me mis au travail et rédigeai une brève note de trois pages. La veille de mon intervention, j'informai Lacan de ma prochaine prise de parole dans l'Ecole. Cette nuit-là, je fis un rêve angoissant. Je me trouvais déjà à cette fameuse séance du séminaire. Deux ou trois orateurs étaient intervenus. Les heures passaient sans que les organisateurs ne songent à me donner la parole. L'auditoire commençait à quitter la salle. J'en éprouvai une atroce déception qui me réveilla.

Je racontai ce rêve à mon amie A.D. qui m'accompagnait à ce séminaire. Il se révéla étrangement prémonitoire. Effectivement la parole fut d'abord donnée à un collègue qui fit un long exposé dont personne ne semblait saisir le contenu. Puis un autre orateur prit la parole pour un de ces galimatias en vogue alors dans nos cénacles. Il était déjà onze heures du soir et l'assistance commençait à quitter la salle quand Claude Conté se rappela soudain que je devais aussi prendre la parole. Je me penchai vers A.D. pour lui murmurer, la gorge serrée par le dépit :

« Tu vois, mon rêve était bien prémonitoire. »

Puis me tournant vers Conté je lui demandai de remettre mon exposé à un autre jour. Mais celui-ci refusa : je devais en quelques minutes présenter mon affaire. Je commençai donc à parler au milieu du brouhaha des chaises que l'on recule, des gens qui se lèvent et commencent à se retirer. Mais voilà qu'à peine avais-je prononcé mes premières phrases, le silence se fit, le public déjà debout se rassit. J'ai gardé le souvenir de Jacques Hassoun, la main sur la poignée de la porte de sortie, qui s'arrête et m'écoute debout pendant les dix minutes que dura mon exposé. Celui-ci fini, il partit en me lançant :

« Ton exposé m'a excité. »

C'était dans sa bouche un compliment. Il était trop tard pour discuter la thèse que je venais de présenter, mais plusieurs personnes, dont Porge, vinrent me dire l'intérêt qu'ils avaient pris à m'écouter.

J'attendais surtout, avec la plus grande impatience, la réaction de Lacan. J'étais stupidement convaincu que mon propos lui serait rapporté. Je me rendis à ma séance du lendemain, angoissé dans l'attente de cette probable réaction. Et Lacan m'accueillit avec une terrible froideur. Il paraissait excédé. Je me levai à son invite pour effectuer ma séance quand, passant devant lui, il me souffla violemment au visage, comme s'il me crachait à la figure. Cette mauvaise humeur ne pouvait avoir d'autre cause que mon exposé de la veille, qu'il rejetait, condamnait sans appel. Ma séance fut des plus brèves. Je sortis complètement effondré.

C'en était trop. La mort dans l'âme, je décidai d'arrêter mon analyse avec lui. J'étais désavoué, et pourtant je restais convaincu d'avoir fait une découverte d'une certaine importance. La fin de cette semaine fut sinistre. Je n'allais plus à mes séances et Lacan ne me relança pas. Le mardi suivant, il donnait son séminaire. Il me parut très affecté, très remonté contre ceux qui ne saisissaient pas la dimension indestructible du désir. Il cita à cet effet le dernier paragraphe de *L'Interprétation des rêves* de Freud. Puis il décida soudain que c'en était assez pour la journée et il partit en abrégeant son exposé. M'adressait-il un message ? J'aurais aimé le croire, mais je ne pouvais me décider à aller le revoir.

J'envisageais de parler de tout cela avec Claude Conté que je rencontrais le lendemain, avant de décider quoi que ce soit. Celui-ci fut surpris par ce que je lui rapportais de l'attitude de Lacan. Lui-même avait apprécié mon exposé et il me proposa de le reprendre au prochain congrès de Lille. Il n'y avait donc aucun anathème jeté contre moi. Le sentiment persécutif était très prégnant en moi en ces années-là et il n'était pas tout à fait sans fondement, car ma démarche en agaçait plus d'un.

Je proposai à Conté de poursuivre mon analyse avec lui. J'en avais soupé des séances de quelques secondes et j'aurais bien aimé disposer, moi aussi, d'une petite demi-heure. Conté eut alors cette phrase qui me toucha par sa sincérité :

« Non, allez le revoir. C'est avec lui que les choses se sont passées. On ne change pas ainsi d'analyste, surtout quand les choses ont été poussées si loin. »

Ce même jour, A. avait sa séance hebdomadaire avec Lacan. Elle évoqua l'état malheureux où je me trouvais.

« Ah, oui ! Votre mari ! Il va bien mal, en effet ! » lui dit-il.

Je voulus percevoir un signe en ces mots. Je lui téléphonai et j'eus Gloria à l'appareil :

« Je vous passe le docteur. »

J'entendis alors sa voix qui semblait toujours pleine de colère.

« Quand puis-je vous voir ?

– Mais tout de suite. »

Je me précipitai vers ma voiture. Jamais je n'ai roulé aussi vite dans Paris. Lacan me reçut avec chaleur. Son humeur avait soudain changé.

« Alors, qu'est-ce qui se passe ?

– C'est à moi de vous poser cette question. Pourquoi me traitez-vous ainsi, avec une telle brutalité, alors que vous savez les sentiments que je vous porte ?

– C'est précisément pour cela, parce que je trouve ces sentiments totalement excessifs.

– Eh bien ! Vous avez mal choisi votre moment pour cela, le lendemain du jour où je présentais à l'Ecole une communication à laquelle j'attachais une grande importance.

– Comment pouvais-je savoir que vous faisiez cette communication ?

– Parce que je vous l'avais dit. »

Ma réplique le laissa silencieux. En vérité, qu'il ait raté cette information donnée la veille de mon exposé me rassurait. Sa désagréable rebuffade était sans rapport avec mes propos. Ses premiers mots m'avaient surtout éclairé sur le sens de tant d'attitudes et d'actes inamicaux. Il fallait réduire ce transfert boursouflé, démesuré, qui m'habitait et me bouchait l'horizon. J'allais partir apaisé, réchauffé par ses paroles. Mais Lacan n'accordait jamais une faveur, pendant la cure, sans immédiatement la faire payer.

« Il faudra me régler *quelques* séances pour toute la période où vous n'êtes pas venu.

– Que voulez-vous dire par *quelques* ?

– Eh bien, disons trois pour marquer le coup. »

Dans les semaines qui suivirent, je choisis de ne plus évoquer l'incident, pas plus que ma théorie de l'incorporation du Livre comme mécanisme de l'identification primaire. Mon désir de connaître son avis n'avait pas disparu pour autant. Le temps ayant passé et alors que nous nous trouvions dans une période paisible de notre relation, je repris mon courage à deux mains et lui demandai s'il acceptait de lire mon texte. Le grognement qu'il émit me parut favorable. Je tapai donc ma note et la lui remis.

Il réagissait rarement aux textes que je lui adressais et je ne m'attendais pas à une attitude différente cette fois encore. Ma surprise fut donc de taille quand, quelques jours plus tard, alors que je me relevais péniblement du divan, j'entendis ces paroles de Lacan, émises du fond de son fauteuil dont il n'avait pas bougé :

« J'ai lu votre texte. Il est excellent, remarquable... »

Ce compliment me désarçonna. Curieusement, il y avait là pour moi quelque chose d'insupportable. Aussi essayai-je d'en atténuer la portée :

« Ce n'est qu'une première esquisse, il faudrait préciser...

– C'est excellent, coupa-t-il sèchement, il n'y a rien à redire. »

Je le regardai. Je perçus avec tristesse la grande fatigue de mon cher maître, combien il avait vieilli en ces derniers mois, alors que je le croyais inusable. Sa voix devenait plus grave et il ne quittait plus beaucoup son fauteuil. La mélancolie qui m'envahit était tempérée par le bonheur d'avoir touché juste, par la satisfaction d'avoir produit une pièce manquante dans le puzzle de la doctrine lacanienne. Mes collègues, à ce jour, ne s'en sont pas encore aperçus.

*

« J'ai plus appris de mes élèves que de mes maîtres », déclarait un des docteurs du Talmud et j'ai pu maintes fois mesurer la pertinence de cet adage. En d'autres termes la meilleure façon d'apprendre consiste à enseigner. Est-ce cette maxime qui m'inspira ? J'eus bientôt le désir d'approfondir ma connaissance des textes de Freud, de découvrir par quel cheminement ces étranges et souvent invraisemblables concepts avaient vu le jour. Ceux-ci font depuis si longtemps partie de notre paysage culturel qu'on ne prête plus attention véritablement à ce qu'ils disent d'incroyable. Je bâtis ainsi le projet d'un séminaire de lecture de ces textes, mais une lecture un peu particulière puisqu'il s'agissait de *tout* lire, sur un mode chronologique, depuis ses premiers balbutiements d'étudiant à Paris auprès de Charcot. Ainsi, nous pourrions suivre la naissance et l'évolution de ces concepts. L'instrument pour une telle étude était tout trouvé : l'édition critique et complète des œuvres en anglais, la seule alors disponible, merveilleux outil de travail malgré ses défauts, la fameuse Standard Edition établie par James Strachey, souvent critiquée par les philistins de la psychanalyse. Pour que cette lecture soit stimulante, il lui fallait un axe structurant. Ce serait l'examen de la névrose obsessionnelle dans les écrits de Freud. Cette catégorie clinique fut la seule que Freud inventa en démembrant toute une nébuleuse de notions autour de la neurasthénie. Elle fut l'un des fils conducteurs de sa clinique. De surcroît, ce qui m'avait conduit à la psychanalyse, c'était précisément cette *Zwangneurose,* ce parasitage compulsif de la pensée.

Je soumis ce projet à la direction des études de l'Ecole qui l'accepta et mit à ma disposition le local de l'Ecole. Melman, responsable du programme d'enseignement, me demanda de passer le voir. Nous ne nous étions plus rencontrés depuis notre brouille. Il fut extrêmement courtois jusqu'à m'aider, en soulignant son geste, à remettre mon pardessus. Bien évidemment, l'acceptation de ce projet portait le sceau de Lacan. C'était répéter que le mot d'ordre du retour à Freud restait d'actualité.

Une vingtaine de personnes répondit à ma proposition de lecture systématique et ce séminaire se tint pendant près de trois ans, jusqu'à la dissolution par Lacan de l'Ecole. Nous avons ainsi examiné les textes de la jeunesse de Freud, de ces années où, à travers un incroyable effort intellectuel, il fonda la psychanalyse. Il me fallut parcourir pour cela les cinq premiers volumes de la Standard Edition et atteindre l'ouvrage majeur de *L'Interprétation des rêves.* Lire Freud en anglais, dans une langue que je comprenais avec quelque difficulté, me permit paradoxalement, par suite de la rugosité de cette lecture, de mieux pénétrer la pensée de Freud. Là où j'aurais glissé sur le texte traduit en français, la nécessité de m'arrêter sur chaque passage me forçait à m'interroger sur la rigueur des énoncés. Bien évidemment, une lecture en allemand eût été préférable, si ma connaissance de cette langue n'avait été à peu près nulle. Cet exercice s'avéra en définitive passionnant et formateur. Il me révéla la rigueur implacable des travaux du jeune Freud. J'ai toujours regretté de n'avoir pu achever cette expérience.

J'ignorais que l'autorisation officielle à tenir séminaire dans les locaux de l'Ecole allait provoquer quelques sérieux remous. D'autres analystes, parmi les plus éminents de l'Ecole, puisqu'il s'agissait de Serge Leclaire et de Michèle Montrelay, avaient formulé la même demande et on leur avait dit non. Leclaire, en particulier, envisageait un séminaire codirigé par lui et Antoinette Fouque, l'égérie du féminisme. Lacan refusa. Comment se faisait-il que l'on donne une salle à cet inconnu (moi en l'occurrence) pour un projet aussi académique et inintéressant alors qu'on la refusait à Leclaire et Montrelay ?

C'est dans ce contexte qu'en septembre 1977 se tinrent finalement à Lille les assises de l'Ecole sur l'Identification. Les journées furent particulièrement houleuses. La récente brouille entre Lacan et Leclaire agitait l'Ecole. Le courant chrétien, jusque-là masqué, sut en tirer profit. Il avançait désormais à visage découvert, cherchant sans nul doute à prendre le contrôle de l'institution. Face à l'IPA juive, l'Ecole freudienne pourrait incarner une psychanalyse d'inspiration chrétienne. Françoise Dolto fut la première à annoncer ouvertement la couleur, celle du *freudo-christianisme* qui comptait à l'Ecole une cohorte d'autres éminents représentants, appartenant aux ordres monastiques, tels les R.P. Michel de Certeau, Bernaërt ou Denis Vasse, qui venait d'être élu vice-président de l'Ecole, aux-quels s'ajoutaient quelques autres personnages, défroqués de fraîche date. En face de ce projet cohérent, il n'y avait personne. Sinon les tenants d'un vague galimatias, anarcho-gauchiste à l'occasion, sans perspective.

Il m'arrive de penser que la décision de Lacan de dissoudre son Ecole quelques semaines après avoir retiré au R.P. Vasse sa fonction de vice-président – ce qui provoqua de violentes protestations – avait pour but d'éviter qu'elle ne devienne, sous le pavillon de Dolto et de quelques autres, une officine de l'Eglise catholique.

De quel poids pesaient ma voix et mon antipathique discours judaïsant face à cette puissante force ? Mais peut-être, en m'encourageant dans mon intérêt pour le judaïsme, né sur son divan, Lacan chercha-t-il à allumer un contre-feu, si modeste soit-il. La psychanalyse, telle qu'il la concevait, ne pourrait survivre que dans une stricte laïcité.

Sur les gradins du Palais des Sports de Lille où nous étions réunis, se produisit en secret un incident significatif. A. avait souhaité assister à ce congrès. Je pris soin de m'asseoir à une certaine distance d'elle, une rangée plus haut. Evitons le conjugal, thème classique de l'obsessionnel ! J'aperçus soudain, à quelque distance, Lacan qui me dévisageait fixement, sévèrement. Je finis par me lever et prendre place aux côtés de ma femme. Satisfait, Lacan détourna alors son regard. Si les séances étaient brèves, avec lui, l'analyse ne cessait jamais. J'avais, sans m'en rendre compte, franchi, sous le feu de ce regard, un pas important, la fin d'une vilaine méconnaissance.

Les intervenants à ce congrès se comptaient par dizaines, répartis en plusieurs salles. J'étais l'un d'entre eux, perdu dans cette foule. Je pris la parole devant une salle presque vide et ce public clairsemé n'était là, je le savais, que pour écouter les orateurs qui me précédaient ou me suivaient à la tribune au cours de cette matinée. Une série d'incidents techniques, pannes d'électricité, de micro, rendirent ma tâche encore plus délicate. J'affronte le réel, me disais-je, atteint malgré tout par une paranoïa légitime. Finalement, dans une indifférence à peu près générale, je pus exposer ma théorie.

Je tenais tant à être entendu. Le lendemain, de retour à Paris et à mes séances, je croisai dans la cour de l'immeuble un patient de Lacan que je connaissais de vue mais à qui je n'avais encore jamais adressé la parole, Jean Guir. « Voulez-vous prendre un café avec moi, après votre séance ? » lui proposai-je.

Il accepta ma curieuse invitation, sans paraître plus surpris que cela. Quelques instants plus tard, nous étions attablés et je lui parlai de l'exposé fait la veille à Lille :

« Pourquoi me racontez-vous cela, *à moi* ? me demanda-t-il, très surpris cette fois.

– Je ne sais pas, j'en ai éprouvé le besoin tout à l'heure en vous croisant.

– C'est très étrange. Parce que moi-même, à Lille, j'ai fait un exposé qui rejoint totalement le vôtre. J'ai montré qu'en prenant des médicaments, on incorpore aussi des signifiants, à travers le nom des médicaments. »

Ce fut un de ces hasards, quasi télépathiques, qui ponctuèrent mon analyse. A partir de ce jour, Jean et moi, nous devînmes amis. Il jouera un rôle plus tard dans ma rencontre avec Bernard-Henri Lévy, qui éditera mon livre *Manger le Livre,* né du développement de ce premier germe.

*

Au mois de mai 1978, je soutins ma thèse, fin d'un long calvaire de huit années. *La Folie dans le Talmud*, tel était son titre. Grâce au rabbin Raphaël Israël, j'avais collecté, glané dans la masse des écrits talmudiques, tout ce qui touchait à la vie psychique, à sa pathologie, à la recherche du trésor dont parle le laboureur de la fable à ses enfants. Ce trésor que je fantasmais pourrait se définir ainsi : la psychanalyse était-elle latente dans le Talmud et le Midrash ? La réponse devenait évidente dans sa belle simplicité. Pas plus qu'au risque de l'Evangile – comme on en a convaincu les crédules – il n'existe de « psychanalyse au risque du Talmud ».

Mais, comme dans la célèbre fable, mon travail me rendait possesseur d'un bien plus beau trésor, la connaissance des méthodes herméneutiques qui, elles, possédaient une étrange similitude avec celles de l'interprétation freudienne des rêves. Elles étaient même parfois plus précises, plus riches, et j'avais le projet d'introduire certaines d'entre elles dans le corpus freudien. Je le ferais pour l'une d'entre elles, la *gezera chava*, expression que je traduisis par « transférance signifiante [1] ». Mais les forces me manqueront pour m'attaquer aux douze autres règles de R. Ismaël, qui constituent une sorte d'axiomatique du discours midrashique.

Cette soutenance fut une cérémonie plutôt grise, devant un amphi clairsemé, occupé par quelques parents des quatre impétrants qui se présentaient ce jour-là. Ma performance fut jugée plutôt bonne et on m'accorda une médaille. Etant le plus âgé de mes camarades, il me revint de prononcer pour l'ensemble de notre petite troupe le fameux serment d'Hippocrate. Je n'éprouvai pas de jubilation particulière.

Nous célébrâmes l'événement autour de tasses de café plutôt tiède. Mon père semblait curieusement morose. Je l'invitai à déjeuner pour fêter l'événement. Après quelques pas faits ensemble en direction d'un restaurant qu'il avait choisi, il me déclara qu'il préférait rentrer, me plantant là sur le trottoir. Dans un célèbre texte, Freud rapporte le malaise qu'il éprouva au cours d'une visite de l'Acropole d'Athènes. Il interpréta ce sentiment comme l'affect qu'éprouve un fils au moment de dépasser son père. Freud, disait Lacan, cherchait toujours à sauver le père. Peut-être aurait-il gagné à examiner aussi le sentiment qu'éprouvent les pères quand leurs fils les dépassent socialement, situation à laquelle je me trouvais confronté

1. Cf. G. Haddad, *Manger le Livre*, *op. cit.*

ce jour-là. J'étais seul en définitive à savourer l'événement, dans une relative solitude, mais avec la satisfaction du travail bien fait, satisfaction qui me procurait, depuis mon analyse, l'énergie pour poursuivre. Seul ? Deux autres personnes partagèrent sincèrement ma joie silencieuse et ma fierté. A. d'abord, dont le vrai bonheur me toucha, et puis lui, mon analyste, pour la même raison que moi sans doute, la satisfaction de la tâche assumée et menée jusqu'à son terme.

Aujourd'hui encore, l'accomplissement de ce long parcours continue de m'étonner. Comment ai-je pu endurer tant de privations, financer, sans fortune ni ressources particulières, ce total changement de parcours ? Le soutien de Lacan en l'affaire fut décisif, soutien ô combien paradoxal, sans jamais me faire grâce d'aucun paiement, d'aucune brimade, sans jamais relâcher le rythme infernal qu'il m'imposait. Il parvint ainsi à tremper quelque peu une personnalité prompte au larmoiement et au découragement, à toutes sortes de coupables et stériles faiblesses.

Sa brimade préférée consistait à m'infliger de longues heures d'attente dans sa bibliothèque. Or ce furent des heures bénies qui me permirent de consulter maints ouvrages. Surtout, je fus le témoin invisible de sa consultation, expérience qui déposa en moi de précieuses leçons. La disposition des lieux, comme je l'ai déjà rapporté, me permettait, le jour où il décidait de laisser entrouverte la porte de son cabinet, d'entendre les propos de ses patients sans les identifier pour autant. Ma mémoire a conservé quelques bribes de ces dialogues :

« Pendant toute mon analyse, j'ai pensé que vous étiez juif, et pourtant vous ne l'êtes pas ! lui disait quelqu'un manifestement déçu.

– En effet », répondit Lacan.

Un autre jour, j'entendis un psychanalyste tenir cet étonnant propos :

« Le professeur Lucien Israël m'a conseillé de vous consulter. Mon problème c'est que je m'endors profondément dès que mon patient s'allonge sur le divan.

– Vous voulez donc que je vous prenne en contrôle ?

– C'est cela. »

Ainsi, depuis des mois, ce praticien confirmé dormait pendant que ses patients lui parlaient. J'ignorais que cela pouvait arriver aux meilleurs des analystes. Cela m'arrivera également, la voix de mon analysant me parvenant alors d'un étrange lointain et me faisant sursauter au surgissement d'une parole importante.

Un autre jour, je fus témoin d'un étonnant dialogue avec un consultant manifestement d'origine africaine. J'entendais mal les paroles de ce patient. La voix de Lacan, par contre, était parfaitement audible, à croire qu'il parlait fort pour qu'on l'entende :

« Si vous étiez dans votre pays, vous consulteriez un sorcier pour le mal dont vous souffrez. Mais ici, en Europe, vous venez voir un psychanalyste. »

Suivait une explication sur le déterminisme inconscient du symptôme, puis cette conclusion :

« Je vais donc vous adresser à un de mes élèves qui vous aidera à résoudre votre problème. »

L'équivalence entre sorcier ou chaman et psychanalyste, Lacan l'énonçait donc ouvertement, sans réticence.

*

Ma vie avait désormais trouvé un autre rythme,
plutôt soutenu. J'avais quitté l'hôpital de La Queue-
en-Brie et retrouvé un poste d'interne au service
psychiatrique de l'hôpital de Meaux.

J'accomplissais chaque matin le long voyage en voiture qui me menait de mon domicile parisien jusqu'à
Meaux. Le trajet ne me pesait pas. J'y trouvais même
ces moments d'indispensable bonheur que me procure
l'écoute de la musique classique. Je rentrais à Paris
après le déjeuner pour me rendre à ma séance d'analyse. Sur le chemin du retour, je m'arrêtais une fois
par quinzaine dans un foyer pour handicapés. Ma
consultation débutait à dix-sept heures.

Les mercredis et vendredis après-midi, j'effectuais
quelques vacations au centre médico-pédagogique de
Montrouge.

Je consacrais enfin mes soirées à ma formation, à
fréquenter des séminaires de l'Ecole ou les cours du
soir de l'hôpital Saint-Antoine afin d'obtenir mon
diplôme de psychiatre.

En ce temps-là, la question du religieux était, pour
ainsi dire, taboue dans le milieu analytique. On parlait
beaucoup du réel sans apercevoir un seul instant le
terrible réel qui allait bientôt envahir la scène : la

résurgence du religieux, précisément, et sous ses formes les plus inquiétantes. Les analystes ont si peu la fibre scientifique que, pour eux, l'étude d'un phénomène implique l'adhésion à ce phénomène. Avatar sans doute d'un stalinisme de jeunesse jamais analysé. Par ailleurs, un analyste est forcément athée, ce qui est assez comique quand on considère le nombre de prêtres et de défroqués nostalgiques qui hantaient les couloirs de l'Ecole, préparant en catimini la synthèse du divan et du goupillon. Mais que signifie le concept d'athéisme ? En quelle représentation de Dieu refusait-on de croire ? Au dieu de Baal-Peor, dont le culte consiste à déféquer au pied de son idole, ou à la théologie négative de Maïmonide ? Il y a quand même une différence ! La trinité chrétienne entretient-elle un quelconque rapport avec le monothéisme jaloux de l'Islam ? Cette profession d'athéisme fera maintes fois ricaner Lacan qui lançait comme un défi que les seuls vrais athées se trouvent... au Vatican. L'athéisme véritable implique en effet quelques solides connaissances théologiques. Il ajouta à l'un des séminaires auquel j'assistais : « La religion c'est le complexe d'Œdipe. » Mais personne ne voulait l'entendre, ce qui constitue la marque possible d'un embarras, une incapacité à manier cette conception novatrice.

Or la grande affaire de mon analyse, sa révélation principale, fut précisément la découverte de l'importance du fait religieux dans l'inconscient.

Dans ce ciel faussement serein la publication de l'ouvrage de Françoise Dolto, *L'Evangile au risque de la psychanalyse*, titre qu'elle aurait dû logiquement inverser, fut une surprise.

J'avais à l'époque une grande admiration pour Dolto, pour « Françoise », personnage central de l'Ecole, la magicienne, celle qui, disait-on, opérait des miracles par son écoute. Les jeunes analystes l'appréciaient particulièrement, eux qui ramaient désespérément pour s'extraire du marécage. Elle laissait en effet « venir à elle les petits enfants ». Ce prestige augmenta à partir du congrès de Lille, alors qu'elle annonçait publiquement qu'elle prenait sa retraite pour se consacrer à la mise en ordre de ses notes. En vérité, pour lancer la prodigieuse opération médiatique qui allait doltoïser la France entière et eut pour effet de faire d'elle la papesse incontestée d'une certaine vulgarisation psychanalytique. Cette admiration ne résista pas à l'épreuve des faits.

Ce fut d'abord sa clinique dont la magie se dégonfla. Je ne manquais jamais, sur le chemin de retour de l'hôpital de Meaux à Paris, d'écouter l'émission qu'elle animait chaque jour sur France Inter en compagnie de Jacques Pradel. Ces émissions étaient riches en conseils que je me proposais de mettre en pratique, à présent que je disposais d'une consultation pour enfants au centre de Montrouge.

Les deux complices évoquèrent un jour la question de l'énurésie, ce mal qui frappe les grands enfants qui mouillent encore leur lit pendant leur sommeil.

« C'est un trouble facile à traiter, annonça Dolto. Comment ? En plaçant au chevet de l'enfant un verre d'eau. Si la chose ne marche pas, on remplace ce verre par un bocal renfermant un poisson rouge. »

J'étais tellement fasciné par la magicienne que pas un instant je ne me suis posé la question : qu'avait donc de freudien, de psychanalytique, ce magique bocal au poisson rouge ? Mais n'étais-je pas au début du long chemin de ma formation ?

Le lendemain, un mercredi, jour de ma consultation pour enfants, je reçus un enfant de six ans, un petit Portugais qui souffrait d'énurésie. Je me frottai les mains devant une telle aubaine. Après un long entretien avec la mère et l'enfant, je sortis ma botte secrète : le verre d'eau au chevet. Mon intervention n'eut aucun effet, pas plus que le bocal au poisson rouge qu'en désespoir de cause j'administrai. Pendant son sommeil, l'enfant finit par renverser le bocal sur sa couche, l'inondant copieusement cette fois. Il était temps d'arrêter les frais. Parlant à mes collègues de ma mésaventure, on me répéta la remarque qui courait les couloirs de l'Ecole :

« Les trucs de Françoise ne marchent souvent qu'avec elle. »

Nous analystes, experts en désaliénation, restons particulièrement aliénés à nos idoles de l'heure. En quelle autre discipline aurait-on pu avaler de telles couleuvres ? Lacan eut au moins le mérite de me dire un jour :

« Je ne suis pas un thaumaturge ! »

Curieusement, le prestige de « Françoise » demeura intact à mes yeux. Je croyais en sa grande générosité et surtout je voyais en elle une alliée. Elle au moins avait compris l'importance du religieux dans la clinique. Puisqu'elle avait osé transgresser le tabou de la question religieuse, mon étude du Talmud devrait certainement l'intéresser. J'avais donc prévu de lui remettre un exemplaire de ma thèse.

L'Ecole tenait fréquemment des journées d'études à la Maison de la Chimie. Je comptais mettre à profit celles qui allaient se tenir avant les grandes vacances d'été, un mois après la soutenance de ma thèse, pour porter mon offrande. Dans un couloir qui conduisait à l'une des salles, je croisai Dolto. Tremblant d'émotion, je m'approchai d'elle.

« Madame, je souhaite vous offrir un exemplaire de ma thèse. »

Je balbutiai, confus, essayant malgré tout d'en indiquer le contenu et l'orientation. Elle prit le polycopié, en regarda le titre quelques secondes, *La Folie dans le Talmud,* et soudain me le rendit.

« Non, je suis trop occupée en ce moment. »

Puis elle reprit sa marche. Je restai sur place, pétrifié. Notre psychanalyste à la retraite, à quelques jours de longues vacances d'été, n'avait pas le temps. De ma vie, ni avant ni après, je n'ai rencontré une telle muflerie. On accepte généralement le cadeau du manuscrit d'un jeune confrère, quitte à l'abandonner à la poussière d'une étagère, ou à le donner à quelqu'un qui pourrait y trouver intérêt. Jamais Lacan, pourtant submergé de textes que de toutes parts on lui soumettait, n'eut une telle attitude. J'en fus témoin.

Des années d'efforts avaient abouti à ce texte ô combien imparfait mais témoin de mon analyse. Allait-il connaître pour toute fin les archives de la faculté ? J'en envoyai un exemplaire aux éditions du Seuil, après en avoir averti Lacan qui me gratifia d'un sourire complice. J'essuyai le refus argumenté de François Wahl. Votre texte, m'écrivit-il, est un hybride malhabile de semi-érudition et de thèses mal assurées. Sans doute. Un autre exemplaire adressé à Gallimard me valut un long entretien avec Pierre Nora. Celui-ci m'avoua son embarras. Ce texte doit être publié, me dit-il, mais il n'a pas sa place dans mes collections. Il le transmit à J.-B. Pontalis, lequel, à son tour, me tint un discours analogue : il faut publier ce livre, mais pas chez moi. Ma déception se trouvait du moins tempérée par la courtoisie de mes interlocuteurs.

Ce fut de nouveau A.D., ma bonne étoile, qui mit fin à l'errance de mon texte. Elle avait rencontré une jeune éditrice, Françoise Cibiel, qui faisait ses premières armes aux éditions Hachette Littératures. Celle-ci manifesta de l'intérêt pour mon travail et accepta de publier mon livre « débarrassé » de son style thésard. Je proposai de garder le titre de ma thèse, mais celui-ci ne plaisait pas aux éditeurs.

« Que voulez-vous démontrer dans ce texte ? me demanda Gassiot-Talabot.

– Je souhaite avant tout présenter des documents.

– Mais ces documents disent bien quelque chose, sinon pourquoi les avoir rassemblés ? »

Cet homme avait parfaitement raison. Il me poussait

à surmonter certaines inhibitions, et surtout ma crainte de paraître ridicule sur la scène analytique.

« Disons que Freud, par certains aspects, apparaît comme un héritier, mais un héritier hérétique, des maîtres du judaïsme, leur enfant illégitime.

– Voilà le titre trouvé : *L'Enfant illégitime*, avec un sous-titre plus explicite, comme *Sources talmudiques de la psychanalyse*. »

La proposition ne m'emballait pas, mais je n'en avais pas de meilleure. Ce fut donc sous ce titre, porteur d'une certaine confusion, que mon livre fit son entrée sur la scène de la théorie freudienne. Et moi avec lui, enfant illégitime de la psychanalyse, hérétique à mon tour.

Ma fréquentation de la maison Hachette Littératures eut bientôt une autre conséquence d'importance. J'y fis en effet la connaissance de l'historien Laurent Theis qui venait de créer une revue, *H Histoire*, et souhaitait consacrer un prochain numéro aux juifs de France. Il me proposa d'y participer, me laissant carte blanche pour le choix du sujet. L'offre me touchait et m'embarrassait. J'étais déjà écrasé de travail avec mes études de psychiatrie, mon travail à l'hôpital, la rédaction de *L'Enfant illégitime*, ma clientèle qui s'étoffait. Je n'avais, au demeurant, pas la moindre idée du sujet dont je pourrais traiter. Soudain, comme cela m'arrivait parfois, une idée s'imposa à mon esprit, indiscutable, urgente, nécessaire. Je traiterais de l'étrange histoire, si peu connue du public français, d'Aimé Pallière, ce séminariste lyonnais qui voulut devenir juif au début du siècle, et de sa relation avec son maître, le rabbin de Livourne Elie Benamozegh. Je proposai pour titre : « Le cas Aimé Pallière et la vraie religion. » Ce titre renfermait de multiples allusions et une forte charge émotionnelle. Dans le brouillard de mon adolescence, après ma révolte contre les schémas familiaux, insupportables et débilitants, mais révolte qui me laissait seul en rase campagne, sans repères, une lecture m'avait un temps permis de me retrouver. Les traces profondes de cette lecture ne s'étaient jamais effacées. Il s'agissait du *Sanctuaire inconnu*, autobiographie d'Aimé Pallière. Le titre même de l'ouvrage, à mon insu, résonnait avec mon fantasme du voile du Sanctuaire.

Dans sa quête douloureuse et incomprise du judaïsme, quête, en vérité, de père, Pallière rencontra Benamozegh. Il y eut entre eux un échange de lettres et une seule rencontre à Livourne. Celle-ci suffit à nouer le destin de l'ancien séminariste. D'emblée Benamozegh fit de Pallière, qu'il connaissait à peine, son légataire et lui confia par testament l'édition de son *opus magnum*, un volumineux brouillon de mille feuillets qui paraîtra sous le titre *Israël et l'Humanité*. Benamozegh voulut faire de Pallière son intercesseur auprès du monde chrétien, commencer avec lui une œuvre de réconciliation entre chrétiens et juifs, qui ne portera de fruits en définitive qu'un siècle plus tard.

Pourtant l'action de Pallière évoluera en une direction inattendue. Ce n'est pas tant au sein du monde chrétien qu'il militera mais à l'intérieur du monde juif français, au judaïsme profondément décoloré. Lui, le prosélyte, ne se lassera pas de vanter les beautés du judaïsme, des textes prophétiques, de la langue hébraïque qu'il maîtrisait.

Bien que ne s'étant pas formellement converti au judaïsme – sur les conseils de Benamozegh – Pallière occupera de nombreuses années la fonction de rabbin à la synagogue libérale de la rue Copernic. Mais son message fut froidement reçu par le monde juif français. « Vous souhaitez, lui reprochera-t-on, que nous retournions au ghetto ? » Déçu, amer, bouleversé par les horreurs de la Seconde Guerre mondiale, Pallière reviendra à son christianisme de naissance et finira son existence dans un monastère provençal tout en pratiquant les principaux rites du judaïsme.

A la lecture de ce témoignage, je découvris que le judaïsme pouvait être porteur d'une autre ferveur que celle des rites effectués avec déplaisir.

Quelques mois avant que Laurent Theis ne me propose d'écrire dans sa revue, eut lieu cette mémorable présentation de malade à Sainte-Anne que j'évoquais précédemment, celle de ce jeune homme conçu dans les camps auquel ses parents avaient caché son origine juive. La lecture du livre de Benamozegh, connu de rares initiés, lui avait permis d'organiser son délire et de donner un contenu à sa psychose. Pour moi, ce fut surtout la découverte que Lacan connaissait ce livre, qu'il aurait même joué un rôle dans son cheminement intellectuel.

La proposition de Theis entraîna la cristallisation de ce courant de souvenirs. Le titre même de mon article : « *Le cas* Aimé Pallière », contenait un écho supplémentaire, il renvoyait à la célèbre patiente de la thèse de Lacan, *Le cas Aimée*. Je caressais en effet la supposition suivante : peut-être avait-il donné ce pseudonyme à sa malade Marguerite Anzieu en hommage à Aimé Pallière ? Theis accepta mon projet mais en changea le titre.

La composition de cet article représenta pour moi un enjeu de grande importance et j'y consacrai toutes mes forces. Je lus tout ce que Pallière avait écrit, je passai des journées entières à la Bibliothèque nationale, j'empruntai tout ce qui restait des archives, bien mal tenues, de la rue Copernic où l'histoire de Pallière n'intéressait plus personne. J'achetai au prix fort chez un bouquiniste l'édition originale de *Israël et l'Humanité*, deux fois plus importante que l'édition abrégée rééditée depuis.

Lacan suivait ma recherche avec intérêt. Dans ces moments d'extrême passion – j'en connus quelques-uns dans mon existence –, je me transforme en monomane accablant mes proches, voire tout interlocuteur, de mon obsession du moment. Je ne parlais plus que de Pallière et de Benamozegh. Si bien qu'à sa séance, A. se plaignit :

« Mon mari me saoule avec son Benamozegh et son Pallière. »

A sa surprise, Lacan l'interrompit sur un ton de reproche :

« Ce que votre mari est en train de faire est très important. »

Elle me rapporta ces paroles qui me réconfortèrent. Le produit de cet effort ne fut sans doute pas à la hauteur des énergies investies. Ce temps était celui de mes retrouvailles confuses avec le judaïsme, et l'exaltation nuit toujours à l'écriture. J'en reprendrai la rédaction quinze ans plus tard, en m'efforçant d'en gommer les faiblesses les plus criantes.

Le nom, le signifiant *Pallière* lui-même, portait une part de ma névrose, de ma structure. Pallière avait choisi comme pseudonyme de journaliste celui de *Loetmol*, traduction en hébreu des deux mots *pas-hier*. Ce jeu de mots résonnait évidemment avec ce trait de ma structure qui se manifestera dans ma vie amoureuse en syndrome de Solal.

J'avais rendez-vous pour une séance le mardi qui succédait à un lundi de Pâques, jour où Lacan ne recevait pas. J'y fis brièvement le point sur l'avancée de mon article sur Pallière. Je m'apprêtais à partir après avoir réglé ma séance quand Lacan m'arrêta :

« Vous me devez la séance d'hier !

– Mais hier...

– Hier, je vous ai attendu et vous n'êtes pas venu.

– Mais nous n'avions pas rendez-vous, c'était jour férié...

– Vous me la paierez ! » conclut-il en grinçant les dents de colère et en me chassant littéralement du cabinet.

Je me renseignai auprès de Gloria : le docteur avait-il, hier, reçu qui que ce soit ? Non, il n'avait pas bougé de sa maison de campagne à Guitrancourt.

Il me fallut un long moment pour saisir le sens de cette intervention, plutôt scandaleuse : pas hier, Pallière, pas là hier, ce rendez-vous non advenu de mon destin qui m'avait projeté dans la névrose. Lacan venait d'y plonger un douloureux scalpel, douleur qui se transforma en éclat de rire : mot d'esprit et ses rapports avec l'inconscient.

Les éditions Hachette allaient soulever en moi une nouvelle espérance. Françoise Cibiel me parla de son projet de créer une collection de livres de psychanalyse et envisagea de me la confier. Cette proposition éveilla en moi l'ambition jusque-là méconnue d'éditeur. Mon lien particulier aux livres, à leur production, au pouvoir aussi sans doute que la fonction d'éditeur confère, l'expliquait. Mais un tel rôle, dans une maison aussi importante, ne pouvait être tenu que par un des ténors de l'Ecole, et j'étais prêt à m'accommoder d'un rôle plus modeste.

« J'aimerais beaucoup *animer* cette collection, dis-je en séance.

– Comment ? Comment ? »

Lacan avait cette voix de colère feinte, une des armes favorites et familières de sa maïeutique. J'en saisis immédiatement le sens.

« Que je *dirigerai* !

– C'est ça ! »

La colère se mua immédiatement en sourire, avec la satisfaction qu'éprouve tout analyste digne de ce nom quand il parvient à lever une inhibition de son patient. J'eus droit ce jour-là à la poignée de main réconfortante des bons jours, ceux qui succédaient à de longues périodes d'indifférence, voire d'hostilité. L'effet de ces manifestations de mauvaise humeur, feinte ou réelle, était immédiat. Je devais remettre en question ma position, mes adhérences imaginaires. Mais cette tension, qui frisait parfois le climat de terreur, n'était évidemment pas longtemps supportable. Après trois ou quatre séances qui ressemblaient à des rebuffades, j'avais droit à la poignée de main apaisante et consolatrice.

« Je dirigerai moi-même cette collection », dis-je à Françoise Cibiel. Elle accepta et me demanda de lui préparer un projet. Ce que je fis. Malheureusement, l'affaire resta dans les limbes.

Mon retour à l'hébreu, au Talmud avait attiré l'attention de quelques collègues juifs en mal d'identité. Une collègue, Perla D., souhaita organiser un groupe d'étude des textes hébraïques. Parmi les participants se trouvait Jean-François Steiner, l'auteur de *Treblinka*. Ce groupe, trop hétérogène, ne fonctionna pas bien longtemps, suffisamment cependant pour que je me lie d'amitié avec Steiner dont je n'avais pas encore lu le livre. Cette amitié naissante m'en fournit l'occasion.

La lecture de *Treblinka* me bouleversa. Je plongeai, pendant toute la traversée de ce texte, dans un désespoir absolu. Tout un pan refoulé de mon être revenait me hanter : la Shoah, le génocide juif, cause de cette insondable angoisse, de cette tristesse infinie qui m'habitaient depuis l'enfance et que j'avais oubliées avec mon judaïsme. Certains imaginent que les juifs du Maghreb, pour avoir été épargnés dans leur chair par cette tragédie, y seraient relativement insensibles. Mon expérience personnelle, puis mes observations de clinicien, m'ont amplement démontré la fausseté de cet a priori.

Au-delà même des juifs, ma pratique de psychanalyste m'a permis d'observer à maintes reprises combien la barbarie du génocide balafrait toute la subjectivité moderne. (Peut-être aurai-je un jour la force de le montrer.) L'image de cette femme arabe algérienne, médecin exilé, qui fit le voyage à Auschwitz organisé par le Mouvement juif libéral auquel je participais reste, pour moi, inoubliable. Je me souviens de son beau visage ravagé par les larmes pendant que nous parcourions les allées de Birkenau, mêlant sans doute dans son désespoir le martyre juif à celui de son peuple, à celui de tous les peuples. Comment pourrais-je jamais adhérer à ces haines ethniques soigneusement entretenues, Moloch moderne auquel on sacrifie nos enfants ?

Lacan m'accompagna attentivement, pendant toute cette retraversée de l'horreur. Il était là, debout à mes côtés, intéressé, soupirant d'angoisse, accompagnant mes sanglots de cette simple ponctuation : « C'est ça, c'est ça », disait-il.

Je ne retrouvai mes esprits qu'après de longues semaines tout en gardant une indélébile trace de cette confrontation au génocide. La Shoah n'était pas alors de mode avec l'usage frelaté qui s'est depuis imposé. Ce moment me fut ultérieurement précieux. Il me permit de déceler dans le discours de mes patients, fils, petits-enfants, conjoints de déportés, mais aussi simples sujets sans lien biographique et familial avec la déportation, combien ce mal est profond et essentiel pour comprendre le mal de vivre de l'homme moderne et pour élaborer une clinique d'aujourd'hui. J'ajoute que l'exploitation perverse du génocide devient à son tour un facteur pathogène.

Sous la pression d'un collègue, supposé de grande expérience, qui niait l'importance pathologique de la Shoah, j'établis un jour une grossière statistique de patients pour lesquels cette question était au cœur de leur symptôme. Je trouvai, avec une grande constance, la proportion considérable d'un tiers.

Depuis quelque temps, la durée de mes séances, déjà fort brève, se trouvait raccourcie à l'extrême. A peine pouvais-je dire trois ou quatre mots. Parfois la séance était levée avant même que je n'ouvre la bouche, par un « à demain » qui ne me laissait aucun choix. J'avais auparavant observé que Lacan utilisait cette technique en des moments exceptionnels, quand il voulait briser une vague d'angoisse excessive, un moment de dépression, ou quand il percevait un évitement, que je tentais de lui cacher un épisode de ma vie amoureuse par exemple. Ces interruptions brutales agissaient alors comme des électrochocs. Mais elle devenait à présent la règle quotidienne. Pour quelle raison ? A aucun moment je ne soupçonnais que ce comportement était à rapprocher de ma passe en cours, à laquelle je croyais Lacan indifférent. Je découvris quelques mois plus tard combien ma démarche l'intéressait et l'importance qu'il accordait à mon témoignage sur ce phénomène qu'il avait vu se déployer sous ses yeux : *l'importance du religieux dans l'inconscient*, plus précisément encore, l'importance du judaïsme comme lieu de naissance et de conservation du monothéisme.

Par la brutalité de ses coupures, Lacan souhaitait accélérer ma démarche. Mais j'étais aveugle à tous ces enjeux où je m'inscrivais en naïf. Je me souviens parfaitement d'une série de séances, tout à fait significative de cette période.

Début de séance : « En me coupant ainsi la parole, vous voulez...

– C'est cela ! » Fin de séance.

Début de séance : « Que mon analyse doit se conclure.

– C'est cela ! » Fin de séance.

Début de séance : « Fixons une date pour cette fin.

– D'accord ! » (Nous étions au mois de mars.) Fin de séance.

Début de séance : « Je vous propose d'en finir aux prochaines grandes vacances.

– D'accord ! » Fin de séance.

Mais pourquoi donc Lacan me mettait-il ainsi à la porte ? Ma position dans l'Ecole devenait de plus en plus inconfortable, en butte à une antipathie objective. Antipathie du courant chrétien de plus en plus puissant comme Dolto me l'avait manifesté, antipathie des psychanalystes juifs comme Melman, dans la pure tradition de Freud, pour qui la question juive sonnait comme une faute de goût, antipathie du courant anarcho-athée avec Clavreul comme chef de file, pour qui je n'étais qu'un délirant parmi d'autres. Quelle était donc la position de Lacan dans cette lutte de courants où l'ambition personnelle tenait au demeurant une place importante ? Impossible de le savoir. Mais j'avais fini par extrapoler à sa personne l'hostilité diffuse à mon égard. Lacan nécessairement devait condamner mes élucubrations freudo-religieuses. Je décidai d'en avoir le cœur net :

« Vous voulez que je m'en aille pour ne plus cautionner mes conneries.

– C'est exactement pour cela. » Fin de séance.

« Mais il y a peut-être d'autres raisons ?

– Je n'en vois aucune autre. » Fin de séance.

Après tant d'années d'analyse, je trouvais quelque chose de drôle à la violence apparente de ces répliques, coups de hache qui dénouaient à la hussarde l'incroyable lien transférentiel qui me liait à lui.

Nous avions donc pris date pour une clôture de cette longue aventure. J'étais encore interne à l'hôpital de Meaux, ma thèse était soutenue et en cours de publication, mon diplôme de psychiatre à moitié achevé. Cette perspective de la fin prochaine de ma cure me procurait un délicieux sentiment de légèreté. Mes ressources s'en trouveraient considérablement augmentées.

Pendant les quatre mois qui me séparaient de « sa fin », mon analyse me parut avancer à grands pas. Le poids de la névrose s'allégeait, mon humeur ne connaissait plus ces trous dépressifs qui m'avaient toujours accompagné.

« Ce sera plus émouvant que les adieux de Fontainebleau ! » me disait A.D. en se marrant.

Nous étions rendus à la dernière semaine de juillet avec son compte à rebours, puis enfin, la dernière séance.

« Quand est-ce que je vous revois ? » me demanda Lacan, avant même que je puisse finir la phrase que je commençais à articuler.

Je restai muet quelques secondes. C'était donc une fausse sortie, une feinte de plus. Je ne fis aucune objection.

« Eh bien ! en septembre comme d'habitude. »

Depuis Freud et son célèbre patient *l'homme aux loups*, fixer un terme à l'analyse pour mobiliser l'énergie du patient et briser ses résistances était devenu un grand classique. On sait que cette technique fut plutôt catastrophique pour ce patient. Lacan avait donc introduit une variante originale à la manœuvre : une fin de cure en trompe l'œil. J'ignore s'il l'utilisa avec d'autres analysants. Peut-être est-ce moi qui la suscitai par mes questions, en un moment où Lacan, dans son arsenal infini de ruses, avait déniché celle-ci : être toujours d'accord avec le discours du patient. C'est bien ça ! Tout à fait ! Mais oui ! Vous avez parfaitement raison ! Ces interjections avaient un effet paradoxal. On se mettait à douter de son jugement, de sa position, de ses croyances.

Ma fonction d'interne ne me permettait alors que quatre semaines de vacances. Je rentrai seul d'Italie et me retrouvai dans mon appartement avec pour unique compagnie Manuela, une personne qui venait quelques heures par semaine faire le ménage et ouvrir la porte à mes patients.

Un après-midi d'août, à mon retour de l'hôpital, Manuela me fit part d'un coup de fil. Le nom de l'interlocuteur lui avait échappé. Mais elle avait bien noté son numéro téléphonique. Je reconnus immédiatement celui de Lacan et je l'appelai.

« Où êtes-vous, Haddad ?

– Mais chez moi, monsieur.

– Pourquoi ne venez-vous pas me voir ?

– Je ne savais pas... Nous n'avions pas de rendez-vous... Je vous croyais en vacances... quand voulez-vous ? »

Je bafouillais. Ce coup de fil, cette question me surprenaient. De surcroît, je vivais un curieux moment. Une violente brouille entre mon père et l'un de mes frères, le décès d'une de mes tantes, la solitude, la canicule de l'août parisien m'avaient plongé dans un désagréable malaise.

« Mais tout de suite !

– Très bien, j'arrive. »

Que me voulait-il ? Pourquoi cette étrange invitation à venir le voir sur-le-champ ?

Ma fidélité à Lacan était au-delà de toute question. J'avais une fois pour toutes décidé de me conformer à ses directives les plus baroques. En ces derniers mois quelque chose avait profondément changé dans notre relation, mais aussi en sa personne. Il n'était plus l'homme flamboyant que j'avais connu au début de mon analyse. Il ne faisait plus, à son séminaire, ces longues conférences où l'on ne savait qui admirer le plus de l'acteur ou du penseur de génie. L'âge l'avait rattrapé. Il gémissait en montant l'étage qui le conduisait à son cabinet. Son séminaire, depuis qu'il s'était lancé dans la théorie des nœuds, n'était plus fait que de longs silences devant des schémas qu'il ne parvenait plus à dessiner. Tout cela m'émouvait et avait métamorphosé ma dépendance à son égard en un sentiment filial pour un père sur le déclin.

Je fus rue de Lille en quelques minutes. La salle d'attente était vide et je fus immédiatement admis dans son bureau. Je m'attendais à un entretien particulier. Il n'en fut rien, mais comme de coutume il m'invita à m'étendre sur le divan. Je fis état du marasme qui m'habitait. La séance se prolongea quelques longues minutes.

« Je m'en doutais », conclut Lacan avant d'ajouter ces étranges paroles : « Je suis rentré de vacances spécialement pour vous. J'étais inquiet pour vous... pour votre analyse je veux dire. »

Que signifiait cette déclaration ? Cette invitation à reprendre dans l'urgence mes séances ? Un tel souci pour ma personne ne pouvait en tout cas rester isolé. Il fallait en équilibrer l'effet par une contre-mesure désagréable.

« Comme je suis là spécialement pour vous, vous me paierez le double du prix habituel, soit 400 francs. Je vous revois mercredi prochain à la même heure. »

Lacan paraissait enjoué. En partant, je remarquai la présence d'un autre patient dans la salle d'attente. S'il était revenu de vacances spécialement pour moi, je partageais donc ce privilège avec quelques autres.

La semaine suivante, bien qu'admis directement dans son bureau, je remarquai que la salle d'attente commençait à se repeupler. Il y eut une troisième séance de ce type, la dernière semaine d'août. Cette fois le cabinet avait retrouvé son affluence habituelle.

Lacan maquillait souvent ses actes en leur donnant une allure de farce, en feignant surtout l'appât du gain. Ce maquillage ne résiste pas à l'examen. Qu'avait-il besoin, à son âge, après avoir amassé une coquette fortune, de ces quelques honoraires glanés dans la canicule aoûtienne. En vérité, si Lacan aimait beaucoup l'argent, il n'y avait chez lui aucune rapacité, et il pouvait être d'une générosité étonnante. Sa secrétaire Gloria me racontera, après sa mort, l'anecdote suivante. Elle lui demanda un jour l'autorisation de s'absenter pour l'après-midi. Il s'enquit du motif. La recherche d'un logement, lui dit-elle, car le propriétaire de son appartement lui avait signifié qu'elle devait le quitter. Quelques heures plus tard, Lacan l'informa que Sylvia, son épouse, lui avait trouvé un appartement.

« Mais je ne pourrai jamais payer le loyer de ce quartier !

– Qui vous parle de loyer ? S'il vous convient, je vous l'offre. »

J'ai recueilli d'autres témoignages émouvants sur la vraie générosité, discrète comme il se doit, de Lacan et dont je ferai ultérieurement état.

La raison de ce retour inopiné de vacances était donc à chercher ailleurs, et elle était sans doute tragique. D'après mes recoupements, c'est à cette période que Lacan découvrit le cancer du côlon qu'il avait décidé de ne pas traiter et qui allait l'emporter quelques années plus tard. J.-A. Miller me rapportera ce témoignage : à ses proches qui l'interrogeaient sur la raison de son refus de l'intervention chirurgicale, il répondit, avec l'insupportable sourire ironique qu'il arborait à l'occasion :

« Tel est mon caprice. »

Il lui fallait néanmoins achever la tâche entreprise, ou tenter de le faire. Entre autres, boucler certaines analyses encore en souffrance, dont la mienne. Telle est en tout cas mon interprétation de cet étrange épisode estival.

Si ma mémoire de la chronologie ne m'abuse pas, c'est quelques semaines plus tard que je décidai de clore mes entretiens avec mes passeurs. Je n'avais plus rien à ajouter à ce que je leur avais déjà dit. Désormais il appartenait au jury d'apprécier mon témoignage.

J'ignorais quelle devait être la suite de la procédure. Cette ignorance fut de courte durée et interrompue par un nouvel incident. Je me trouvais de passage au local de l'Ecole quand la secrétaire m'informa que Clavreul cherchait à me joindre d'urgence. Rentré chez moi, A. à son tour m'apprit que le même Clavreul me demandait de le rappeler dès que possible. Ce que je fis. Sa secrétaire au bout du fil m'annonça que l'on avait perdu les noms et les coordonnées de mes deux passeurs. La chose était des plus étranges, puisque ces noms et ces coordonnées, je les tenais du même Clavreul, grand ordonnateur de la cérémonie de la passe. Comment avait-il pu les égarer ? Et pourquoi cette urgence ? La réponse s'imposait d'elle-même. Le jury d'agrément, celui chargé d'examiner mon témoignage, était convoqué très prochainement pour examiner mon cas. Ma douloureuse et tortueuse histoire, la métamorphose que la psychanalyse avait opérée en moi, tout cela allait se trouver exposé devant cet aréopage. Pour des raisons qui m'échappent, cette nouvelle déclencha en moi une violente émotion. Un texte biblique s'imposa à mon esprit, le livre de Job, que je lus ou relus. Certains passages, à travers les larmes que je ne pouvais maîtriser, me parurent décrire mon sort bien mieux que toutes les paroles que j'avais déposées dans l'oreille de mes deux passeurs. L'idée me vint de leur téléphoner, d'ajouter quelque chose, une dernière touche à mon témoignage. Ils acceptèrent. Pierre M. fut glacial, Catherine M. chaleureuse. Elle me confirma que le jury était convoqué pour le surlendemain, un mercredi. Ce que normalement j'aurais dû ignorer. Je la suppliai, avant cette réunion, de lire les passages du livre de Job que je lui indiquais. Tout en lui parlant, des sanglots me tordaient la gorge.

Cette émotion contredisait le sens que je croyais donner à ma démarche, celui d'un galop d'essai. Je comptais tenter à nouveau cette procédure une fois mon analyse terminée. Après tout, être admis à la passe, devenir Analyste de l'Ecole (on disait A.E.), c'était obtenir son bâton de maréchal, alors que je faisais mes premières armes.

Les deux jours qui suivirent, mon émotion retomba et je ne prêtai même plus attention au fatidique mercredi soir où l'on débattit de mon sort. Je me rendis sereinement à ma séance du jeudi en me désintéressant de la délibération de la veille puisque la conclusion m'en était par avance connue. Il n'était pas question d'importuner Lacan pour de telles broutilles. Si j'avais à être informé des résultats de la délibération, cela se ferait certainement par un autre canal.

Je n'ai gardé aucun souvenir des quelques mots prononcés ce jour-là sur le divan. Mais voilà que sur le point de partir, Lacan m'arrêta. Il restait assis dans son large fauteuil, avec ce visage grave et fatigué qu'il présentait désormais. Les paroles qu'il m'adressa me sont, elles, restées gravées en mémoire, indélébiles :

« Le jury d'agrément s'est réuni hier soir pour examiner votre passe. Comme vous l'aviez vous-même perçu, son élaboration était encore imparfaite...

– Oh ! oui, je le savais... »

Mais Lacan me coupa, car l'essentiel n'était pas là, et il ajouta ces mots :

« *Mais c'était quand même ça.* Vos passeurs ont été remarquables. »

Puis vint la phrase la plus étrange :

« *Continuez avec les mêmes.* Je vous vois demain. »

C'était donc « quand même ça » ! C'est-à-dire que pour lui j'avais bien franchi la fameuse passe. Mais les derniers mots surtout me plongeaient dans la plus grande perplexité : *Continuez avec les mêmes.* Quels *mêmes* ? La même Ecole ? Cela allait de soi, puisqu'en dehors d'elle il n'y avait pas de passe. Le même analyste ? Bien évidemment. Mais ce n'est pas avec son analyste que l'on fait la passe mais avec des passeurs. Le contenu du message ne pouvait donc être que celui-ci : avec les mêmes passeurs. Or cette prolongation de la passe n'était pas prévue dans le dispositif qu'il avait lui-même inventé. Je me demandais dans quelles complications Lacan me poussait.

De retour chez moi, je fus surpris par l'attitude de A. :

« Alors ? me dit-elle simplement.

– Non. Je ne suis pas admis. »

Son visage exprima la plus profonde déception, moi qui l'imaginais indifférente à toute cette affaire. Elle manifestait plus de tristesse que moi devant ce qui ressemblait à un échec. Je lui rapportai les propos de Lacan, qui prirent du même coup tout leur relief.

J'échangeai quelques coups de fil avec des « amis », des collègues, essayant de comprendre avec eux les paroles de Lacan, cet énigmatique « continuez avec les mêmes ». Il me fallut supporter les discours vides alors à la mode. Les discours dominants sont au demeurant toujours creux. Seule leur forme change. Le refrain en était : « Il t'invite simplement à continuer à travailler ! » « Travailler » est le mot fétiche de ceux qui précisément ne font rien, ou plutôt tournent en rond, d'un colloque mortellement ennuyeux à un groupe de travail stérile. Le relief de la parole de Lacan était en somme annulé.

Mais j'entendis bientôt d'autres rumeurs, moins plaisantes. La délibération du jury, tel le secret de l'instruction, était supposée confidentielle et pourtant il y eut des fuites. « H., disait-on, est resté attaché au père idéal, H. est délirant... » Cela m'affecta profondément et j'en parlai à Claude Conté, lui-même membre du jury. Il me fit part, sur le mode discret qui était le sien, de son propre accablement :

« Il se passe de drôles de choses dans ce milieu analytique. »

Par ce mot *drôle,* il pensait à la laideur qui dominait désormais les relations entre collègues de l'Ecole. Lui-même avait été intéressé par mon témoignage, bien qu'il ne me cachât pas que pour lui, contrairement à

Lacan, « ce n'était pas ça ». Il resta muet sur l'expression « continuer avec les mêmes ».

Tous ces miasmes m'avaient profondément lassé, accablé. Je décidai de m'accorder un délai de réflexion. On verrait plus tard. Si bien que revenant en séance, je crus conclure l'affaire par ces mots :

« J'ai décidé de remettre à plus tard... »

De nouveau, toujours à ma grande surprise, alors que Lacan devenait de plus en plus laconique, il m'interrompit immédiatement :

« Il n'est pas question de remettre à plus tard. Il faut continuer immédiatement... »

L'injonction était sans appel, de celles auxquelles on ne peut que répondre, en paraphrasant l'expression biblique, par ces mots : <u>Me voici</u>. Il ne pouvait plus être question de me dérober à cette injonction, qui recouvrait, je le percevais confusément, un enjeu d'importance.

Un ami psychanalyste d'une autre obédience, Benno Rosenberg, me demandera quelques années plus tard :

« Ne trouves-tu pas que Lacan est bien trop intervenu dans ton analyse ? »

En d'autres termes, Lacan n'avait-il pas largement dérogé à la sacro-sainte règle – vide de sens concret – de la *neutralité bienveillante* ? Sans aucun doute. Sans son intervention, aurais-je entrepris ces études de médecine qui, entre autres, m'ont mis à l'abri de la dépendance des réseaux de clientèle et du même coup assuré ma liberté de pensée ? Mon intérêt pour les textes hébraïques se serait-il éveillé ? Sans parler d'un divorce heureusement évité dont la nécessité paraissait inscrite dans les astres. Ces interventions, savamment instillées sur des années, allaient dégager un style qui me fut propre. J'ai toujours eu du goût pour l'expression claire, la syntaxe classique, la phrase brève, sujet, verbe, attribut, l'opposé, en somme, du « style Lacan ». On me rapporta qu'un collègue, interrogé sur ce qu'il avait pensé d'une conférence que j'avais donnée, répondit : « H. est trop simpliste. » C'est qu'à l'Ecole, tout le monde « lacanisait », faisait confus, abscons, développait son propos en phrases pseudo-mallarméennes. J'ai moi-même sacrifié à ce travers, croyant ainsi faire psychanalytique et plaire à Lacan en tordant ma syntaxe et en emphatisant mes propositions. Ce fut Lacan lui-même qui, très vite, mit d'un coup, par son fameux grognement d'ours en colère, le holà à ces singeries. Simpliste je suis, simpliste je reste. J'aurai au moins été l'un des rares psychanalystes de ma génération à avoir produit quelques concepts nouveaux qui résistent au temps. De même Lacan sut arrêter mes velléités d'adopter l'un des accoutrements arborés par les sous-chapelles en vogue à l'Ecole, cheveux longs de baba cool post-soixante-huitard, ou, à l'inverse, nœud papillon et cigare en spirale. Toutes ces interventions en définitive me renvoyaient à mon propre style, plutôt gris et sans grand artifice. Il m'aida ainsi à surmonter les effets d'identification qui se développent dans toutes les institutions. Je répondis donc à l'ami Rosenberg que j'éprouvais beaucoup de gratitude à l'égard de ces interventions qui faisaient contrepoids aux effets de groupe.

Aussi, quand Lacan m'invita à poursuivre sans tarder le processus institutionnel de la passe, cette invite s'inscrivait dans les manœuvres qui devaient clore ma cure, et il n'était pas question de m'y dérober. Il n'y avait pas d'échappatoire à cette *expérience totale* qu'était une cure avec Lacan sinon son dénouement. D'autres que moi en ont témoigné.

Je téléphonai donc à mes deux passeurs et leur rapportai les propos de Lacan. Ma démarche les gêna beaucoup. Ils allaient réfléchir, me dirent-ils, c'est-à-dire consulter le petit réseau dans lequel ils étaient pris et surtout demander conseil à Clavreul dans la fonction indue de cerbère qu'il s'était arrogée. Les semaines passèrent. Finalement Catherine M. me rappela pour me signifier son refus de poursuivre le processus. J'en pris acte. L'autre passeur eut une réaction bien plus étrange. Ne donnant pas signe de vie, je finis par le rappeler. Il me répondit avec le ton distant que l'on suppose à l'analyste digne de ce nom :

« Ce dont vous avez besoin, c'est d'un analyste. Je pense que c'est cela que vous me demandez. »

Je mis quelques secondes pour déchiffrer ce charabia. Ce que le brave homme avait « entendu », c'était que je lui demandais, à lui précisément, une analyse.

« Mais je suis déjà en analyse, chez Lacan. »

Mon interlocuteur n'en démordait pas. Je compris que les deux « remarquables passeurs » avaient franchi sur le mauvais bord la limite de leurs compétences.

J'étais désormais sans passeurs puisque « les mêmes » se défaussaient. Il ne me restait qu'une seule issue. Retourner voir Clavreul et tirer les noms de deux autres passeurs. Je pris donc rendez-vous.

L'accueil fut polaire. Une fois encore, pendant tout l'entretien, assis dans son fauteuil, Clavreul grattait avec un tisonnier les cendres éteintes dans l'âtre de sa cheminée. Pas une fois je n'eus droit à un regard, à une bribe réelle de dialogue. Quand je lui rapportai les paroles de Lacan, j'obtins la répartie suivante :

« On fait dire à Lacan tout ce que l'on veut ! »

Ce « on » évidemment m'englobait. En termes plus clairs, j'étais un fabulateur ou un menteur.

« Vous savez, lui dis-je, cette démarche m'est pénible et j'aurais sans doute préféré ne pas la faire. Néanmoins je souhaite tirer deux nouveaux passeurs.

– Je refuse. »

De quel droit, ce refus ? Clavreul n'était en définitive que l'administrateur de la procédure. Il aura alors ces mots qui allaient soulever en moi une immense vague de dégoût et de mépris :

« Parce que vous n'avez jamais été dans la passe, vous n'êtes pas dans la passe...

– Je veux bien l'admettre.

– ... et vous ne serez jamais dans la passe. »

J'étais ainsi condamné, en quelques mots, à l'éternité de l'enfer, à l'aliénation sans rémission. Je ne serai jamais dans la passe signifiait dans notre jargon que je ne serais jamais un véritable analyste. C'était l'excommunication majeure. Aucun différend personnel ne nous avait jamais opposés. Je ne comprenais donc pas la violence de cette attaque, sa charge haineuse dont je préfère ignorer la source.

Il me fallut rapporter l'incident en séance. Lacan soupira, resta muet. Sur le pas de la porte, je me tournai vers lui, resté assis dans son fauteuil, et les mots suivants m'échappèrent, mots de vérité surgis comme il arrivait souvent en présence de Lacan :

« Mais qu'est-ce que je fais alors avec cette histoire de Clavreul ? »

Car il ne s'agissait plus de passe, ni de psychanalyse, mais d'une sombre petite magouille et de jeux de pouvoir.

« Eh bien, me répondit-il du tac au tac, cette histoire de Clavreul vous la laissez tomber ! »

Une fois de plus, Lacan désavouait en ma présence un de ses plus proches lieutenants. Je ne pouvais deviner que derrière ces mots le sort de l'Ecole elle-même était désormais scellé. La décision de dissoudre le grouillement de petits clans rivaux qu'était devenue l'EFP avait sans doute déjà été prise.

Un congrès sur la passe se tint à Deauville quelques jours plus tard, en janvier 1978. La ville, comme les esprits, était recouverte d'un épais brouillard. On y entendit de longs discours qui connurent le sort des feuilles mortes. Dolto pensa galvaniser les énergies défaillantes en se déclarant volontaire pour se soumettre elle-même à la passe, et invita les analystes chevronnés comme elle à suivre son exemple. Lacan lui rétorqua que le témoignage des analystes blanchis sous le harnais ne l'intéressait pas. Ce qu'il avait souhaité, c'était le témoignage de jeunes analystes, « à savoir ce qui peut venir dans la boule de quelqu'un pour s'autoriser d'être analyste. J'ai voulu avoir des témoignages, naturellement je n'en ai eu aucun... Bien entendu, c'est un échec complet, cette passe [1] ».

Lacan me parut, ce jour-là, particulièrement accablé. Je le croisai quelques instants plus tard, dans le hall de l'hôtel où tous les congressistes étaient rassemblés, une toque de fourrure de guingois sur la tête. Gérard Miller était aux petits soins. Il lui cédait son propre billet d'avion pour Paris. Mon cher vieux me parut affreusement vieilli ; le mal qui allait l'emporter accomplissait à grands pas son œuvre de mort.

---

1. Bulletin intérieur de l'Ecole freudienne de Paris, n° 23.

« Tous à l'asile »

Quand pour la première fois, je me rendis au 5, rue de
Lille, en l'automne 1969, Lacan, à presque soixante-dix
ans, malgré ses cheveux déjà entièrement blanchis,
n'avait rien d'un vieillard. J'étais impressionné par son
énergie, sa voix assurée, sa démarche. Il recevait ses premiers patients à une heure bien matinale – j'eus des
rendez-vous vers huit heures du matin et je n'étais pas le
premier à attendre – et fermait son cabinet après vingt
heures. Le moment du déjeuner était plutôt bref puisque
dès treize heures trente nous étions souvent plusieurs à
nous presser dans sa salle d'attente. Quant aux vacances,
à l'exception du mois d'août, d'une semaine à Noël et à
Pâques, de quelques jours en février il était toujours là,
au poste, dans son cher 5, rue de Lille. Contrairement à
bien des analystes, son métier ne semblait jamais le
lasser, et sans doute l'usage (et l'abus) des séances
brèves l'aidait-il à tenir le coup. Un tel mode de vie et de
fonctionnement atteste que s'il aimait l'argent, celui-ci
n'était évidemment pas sa motivation principale.

Je fus plus tard admis à ce qu'il appelait son séminaire, bien que, le plus souvent, il se réduisît à un pur

monologue. Pendant une heure et demie, debout, avec ses colères, ses bouffonneries, son art consommé du spectacle, il magnétisait son public, lequel, pour rien au monde, n'aurait manqué cette étrange performance qui aurait épuisé plus d'un jeune orateur.

A sa présentation de malades, j'assistais à une autre étonnante performance qui durait, elle aussi, plus d'une heure d'horloge. Là, dans une incroyable symbiose avec le discours du malade, il en déployait l'histoire, le délire, conférant au malheureux une sorte de génie, de profondeur métaphysique qui remuait jusqu'au tréfonds de l'âme l'auditeur attentif.

L'exercice terminé, celui du séminaire ou de la présentation, Lacan se précipitait à son cabinet où l'attendaient déjà de nombreux patients, venus, certains d'Italie, d'Espagne ou de plus loin encore. Son déjeuner se réduisait alors à un sandwich ou à un plat qu'il mangeait devant ses premiers interlocuteurs. Je me souviens du steak tartare qu'il mangeait en me parlant. Si je n'ai pas retenu le propos de ce jour-là, pour une mystérieuse raison, l'odeur de l'oignon qui accompagnait sa parole, elle, m'est restée en mémoire. Aucun patient, dans les quelques minutes qui lui étaient accordées, ne l'a jamais trouvé absent, distrait, « à côté de la plaque », mais toujours, au contraire, d'une incroyable présence. Tel fut l'étonnant phénomène humain que j'ai côtoyé pendant plus de dix ans.

Imperceptiblement cependant, Lacan vieillissait, son pas devenait traînant, j'entendais ses lourds soupirs quand il montait l'étage qui le conduisait au cabinet, mais je n'y prenais pas garde, attribuant ses difficultés à des malaises passagers ou feints. Pour moi, il était éternel comme je crus plus tard éternel cet autre phénomène qui marqua ma pensée et mon existence, Yeshayahou Leibowitz.

Il fallut pourtant, peu à peu, se rendre à l'évidence. Le déclin devint évident à son séminaire à partir du moment où son intérêt pour la théorie des nœuds occupa l'essentiel de son discours. Celui-ci bientôt se transforma en longs silences, le dos tourné au public et s'efforçant de tracer sur de grandes feuilles blanches des entrecroisements de lignes dont il était difficile de saisir la portée. Les choses se compliquaient de plus en plus et se réduisaient à un dialogue ésotérique avec deux jeunes mathématiciens, Michel Soury, qui se suicida peu avant la mort de Lacan, et Thomé.

Le dernier séminaire où il parvint à articuler un discours audible fut celui consacré à Joyce, *Le Sinthôme*. Comment pallier la psychose dans un espace psychique où la métaphore paternelle est absente ? Par la prothèse de l'ego, c'est-à-dire en parvenant à se faire un nom. Telle fut la thèse nouvelle ou l'aveu d'échec qu'il avança à ce séminaire. Sans Nom-du-Père, déclara-t-il un jour, nous allons vers un monde concentrationnaire dont les nazis furent les précurseurs. Le père moderne avait désormais pris cette figure illustrée par Claudel sous le titre de *père humilié*. Mais il n'y aura bientôt plus de père du tout. Telle fut, me semble-t-il, la vision tragique qui occupa sa pensée à la fin de sa vie et qu'il résuma un jour à sa présentation par ce « tous à l'asile » déjà rapporté, accompagné d'un effrayant ricanement.

Une des grandes ambitions des psychanalystes en ces années-là – mais la chose restait confuse comme tout ce que nous entreprenions –, c'était de trouver un traitement à la psychose. Freud, et Lacan après lui, avaient insisté sur l'inadéquation de la cure psychanalytique à cette fin. Lacan avait précisé le défaut qui rendait pour l'instant inutiles, voire néfastes, de telles tentatives : la non-inscription du symbole paternel dans la structure. Comment se passer du père, ce père tant haï comme symbole par toute notre civilisation moderne, scientifique ? Or rien de grand n'a jamais été produit dans la culture *qu'au nom* de ce père symbolique.

Lacan avait-il cherché du côté de son objet *a*, objet pulsionnel en tant qu'absent, puis de sa théorie des nœuds une parade à cette carence chaque jour plus béante ? Il se peut. Il se peut aussi, et c'est ce que je crois, que la fin de sa vie fut marquée par le constat lucide de l'échec de sa tentative. Au cours d'une séance, alors que je venais de prononcer les mots « question paternelle », il m'interrompit avec un soupir :

« Tout est là ! »

J'y entendis l'aveu définitif d'un échec, celui de sa tentative de dépasser la question de l'Œdipe en tant que clé de voûte de la psychanalyse. La psychanalyse sans Œdipe n'est qu'un pur délire. Il y avait dans ce constat une profonde tragédie, celle qu'il m'énonça un jour d'un « vous êtes foutu », passager d'un immense *Titanic* où l'orchestre joue encore alors que l'iceberg a déjà déchiré sa coque. Si Lacan, comme je le crois, porta un intérêt particulier à ma cure, au-delà de la sympathie qui peut rapprocher deux êtres, c'est parce que je lui fournissais à mon insu cette matière juive qu'il questionnait depuis des années à mots couverts, parce qu'il lui paraissait, depuis ses premiers écrits sur la famille, que là, au cours d'une séculaire filtration, avait fini par cristalliser l'opérateur paternel.

Après le séminaire *Le Sinthôme*, la parole de Lacan se fit encore plus rare, avant de laisser place à un pénible silence qui se prolongeait pendant toute la durée de l'heure du séminaire. Parfois même, après cette funèbre méditation, il déchirait les grandes feuilles sur lesquelles il avait échoué à retracer on ne sait plus quel schéma de nœud.

La mode Lacan commençait à passer et le public se clairsemait. Il me semblait curieux qu'après lui avoir déclaré tant d'amour on abandonne le vieil homme en difficulté. Il en allait de même à la présentation de malades du vendredi qu'il maintenait malgré tout. Mais les longs et passionnants dialogues s'étaient rabougris en entretiens où les silences de Lacan devenaient de plus en plus longs et pénibles.

Le bruit courut qu'il était aphasique, qu'il souffrait d'une tumeur au cerveau. Mais je ne prêtais aucun crédit à ces rumeurs insistantes. Je trouvais dans ses dialogues muets avec ce qu'il appelait ses « ronds de ficelle » qui furent son dernier objet d'intérêt, l'expression d'une authentique tragédie intellectuelle, un message muet à déchiffrer.

Lacan aurait pu se retirer depuis des années, auréolé de son prestige et de l'affection proprement religieuse de ses élèves. Il ne l'avait pas voulu, préférant, du même coup, obscurcir son image dont, malgré les apparences, il ne faisait pas grand cas. Il désirait rester là, comme théoricien et praticien, comme clinicien, jusqu'à la limite extrême de ses forces, au service de cette discipline, la psychanalyse, qui l'avait sans doute enrichi comme aimaient à le répéter les esprits médiocres, mais qui fut pour lui un véritable sacerdoce.

Sa clientèle elle-même devenait moins nombreuse. Des élèves décidaient de mettre fin à leur cure plutôt que d'assister à la décrépitude de leur ancienne idole. Cela provoquait chez lui de violentes colères qu'il exprimait par des actes, des coups de poing qu'il assenait sur l'épaule du déserteur. Etait-ce l'expression de sa sénilité ou la mise en acte de cette pratique zen dont très tôt il souligna l'intérêt, à savoir le coup de bâton porté par le maître à l'élève dont l'esprit se dérobait ?

Quant à moi, ma décision avait été arrêtée depuis longtemps, inspirée par ces textes de Platon que j'aimais tant : j'accompagnerais mon maître jusqu'au bout. D'autant plus que mon analyse, en cette dernière période, avançait à grands pas, me semblait-il. Ma vie sur tous ses plans connaissait un printemps aussi tardif qu'inattendu. J'habitais et travaillais dans un grand et confortable appartement à deux pas du Trocadéro agréablement décoré sans dépense excessive grâce à l'amitié d'une décoratrice rencontrée quelques mois auparavant.

Mes enfants avaient accompli leur *bar mitzva*, cet événement qui déclencha mon retour au judaïsme, retour qui ne fut pas une simple spéculation mais une inscription dans le réel de ma vie. Mon intérêt pour l'hébreu, le Talmud, n'avait pas décru avec la fin de ma thèse. Bien au contraire. Tous les dimanches matin j'assistais au cours de Talmud donné dans la synagogue de la rue de Montevideo. Je me remis aussi à l'étude de l'hébreu. J'avais acquis des éléments de cette langue au cours de mon enfance, dans les mouvements de jeunesse sionistes, au cours de mes études secondaires dans l'école de l'Alliance israélite. Tout cela était si lointain, recouvert d'une épaisse couche d'oubli. Et ce savoir oublié refaisait surface. J'ai toujours aimé l'hébreu, son étrange vibration, les inflexions de sa phrase, et je me passionnerai plus tard pour l'autobiographie de l'homme qui la ressuscita comme langue vivante, Eliézer Ben Yehouda.

Ce bouillonnement qui ne cessait pas crut trouver son exutoire naturel dans le nationalisme juif, le sionisme, dont je me faisais une représentation idéale. Il me faudra des années et une expérience directe et vécue pour m'extraire de cette illusion jusqu'à finir par exécrer la plupart de ses expressions. Je m'enflammais temporairement pour Israël. Je m'y rendais fréquemment en vacances et vivais les semaines que j'y passais dans un véritable bonheur. Puis, au moment de reprendre l'avion pour retrouver Paris, une pénible tristesse m'envahissait. Le désir impérieux d'aller un jour m'y installer commençait à poindre en moi.

Pendant l'été 78, j'effectuai un magnifique voyage dans le désert du Sinaï, une randonnée à pied, un *trek,* dans les montagnes qui entourent le monastère de Sainte-Catherine. Dormir à la belle étoile, sous les extraordinaires constellations d'un ciel de désert, manger sur un rocher un morceau de pain bédouin préparé sur place accompagné d'olives noires, découvrir soudain une source d'eau fraîche, se baigner à proximité des merveilleux coraux de la mer Rouge, nous vécûmes ainsi, A. et moi, dix jours de grand bonheur et de belle amitié, dans la compagnie d'un groupe de marcheurs israéliens, amoureux du désert. Comment oublier qu'en ce lieu s'était produit l'extraordinaire événement fiché au pli secret de mon âme, la révélation de la Loi, cette Loi au cœur de l'enseignement de Lacan ?

Or, précisément ce concept de Loi, rabâché par les psychanalystes lacaniens, mais vidé de tout contenu concret, se révélait plus embarrassant qu'éclairant. Qu'en faire ? La vulgate freudienne stipulait qu'un analyste se devait d'être athée. Mais l'Ecole de Lacan comptait parmi ses membres des moines jésuites, les catéchumènes de Dolto et de nombreux défroqués. Et le judaïsme, dans tout cela ? Cette ambivalence du discours, cette position obsessionnelle collective allaient emporter l'Ecole.

Je souffrais moi-même de ce paralysant et névrotique entre-deux. J'avais désormais une pratique consistante du judaïsme, je fréquentais la synagogue, je jeûnais à Kippour, je mangeais des azymes à Pessah, je ne consommais ni les espèces interdites, ni le mélange lait-viande. Et pourtant je n'osais pas me reconnaître croyant. Alors pourquoi ce respect des rites s'imposait-il à moi ? Mon analyse me laissera jusqu'à la fin en cette inconfortable position (mais commode, avouons-le, par d'autres aspects). Ce n'est que plus tard, avec la découverte de la théologie maïmonidienne, puis la rencontre du merveilleux Leibowitz, que je franchirai ce pas et trouverai une cohérence souple dans ma quête désordonnée de vérité. La recherche de Dieu, y compris dans cette représentation fantasmatique de mon regard posé sur le voile du Sanctuaire, n'était-elle pas, avec celle du sexe, la grande question de ma vie ?

Tel était le témoignage que le jury d'agrément de l'Ecole n'avait ni su ni voulu entendre. Lacan, lui, me poussait à hausser la voix, à percer la surdité de la horde qu'il avait enfantée.

En décembre 1979, à la séance du séminaire qui précédait les vacances de Noël, j'étais assis à côté d'Eric Porge. Lacan dessina au tableau deux nœuds borroméens très simples, chacun formé de trois ronds de ficelle intriqués entre eux de façon singulière. Chacun des ronds représentait soit le symbolique, soit l'imaginaire, soit le réel. Une fois de plus il répéta ce qu'il n'avait cessé depuis des années de rabâcher, à savoir que la chute de l'un quelconque d'entre eux rendait sa liberté aux deux autres et du même coup supprimait le nœud, chose que nous savions tous parfaitement. Je me tournai alors vers Porge et je prononçai ces mots qui s'étaient imposés à moi, sorte d'épiphanie inexplicable, comme il m'en arriva quelquefois dans ma relation à Lacan :

« Ce dessin, c'est l'Ecole. Elle est finie. »

Je ne croyais pas si bien dire. Dans les premiers jours de janvier, chaque membre de l'Ecole reçut une lettre où Lacan nous annonçait que lui-même quittait l'Ecole, son Ecole, c'est-à-dire, suivant la topologie borroméenne qu'il avait bâtie, qu'il la dissolvait. L'affaire fit grand bruit dans les médias, véritable événement national et manifestation de la place éminente que la psychanalyse tenait alors dans la vie culturelle du pays.

Ce texte, je l'apprendrai plus tard, avait été rédigé par Jacques-Alain Miller, son gendre, mais de l'avis de tous, sur les instructions de Lacan. Cette dissolution c'est lui, et lui seul, qui l'avait voulue, passionnément, avec la rage douloureuse de détruire sa propre œuvre. Pourquoi ? Sans doute, pour ne pas laisser peser sur la psychanalyse, passion de sa vie, la charge d'une nouvelle institution perverse, au pouvoir démesuré. Les institutions lacaniennes perverses – les institutions ne le sont-elles pas toutes par nature ? – allaient sans doute proliférer après lui. Mais aucune d'entre elles ne pourra se prétendre la légitime héritière de son œuvre et de son prestige même controversé. Chacune aura à faire ses preuves par elle-même. Vingt ans après aucune n'y est parvenue. Les préoccupations de pouvoir ont pris le pas sur la nécessaire réflexion concernant l'état actuel de la psychanalyse, réflexion épistémologique en premier lieu, raison pour laquelle je n'adhère plus à aucune d'entre elles.

Je vécus cette dissolution comme une libération. Tous les barons du lacanisme, drapés dans leur morgue, se trouvèrent désavoués. Les querelles qui les divisaient pour une illusoire succession se trouvaient ramenées à leur vanité. Le gendre allait sans doute accaparer l'avoir. Mais ce versant-là ne me concernait ni ne m'intéressait. Après les humiliations et les vexations subies, à propos de ma passe, de mon intérêt pour le judaïsme, de ma thèse sur l'incorporation d'écriture dans le processus de l'identification primaire, je respirais de soulagement.

Dans les semaines qui suivirent la dissolution, je fis un étrange et sinistre rêve que je racontai à Lacan. Un camion bâché, comme ceux que l'armée utilise dans le transport des troupes, stationnait au beau milieu des Champs-Elysées. Des hommes se mirent à décharger son horrible cargaison, des morceaux de corps humains sanglants qui formèrent un petit tas sur la chaussée. Une voix *off* m'informa, à l'intérieur du rêve lui-même, de sa signification :

« Il s'agit de l'Ecole freudienne de Paris.

– C'est cela, me dit Lacan accablé, un petit tas. »

Sans doute, joua-t-il sur les mots : petit *a*, le seul concept nouveau selon lui, qu'il aurait ajouté à la théorie de Freud.

Lacan reprit son séminaire, selon le rythme bimensuel habituel. Le bafouillage, les silences sur les nœuds prirent fin. Lacan lisait un texte qu'il entrecoupait de remarques, d'interventions improvisées. Il avait retrouvé sa verve et son humour, malgré une fatigue de plus en plus visible, et surtout cette grande dignité qui restera l'image que je conserverai de lui.

Mon amie Laurence Bataille, la belle-fille de Lacan, me dira plus tard que ces textes étaient de la plume de J.-A. Miller, Lacan lui-même étant incapable d'écrire.

Pour avoir été présent à chaque séance de ce séminaire controversé, je n'eus à aucun moment l'impression de me trouver face à un robot manipulé, mais à un sujet qui assumait sa parole.

La lettre de dissolution avait ouvert un autre front, inattendu, une lutte juridique. Cette dissolution, en effet, n'avait pas été prononcée dans les formes légales, avec convocation d'une assemblée générale et le vote d'une motion à la majorité des deux tiers. Mais que pouvait bien signifier une Ecole lacanienne désavouée par Lacan lui-même ? Néanmoins, un groupe important d'opposants, soutenu par Françoise Dolto, avait saisi la justice en référé et la dissolution se trouva bloquée, de même que la création d'une nouvelle institution, la Cause freudienne, supposée prendre le relais de la défunte Ecole.

Certains remarquèrent que le nom donné à cette nouvelle institution, la *Cause* freudienne, rappelait celui d'une précédente organisation politique, la Cause du Peuple, groupuscule maoïste dont les frères Miller, avec Alain Geismar, furent les dirigeants. La main du gendre apparaissait de plus en plus évidente dans ce jeu de masques jetés et où de nouveaux masques se mettaient en place. En vérité, je ne comprenais rien à tout ce qui se tramait. On vit bientôt apparaître à la direction de cette « révolution culturelle » un quintette constitué par J.-A. Miller, Colette Soler, Catherine Millot, Eric Laurent et Michel Silvestre (qui fut mon ami jusqu'à sa mort prématurée), avec, en arrière-plan, « le frère », Gérard Miller. Quelques années plus tard cette petite compagnie volera en éclats, emportée par des scissions répétées. Gérard Miller n'avait pas encore révélé ce talent d'histrion qui en fait depuis l'incontournable animateur de jeux télé-radiophoniques. Pur et dur, il incarnait alors à l'Ecole la cause du maolacanisme. Etrange relation qui liait les deux frères ! Gérard avait pour son frère Jacques-Alain une admiration infinie. A l'inverse, l'aîné confessait pour son cadet, dont il exploitait la verve polémique, des sentiments sans aménité :

« Vous qui connaissez la Bible, me demanda-t-il un jour, d'Abel et de Caïn, n'est-ce pas Abel l'aîné ?

– Non, selon les textes, Caïn est bien l'aîné. Mais pourquoi cette question ?

– C'est étrange, j'ai toujours vécu mon frère Gérard comme mon potentiel meurtrier. »

J'admirais beaucoup alors Jacques-Alain Miller pour son intelligence, sa culture, ses exposés charpentés et argumentés qui tranchaient avec le creux galimatias que l'on entendait à l'Ecole, y compris chez les meilleurs. De dépit, ceux-ci avaient péjorativement qualifié tout exposé un peu articulé comme relevant du *discours universitaire*. Miller eut beau jeu pour avancer ses pions dans le ventre mou de ce vide épistémologique et je me retrouvais parfaitement dans son style et sa démarche. Je m'imaginais travaillant à ses côtés, participant à un effort collectif dont il serait le *primum inter pares*. Ce que je ne pouvais imaginer, c'est que cette personne hautement douée ne possédait pas la haute ambition intellectuelle que je lui prêtais. Il ne rêvait que de pouvoir absolu, solitaire, gourou de secte. Je lui ai même supposé, à moitié pour rire, l'ambition méconnue ou refoulée de *rebbe hassidique*, ces rabbins charismatiques de Pologne, pays d'origine de sa famille, qui régnaient sans partage sur des communautés juives. N'avait-il pas conquis le pouvoir selon le mode de transmission en vigueur dans ces communautés, en épousant la fille du *rebbe* en place – Lacan en l'occurrence – dont on voulait hériter du pouvoir et de la fortune accumulée en exploitant la crédulité des ouailles ? Pour l'instant tout cela me restait masqué par ma fidélité à Lacan. J'ignorais que le groupe Miller fonctionnait en véritable appareil insurrectionnel, avec ses réunions secrètes pour préparer l'après-Lacan, en je ne sais quel château comme ils le raconteront euxmêmes dans un numéro du magazine *L'Ane* qu'ils avaient créé et auquel j'ai collaboré pendant deux ans.

Le blocage de la dissolution avait transformé celle-ci en pugilat. Des clans s'étaient formés, on échangeait les invectives, on ne se parlait plus entre adversaires. Lacan avait demandé à ceux qui désiraient participer à la nouvelle institution, la Cause freudienne qui ne verra en définitive jamais le jour, de lui écrire. Il reçut plus de mille lettres. Un curieux phénomène épistolaire allait dès lors se développer. Chacun y alla de sa lettre envoyée à des centaines d'exemplaires. Si bien que chaque matin apportait sa moisson de courrier.

Miller et son groupe créèrent un petit bulletin, *Delenda*, où chacun pouvait déverser ses états d'âme. Le titre faisait écho à la célèbre phrase de Caton après la chute de Carthage *Delenda est Carthago*. Il fallait extirper jusqu'aux fondations toute trace de la belle cité punique vaincue, ma ville natale au demeurant. On retrouva le style des groupes « révolutionnaires », celui de l'agit-prop et des procès staliniens. J'étais moi-même un actif militant de cette dissolution. Je ne comprenais pas que l'on s'oppose à la décision de Lacan, que l'on veuille perpétuer une Ecole lacanienne sans lui. Plus profondément, je me réjouissais que cette institution irrespirable, où j'avais compris n'avoir aucune perspective, fût détruite.

Miller cherchait à rassembler les partisans décidés à cette dissolution, et comme j'étais de ceux-là, il me fit quelques avances. Il me proposa un jour de collaborer à la nouvelle formule de sa revue *Ornicar ?* qu'il s'apprêtait à lancer. Je rédigeai le texte intitulé la *Transférance signifiante*, où je mettais en parallèle la technique midrashique de la *gzera chava* et celle de l'interprétation du transfert. Cet article lui plut. Il me demanda de le présenter lors d'une conférence donnée au 3e cycle qu'il dirigeait à Paris-VIII[1]. Il accordait ainsi à mon travail sur le Talmud un intérêt, feint ou réel, qui ne pouvait que me rapprocher de lui et de son groupe. Dans celui-ci se trouvait Laurence Bataille. Elle deviendra très vite la première opposante à son beau-frère.

Ma relation à Miller, à Judith sa femme, la fille du maître pour laquelle j'éprouvais affection et estime, prit un tour décisif une année plus tard à la parution de mon livre *L'Enfant illégitime*. J'y reviendrai. Je fis même un jour le rêve que j'eus du mal à raconter en

---

1. Ce texte se trouve désormais en annexe à mon ouvrage *Manger le Livre, op. cit.*

séance, d'une sorte de baiser extatique que j'échangeais avec Judith. Celle-ci me disait avant que nos lèvres ne se rejoignent : « Vous l'avez voulu », comme si une transgression irréparable, incestueuse, se commettait là.

Pendant ce temps, Lacan poursuivait son séminaire et sa présentation de malades à l'hôpital Sainte-Anne, recevait ses dizaines de patients. Il cautionnait, à l'évidence, ce qui se pratiquait en son nom. Sa parole se faisait de plus en plus rare, sa fatigue de plus en plus évidente. Mais sa présence était incontestable.

Une première assemblée générale de l'Ecole se tint sous la présidence d'un huissier, M. Zécri. Les partisans de la dissolution étaient certes majoritaires, mais non à la majorité qualifiée. Une seconde assemblée fut convoquée deux mois plus tard à la Maison de la Chimie, lieu privilégié des rassemblements de l'Ecole. La justice en avait ainsi décidé : douze orateurs prendraient la parole, six pour chaque camp. Je proposai à Eric Laurent, bras droit de Miller, d'être un des six qui défendraient la dissolution. Après une brève hésitation, il accepta. Le temps imparti à chacun était bref, dix minutes si ma mémoire est bonne. Je tins un discours très violent, si violent même qu'avec le recul je regrette certaines de mes paroles. Après tout, ceux qui s'opposaient à la dissolution témoignaient de leur profonde angoisse, celle de ne pas laisser capter l'héritage de Lacan par un groupuscule sectaire. A cette époque, le terrorisme, en premier lieu le terrorisme palestinien, avait choisi la prise d'otages comme principal mode d'action. Après les camps, dont Lacan avait un jour proféré qu'ils constituaient le réel de notre temps, la prise d'otages ne serait-elle pas l'émergence d'un nouveau réel ? En un mot, après Auschwitz, nous vivions dans un univers d'otages. Les opposants à la dissolution, minoritaires, en imposant leur volonté procédurière ne prenaient-ils donc pas en otages la majorité de leurs collègues ? Tel fut mon argument. Injuste peut-être mais non sans vérité, je suis convaincu qu'il contribua au dénouement d'une crise qui s'éternisait. Pour l'heure les partisans de la dissolution manquèrent de peu le seuil requis de la majorité.

À la mi-temps de ces étranges joutes oratoires, nous fûmes tous conviés à un grand déjeuner au Palais des expositions de la Porte de Versailles. Je partageais la table de quelques personnes du groupe millérien, les jeunes loups lancés à la conquête du pouvoir, Eric Laurent, Nicole Kress-Rosen... Nous nous trouvions à la périphérie de l'immense hangar, mais à proximité de la table d'honneur, celle réservée à Lacan et à ses proches, sa secrétaire, sa fille, les deux frères Miller. Bientôt Gérard se dirigea vers notre table et murmura à l'oreille de Nicole, puis à celle d'Eric, que le « docteur » les invitait à sa table.

J'étais face à Lacan, sous son regard fixe et comme vitreux. Mes deux compagnons me quittèrent et je me retrouvai ainsi seul à une table, dans le grouillement de centaines de personnes regroupées par tables de six. Que faire ? Quitter mon siège et rejoindre une autre table ? Ne pas bouger et attendre que d'autres convives complètent la mienne ? Les réflexions se bousculaient en moi. Je pouvais après tout penser que Lacan avait voulu cette situation, qu'il avait deviné mon insidieuse manœuvre d'infiltration dans le nouveau groupe dirigeant et qu'il la mettait en échec. Je trouvais le moment chargé de symboles, un signe pour le présent et surtout pour le futur. Ma destinée était inscrite dans cette posture, cette impossibilité d'intégrer un groupe, *outsider* de la psychanalyse sous le regard écrasant de Lacan.

Un serveur mit fin à ce dilemme :

« Monsieur, vous ne pouvez pas rester seul à cette table. Tenez, il reste une place libre à la table voisine. Asseyez-vous là. »

Soulagé, j'acceptai l'invite.

Une nouvelle assemblée générale fut convoquée pour le début de l'été. Cette fois il n'y eut pas vraiment de débat. Les opposants à la dissolution avaient abdiqué et le firent savoir. Certains d'entre eux avaient déjà créé leur propre organisation. Un nouveau mot magique, un nom de ville, domina notre assemblée : Caracas, capitale du Venezuela. Une psychanalyste argentine réfugiée dans ce pays, Sylvia Rabinovitch, avait organisé avec J.-A. Miller le grand rassemblement des « lacano-américains », celui des analystes sud-américains, argentins dans leur écrasante majorité, intéressés par l'enseignement de Lacan. J.-A. Miller, tel Napoléon à l'Austerlitz de son imaginaire, avait échafaudé une stratégie pour abattre la psychanalyse anglo-saxonne en son bastion de l'International Psychoanalytical Association (IPA), cette institution qui, en 1964, avait « excommunié » Lacan et son enseignement : les contourner par le sud, conquérir l'Amérique latine, remonter par le Mexique avant d'assiéger, puis de s'emparer de New York, siège de l'IPA.

Plus tard, Rabinovitch se brouilla avec J.-A. Miller. Peu de temps après, elle eut un grave accident de la circulation. Miller déclara alors publiquement :

« Voici ce qui arrive à ceux qui trahissent le Champ freudien ! »

« Champ freudien » est la métaphore par laquelle il aimait se désigner. Discours en principe réservé aux rabbins intégristes : « Voici ce qui arrive à ceux qui transgressent le Shabbat », et qui, mieux que de longues polémiques, révèle le naufrage *post-mortem* de l'enseignement de Lacan.

Entre-temps, la dissolution fut votée à une écrasante majorité. Pour fêter l'événement, connu d'avance, un cocktail avait été organisé dans les salons de la Maison de l'Amérique latine toute proche. Par un magnifique après-midi ensoleillé de début d'été, cette dissolution prenait pour moi, pauvre naïf, les couleurs d'une victoire. Dans les salons, dans le jardin attenant, un verre à la main, nous nous congratulions.

« *C'est acquis*, jubilait l'un.

– C'est bien la question, répartit un autre, *c'est à qui* à présent. »

Mais la plus étonnante des scènes se déroulait dans le jardin. Lacan était assis à l'ombre d'un arbre et de nombreuses personnes venaient le saluer, le congratuler. Il leur fallait pour cela, eux étant debout, s'incliner devant lui. Etrange rituel ! Un rire silencieux, comme une secousse électrique, secouait parfois tout son corps. Dans mon aveuglement je ne mesurais pas encore la gravité de son état. Je croisai Gloria, sa secrétaire, venue lui chercher des boissons.

« Qu'est-ce que vous attendez pour saluer le docteur ? » me dit-elle.

En effet, je restais en retrait, emprunté. Je pris donc mon courage à deux mains et me rendis dans le jardin pour saluer mon vieux maître. Je lui tendis la main, me forçant à sourire et à bredouiller quelques mots, quelque chose comme des félicitations : « C'est formidable ! » Il me regarda longuement. Dans son regard il n'y avait aucune joie, plutôt un tragique infini, une tristesse d'outre-tombe. Comment avais-je imaginé un seul instant avoir participé à un événement heureux alors qu'il venait d'enterrer son œuvre de ses mains avant de disparaître lui-même ? De quelle victoire me réjouissais-je ? Cette dissolution, qui représentait le désastre d'une vie et d'une œuvre, était bien vécue comme tel à cet instant par Lacan. J'aurais pu aussi lire sur ce visage épuisé, dans ce regard éteint, les signes d'une mort toute proche. Mais je ne voulais rien voir d'autre que sa fatigue. Quelques semaines plus tard, Lacan s'envola pour Caracas. A son dernier séminaire, il avait parlé avec une joie manifeste de ce voyage. Il avait même évoqué, pour rire, l'hypothèse qu'au cas où la région lui plairait, il s'y installerait. J'étais convaincu qu'à la rentrée Lacan insufflerait une énergie nouvelle à cette Cause freudienne créée depuis peu et bloquée jusque-là par le refus de la dissolution.

Ces derniers mois, mon humeur, longtemps sombre, avait définitivement changé. J'avais saisi, comme touché du doigt, l'espèce de complaisance qui existe à entretenir un état d'esprit douloureux, morbide. Cette constatation fut saluée comme il se doit par Lacan. J'étais devenu joyeux, un vrai boute-en-train, et il m'arriva même un jour, au Palais des Congrès où je présentais une communication, de déchaîner l'inextinguible fou rire de toute la salle.

Un autre jour, regardant à la télévision un reportage sur Léopold Trepper et l'Orchestre rouge, je ressentis comme physiquement que ma fascination pour ce genre de sacrifices m'avait quitté. Je n'ai plus connu ces moments d'abattement qui avaient ponctué ma vie et stérilisé tant d'énergies. Mais cette légèreté toute fraîche me poussait parfois sur les pentes de la niaiserie, et c'est animé de ce sentiment que j'avais salué le vieil homme accablé !

La longue poignée de main, le regard tragique de Lacan avaient stoppé net mon puéril enthousiasme. Je n'étais pas le seul dans cet état. Circulant dans les salons, je croisai bientôt une amie, Nicole Sels, la valeureuse bibliothécaire de l'Ecole avec qui nous échangions parfois des souvenirs de notre commun pays natal, la Tunisie. « Je ne supporte plus cette ambiance, me dit-elle, ça te dirait de m'accompagner au cinéma ? »

J'acquiesçai et quelques minutes plus tard un taxi nous déposa sur les Champs-Elysées. Nous prîmes deux places pour une séance qui allait commencer, un peu au hasard, de ce hasard qui fait souvent bien les choses. Il s'agissait du *Parrain II*, de Francis Ford Coppola. Je n'avais a priori aucune envie de voir ce film, pourtant, dès les premières images, je fus fasciné. Cette garden-party, ces convives qui déambulent un verre à la main, puis vont s'incliner devant le vieux parrain Don Corleone dont ils baisent la main tandis que l'ombre du fils se profile derrière lui, je crus un instant ne pas avoir quitté la Maison de l'Amérique latine. Les structures des institutions psychanalytiques, y compris celles qui se réclament de Lacan, auraient-elles quelque chose de mafieux ?

La Mafia présente en effet des ingrédients que nous connaissons bien, nous psychanalystes : la famille, avec ses tragédies incestueuses, ses meurtrières rivalités fraternelles, la passion pour l'argent et le pouvoir à tout prix, *Cosa Nostra*, notre Cause freudienne, le transfert aussi, peut-être... J'en fis la remarque quelques années plus tard à l'un des gourous du postlacanisme, qui s'entendait merveilleusement bien, au demeurant, dans la manipulation des crédulités. Pourquoi ne pas organiser un congrès, des journées d'études, avec pour thème : Structures freudiennes de la Mafia comme institution fondamentale des sociétés modernes. L'homme crut que je plaisantais.

Mais après tout, les remous institutionnels ne touchaient ma vie qu'à la périphérie. J'avais tant de chantiers à terminer. La transformation de ma thèse de médecine en ouvrage publiable d'abord, ce qui me demanda de profonds remaniements et de longues soirées de travail.

Il fallait aussi penser à mon mémoire de psychiatre afin de clore définitivement mes études. Mon fils aîné venait de s'inscrire en première année de médecine dans la même faculté et je trouvais quelque chose d'incongru à cette proximité. Ce mémoire, je le consacrais à ma trouvaille sur l'identification primaire à partir des rites alimentaires. Pour en enrichir la matière, je me plongeai dans la lecture de l'ouvrage *Le Cru et le Cuit* de Claude Lévi-Strauss, qui me passionna. Heureux temps où un ouvrage aussi aride devenait un best-seller ! Misère de notre époque où les ventes accompagnent trop souvent les faux livres ! Je trouvai dans Lévi-Strauss de solides confirmations à ma thèse selon laquelle « manger du texte » est bien un phénomène universel, ce texte n'étant à l'occasion que tradition orale incarnée dans des rites culinaires.

Mon travail achevé prit la forme d'une petite brochure dont je m'empressai de remettre un exemplaire à Lacan. Quelques jours plus tard, à la clôture d'une séance, cette brochure à la main, Lacan me déclara :

« Votre travail est remarquable. »

Cette fois, le jugement de mon maître m'émut profondément. Mon mémoire à la couverture sable, mal imprimé, resta en évidence de nombreuses semaines sur son bureau. Grâce à Bernard-Henri Lévy, il parut quelques années plus tard, sous le titre *Manger le Livre*.

La hâte avec laquelle je menais simultanément ces différents travaux, quand mes journées étaient bien occupées par ma tâche d'interne à l'hôpital de Meaux, mes consultations au centre médico-pédagogique de Montrouge, ma clientèle, me paraît aujourd'hui symptomatique. Si, consciemment, je refusais de voir les signes du déclin de mon analyste, je les avais inconsciemment parfaitement intégrés. Je souhaitais donc que l'échange exceptionnel qui avait bouleversé ma vie dans l'extraordinaire rencontre du vieil homme trouve sa conclusion dans ces travaux.

Ma vie était devenue incomparablement plus confortable, mes finances s'équilibraient et je commençais à rembourser mes dettes, celles contractées auprès des banques aussi bien que les petits emprunts faits à mon père. Pourtant mon analyse, ainsi que celle de A., ponctionnait allègrement notre budget.

A propos de A., Lacan avait adopté une curieuse attitude. Il lui arrivait à la fin de mes séances, et de plus en plus fréquemment, d'ajouter à sa rituelle question : « Quand est-ce que je vous vois ? », suivie de ma non moins rituelle réponse : « Mais demain, monsieur ! », celle-ci, plutôt étrange : « Mais Elle, quand est-ce que je la vois ? »

Elle, c'était A., ma femme. Je savais qu'elle voyait Lacan une fois par semaine, le mercredi.

« Je ne sais pas, moi, je crois qu'elle vous voit mercredi prochain. N'a-t-elle pas convenu d'un rendez-vous ? »

Je me demandais ce que signifiait cette obsédante question, quelle reconnaissance de ma part il souhaitait obtenir, prolongeant ce regard au congrès de Lille, qui m'avait contraint à m'asseoir à ses côtés. Quel lien indissoluble voulait-il cimenter entre nous ? Gloria, la fidèle secrétaire, en fera la remarque à A. après le décès de Lacan :

« Ah vous, ce qu'il vous a réclamée ! »

Il n'y avait dans cette insistance aucune équivoque, et j'en étais profondément remué, comme d'un message paternel au déclin d'une existence.

Ce fut bientôt la rentrée. Je perçus immédiatement que la situation avait profondément changé. Lacan semblait avoir jeté ses ultimes forces dans son voyage à Caracas. Il n'était plus question désormais ni de séminaire, ni de présentation de malades. Ses facultés, sa mémoire, semblaient profondément altérées. Avant d'introduire chaque patient, Gloria lui en disait le nom ainsi que les honoraires qu'il avait coutume de payer – ils variaient du simple au triple. On informa certains patients qu'ils ne pouvaient plus poursuivre leur analyse avec le docteur. D'autres, des analystes en formation, des élèves selon l'expression consacrée, décidèrent d'eux-mêmes d'en rester là avec lui. Ils ne supportaient pas la décrépitude du maître.

« Ainsi, vous me laissez tomber », dira-t-il à certains.

J'avais traversé mon analyse en luttant jour après jour contre la tentation vaine de l'arrêter. En cette dernière période cette tentation m'abandonna. Ma décision était prise : quoi qu'il m'en coûtât, j'accompagnerais jusqu'au bout mon vieux maître, mon analyste qui m'avait tant apporté.

Perinde ac cadaver, lançai-je un jour à Eric Laurent, croisé dans l'escalier.

La maladie de Lacan, même si je conservais le fol espoir qu'il pourrait en sortir, ne serait-ce qu'un temps, celui d'une ultime conférence testamentaire, me plongeait dans une profonde tristesse.

« C'est un crève-cœur pour moi, monsieur, lui dis-je, de vous voir en cet état. »

Nous échangeâmes un regard où se lisait quelque chose de notre attachement réciproque. Je savais que la fidélité de ses derniers élèves était pour lui un grand réconfort.

Ma présence auprès de Lacan, cependant, ne se justifiait pas seulement par cette piété filiale. Contrairement à ce que racontaient les fidèles élèves de la veille devenus fossoyeurs avant l'heure, moi qui voyais Lacan chaque jour, je n'avais pas l'impression d'être en présence d'un zombie ou d'une potiche. Il lui arrivait parfois, il est vrai, de sombrer dans une brève léthargie dont il émergeait vite. Sa parole était devenue rare, mais n'avait pas perdu sa pertinence, son art de la coupure.

Je me confrontais avec tristesse, mais sereinement à l'agonie de celui qui, dans le transfert, occupa une place paternelle. Ma référence, l'image des élèves de Socrate accompagnant leur maître jusqu'à la dernière goutte de ciguë bue.

Ses derniers mois furent, pour lui, proprement épouvantables et, pour moi, une dure leçon sur la bassesse du comportement des psychanalystes de toute obédience, individuellement et en institution.

Nous nous étions séparés après le vote de la dissolution avec l'espoir, à la rentrée, de nous lancer dans une nouvelle aventure institutionnelle, celle de la Cause freudienne. L'Ecole freudienne s'était révélée comme un conglomérat de personnes qui avaient trouvé commode d'y appartenir et pour lesquelles la doctrine de Lacan n'avait pas forcément un caractère essentiel, référentiel. La Cause freudienne rassemblerait, elle, les « vrais » élèves. Une nouvelle génération, dont je faisais partie, avait surgi. En alliant notre enthousiasme de débutants à l'expérience de la vieille garde, nous ferions certainement de grandes choses. Nous écririons une page nouvelle de la psychanalyse, donnerions une impulsion nouvelle à une vie culturelle française qui manifestait ses premiers signes de déclin.

Ma candeur s'explique facilement. Je n'ai jamais éprouvé de goût excessif pour le pouvoir. A fortiori dans ce cadre où la réflexion théorique, la production de concepts, la vérité, me semblaient des idéaux propres à nous réunir. Quelle plus belle ambition, à mes yeux, que de travailler à la création d'une œuvre qui postulerait à une place dans le grand Livre de l'esprit ? Celui pour qui serait prioritaire la quête du pouvoir ne pouvait être qu'un esprit médiocre, sans ambition valable. La contemplation de mon abyssale méprise me donnera, quelque temps plus tard, un vertige dont je ne me suis jamais véritablement remis.

Le ciel allait donc très vite s'assombrir. J.-A. Miller et son fidèle adjoint, Eric Laurent, lancèrent un curieux projet : *Delenda*. Ce qui était, l'année précédente, un petit bulletin, se transforma en grandes réunions, en meetings, qui se tinrent rue Las Cases.

D'emblée, ces réunions me déplurent. Nous avions gagné notre combat pour la dissolution, le temps de la quiétude, du travail de reconstruction, n'était-il donc pas venu ? On me fit comprendre... que je n'avais rien compris. L'esprit de la défunte Ecole freudienne de Paris était encore là dans les esprits. Nous étions véritablement dans l'agit-prop, dans cette meurtrière affirmation de Staline selon laquelle plus le socialisme avance et triomphe, plus la résistance de ses ennemis se renforce. Paranoïa !

Miller haïssait d'une haine proprement pathologique l'EFP créée par son beau-père, Lacan. Plus tard, à chaque crise du groupe de psychanalystes rassemblés autour de lui, crises qu'à l'occasion il suscitait lui-même, il évoquera le spectre de l'EFP. Cette haine recouvre sans doute celle, paradoxale, qu'il porta à Lacan lui-même, lequel, il est vrai, ne le ménageait pas toujours. J'en vois pour preuve le peu d'entrain et le peu de soin avec lesquels Miller s'acquitte de la tâche à lui confiée par Lacan, publier les comptes rendus de ses séminaires. J'en fus le témoin surpris à propos du séminaire III, *Les Psychoses*, auquel j'apportai au dernier moment une contribution inattendue. Il m'avoua un jour qu'il ne partageait pas l'admiration des analystes pour les écrits de Freud lui-même. Mais que serait la doctrine psychanalytique sans les œuvres de Freud ?

Cette haine aurait pu, aurait dû se résoudre, du moins se tempérer dans sa propre cure, cure qu'il poursuivait depuis plus de quatre ans avec Charles Melman, son frère siamois par bien des aspects, celui-là même auquel je me heurtai au moment de mon retour au judaïsme. Entre les deux hommes, l'analyste et son patient, en vérité deux rivaux, une haine mortelle, insensée, éclata bientôt au prétexte d'une sombre histoire de local, celui de l'ancienne Ecole.

Les réunions de *Delenda* servirent de détonateur à la terrible explosion qui dispersa définitivement aux quatre vents les élèves de Lacan. Chacune de ces réunions portait en principe sur une des grandes questions de la psychanalyse, et les ténors de la vieille garde étaient conviés à rendre compte de l'état actuel de la question. De tels débats ne se mènent qu'en petits groupes de travail, dans la sérénité d'une réflexion documentée. Or ils avaient lieu devant une salle pleine à craquer et où il était même difficile, du moins pour les premières séances, d'entrer. Dans un tel climat, la réunion supposée théorique tournait au meeting, sinon au tribunal du peuple. Ceux blanchis sous le harnais ne pouvaient que révéler leur carence. C'était en fait un jeu de massacre qui ne durerait pas bien longtemps.

La révolte de la vieille garde n'allait pas tarder. Elle fut d'une violence inouïe et conduisit au naufrage la toute jeune Cause freudienne. Le signal en fut donné par Melman. Analyste de plusieurs membres de la famille, J.-A. Miller en tête, il profita de la riche information récoltée sur le divan pour écrire, dans le style caractéristique du temps, une longue lettre supposée confidentielle et adressée à quelques proches, en fait diffusée à des centaines d'exemplaires, que tout le monde lut. Ce texte incroyable portait à notre connaissance les points suivants :

Lacan n'était plus. Le corps qui se trouvait au 5, rue de Lille (le soir tombé, il rentrait dormir au domicile de sa fille et de son gendre), qui recevait encore des patients (dont moi), n'était déjà qu'un demi-cadavre, ayant perdu l'esprit, un dément selon le vocabulaire médical. Les missives que nous recevions de temps en temps, en pur style Lacan et signées de lui, pour donner des instructions générales en vue du démarrage de la Cause freudienne, étaient de fait, conçues et rédigées par J.-A. Miller. Des pseudépigraphes, en somme.

Entre-temps chacun avait reçu une lettre, tout aussi lacanienne dans sa formulation, désavouant la Cause freudienne. On apprit aussitôt que c'était un faux, un vrai-faux, par opposition aux faux-faux qui étaient donc vrais, eux. Le style particulier de Lacan s'avérait donc parfaitement imitable et ne garantissait plus l'authenticité des missives qu'il nous adressait. Bref, nous étions les jouets d'une sombre machination, d'un théâtre d'ombres, dont la mise en scène était réglée par Miller. L'atmosphère devenait shakespearienne, les dagues avaient quitté leurs fourreaux.

La lecture de cette lettre me bouleversa et me scandalisa. Elle confirmait le mal irréversible qui n'allait pas tarder à emporter Lacan. Mais comment déclarer publiquement mort un homme qui ne l'était pas. Encore et surtout quand on avait été un de ses plus proches élèves, quand on lui devait sa figure dans le monde, sa fortune, tout ? Quel que soit le bien-fondé de cette information, la pudeur, le respect n'imposaient-ils pas la retenue, le silence ? Une telle barbarie jetait sur la psychanalyse une lumière inattendue. Nous n'étions plus dans une arène scientifique mais dans celle des joutes politiques les plus sauvages.

De surcroît, la Cause freudienne possédait ses instances dirigeantes, un bureau où Miller et les siens étaient en minorité. Pourquoi ne pas soulever et résoudre démocratiquement le problème en assemblée générale dûment convoquée ? Des années plus tard, Melman dira que psychanalyse et démocratie sont incompatibles. La tyrannie, ai-je répliqué, lui est-elle donc mieux adaptée ou, pire encore, les structures totalitaires ?

On vit aussitôt apparaître les pro-Melman et les anti-Melman, les deux groupes tout autant opposés à la Cause freudienne. L'ensemble des barons du lacanisme qui appartenaient à sa direction en démissionnèrent, sauf un, son président, Claude Conté, qui était de surcroît mon contrôleur et dont j'estimais particulièrement la modestie et la discrétion. Un temps, Conté démentit les rumeurs colportées par « la lettre » : le mutisme, la démence de Lacan.

J'eus un entretien avec Conté, qui confirma publiquement son propos quelques semaines plus tard. Non, Lacan n'était pas ce zombie que Melman avait décrit. Il le rencontrait, lui parlait, et Lacan lui donnait de brèves directives. Par ailleurs, me dit-il, les réunions du bureau de la Cause freudienne se déroulaient tout à fait démocratiquement.

« Conté, aidez-moi », lui avait dit un jour Lacan en un total désarroi.

Pourtant, Conté ne tarda pas à craquer à son tour. Il se retrouvait seul au bureau, tous ses amis en étaient partis et faisaient pression sur lui. Il finit par les suivre. Il m'en informa directement et m'invita à une réunion qui se tenait à l'hôtel Pont-Royal. Un nouveau groupe devait s'y constituer, et je m'y rendis pour m'informer. Gérard Miller, qui était le patient de Conté, s'y trouvait aussi.

Pour résoudre la crise mortelle que traversait le lacanisme, un « Forum » avait été convoqué au Palais des Congrès. Les opposants à Miller refusèrent d'y participer.

A la réunion de l'hôtel Pont-Royal, je me permis, tel l'innocent, de poser la question : puisque ces opposants constituaient l'écrasante majorité des membres de la Cause freudienne, pourquoi ne pas aller à ce Forum et imposer la volonté de la majorité ? Pierre Legendre, un expert en analyse des structures de pouvoir, me traita de naïf. Je partageais avec lui, quelques semaines auparavant, la tribune de *Delenda*. Il y avait disséqué les statuts proposés pour l'organisation de la Cause freudienne. Je n'ai jamais rencontré, dit-il en substance, une machine juridique aussi perverse et aussi verrouillée, totalitaire en un mot. Qu'est-ce qui nous empêchait au moment du vote, au départ de l'institution, de rejeter ces statuts, de les amender ? Après tout, Miller ne disposait ni de la force armée, ni d'amulettes magiques. Pourtant, quelques mois plus tard, l'analyse de Legendre fut confirmée par mon expérience. Entre-temps, j'avais été élu au bureau de l'Ecole de la Cause freudienne. Je constatai alors, de l'intérieur, comment « on » avait organisé les instances dirigeantes. « On » avait fait statutairement en sorte qu'il n'existât pas de lieu, et en tout cas pas ce bureau dont j'étais membre, d'où l'on pouvait discuter des affaires importantes de l'Ecole, son orientation, sa politique, ses travaux, le thème des congrès. En revanche, nous avons longuement débattu de la couleur des meubles de la bibliothèque, du nombre de stylos et de la marque du matériel bureautique à acheter. Nous étions, psychanalystes distingués, réduits au rôle d'acheteurs. Cette étrange structure de la nouvelle « école » faite de cercles vides était redoublée à un autre niveau. Aux côtés de l'Ecole de la Cause freudienne (ECF), Miller et son clan avaient multiplié les satellites : le Champ freudien, centre de formation payant qui drainait des sommes importantes, un département de psychanalyse à l'université Paris-VIII, une section clinique et bien d'autres institutions qui naissaient et disparaissaient au fil des saisons. Pour leur fonctionnement, ces coquilles vides utilisaient comme des pions passifs les mêmes personnes, membres de l'ECF. Le seul point d'intersection des différentes instances existait bien cependant, c'était... la personne même de Jacques-Alain Miller. On nous faisait valser dans un tournoiement qui semblait toujours flatteur au départ, mais qui se révélait n'être que manipulation d'hommes et exploitation financière. Nous étions à des années-lumière de l'enseignement de Lacan.

Je ne disposais alors d'aucun concept pour comprendre ce jeu institutionnel. Ce n'est que plus tard, à la lecture du *Système totalitaire* de Hannah Arendt, que j'eus l'étrange impression que sa description des structures totalitaires – éclatement et vacuité des structures formelles du pouvoir afin que celui-ci soit l'attribut exclusif d'une seule personne, *Führer*,

Duce, *big brothers* en tout genre – coïncidait parfaitement avec celles mises en place à l'ECF. Je n'ai pas su, au départ, entendre l'analyse faite par Pierre Legendre, pas plus qu'il ne sut ni voulut me répondre.

Trois groupes désormais se disputaient les dépouilles de Lacan. Mais nous n'allions pas en rester là. L'ancienne responsable de la bibliothèque de la défunte Ecole, Solange Faladé, jusque-là très proche des Miller, déclara qu'elle garderait cette bibliothèque et créait sa propre institution autour de ces ouvrages. Chacun de ces groupes explosa à son tour en une déflagration, un morcellement sans fin qui se poursuit depuis lors. Chacun des barons du lacanisme se hâtait pour se tailler un petit fief (avec son corrélat monétaire) dans l'ancien empire. Spectacle grotesque et indigne qui se déroulait sous le regard du mourant qui était à l'origine de ce rassemblement. Spectacle tragique aussi. C'est en ces mois agités que Michel Soury, celui qui accompagnait Lacan dans sa réflexion sur les nœuds, se suicida.

Je fus moi-même témoin d'une scène étonnante. Je participais à une réunion des responsables de l'Ecole de la Cause freudienne encore en gestation. Nous attendions Marcel Czermak, considéré à juste titre comme l'étoile montante de la psychiatrie lacanienne et très proche ami de J.-A. Miller. Ils avaient, ensemble, créé la Section clinique. Nous commencions à nous interroger sur le retard de Czermak, quand celui-ci surgit, bouleversé. Ayant entendu de Melman des révélations terrifiantes, il venait jeter sa démission à la face de Miller. (On démissionnait alors à tour de bras.) Miller demeura d'un calme impressionnant.

« Parle, le défia-t-il, dis-nous un peu ces choses terribles.

– Ceux qui veulent savoir n'ont qu'à me suivre. Je leur expliquerai.

– Pourquoi ne pas parler devant tout le monde ?

– Je connais tes stratagèmes, Jacques-Alain ! »

Czermak était méconnaissable, comme possédé. Personne ne le suivit.

Conté ayant à son tour rompu avec Miller, par cohérence, j'interrompis mon contrôle avec lui. Ma trajectoire pour le moment consistait à suivre Miller qui paraissait incarner la fidélité à Lacan.

Mon livre *L'Enfant illégitime. Sources talmudiques de la psychanalyse* parut en cette période si troublée, en janvier 1981, bien loin des préoccupations générales, celles des psychanalystes comme celles du monde culturel. Je le dédiai à Lacan et à son enseignement et je m'empressai de lui en remettre un exemplaire. Ma séance était terminée et nous étions tous deux sur le pas de la porte. Lacan en regarda quelques secondes la couverture, sans beaucoup réagir. Mais je m'étais déjà éclipsé.

Cette parution me plongea dans une vive angoisse que je partageais avec mon éditeur Françoise Cibiel. Nous nous rencontrions toutes les semaines et suivions la courbe bien plate des ventes. Le silence de la presse était quasi total, malgré les nombreuses démarches que l'éditeur et moi-même entreprenions. Il y eut bien un petit ricanement de deux lignes dans *Le Nouvel Observateur*, quelques lignes dans *Le Monde*. Rapprocher

Talmud et psychanalyse, quelle idée saugrenue, blasphématoire pour un athée de bon aloi ! Nous allions vers l'échec le plus parfait qui mettrait fin pour longtemps à l'expérience que j'esquissais dans cet ouvrage propédeutique.

Soudain un article inattendu commença à changer la donne. L'éminent psychanalyste Lucien Israël, un élève de Lacan qui avait formé à Strasbourg des générations de psychiatres et de psychanalystes, publia dans le petit hebdomadaire *Tribune juive* un long article très élogieux. Le prestige de l'homme, les éloges de l'article eurent au moins ce mérite d'attirer l'attention du public juif. Le bouche à oreille fonctionna, les ventes frémirent.

Peu après, quittant le cabinet de Lacan, je croisai mon amie Laurence Bataille. Depuis quelques mois, depuis que la tornade avait dispersé l'aristocratie lacanienne en place, je me trouvais de plus en plus proche du cercle familial, et Laurence était devenue une amie. Elle m'apprit que mon livre avait passionné Judith qui ne l'avait pas lâché de tout le week-end.

Quelques jours plus tard se tint le Forum où naquit, sur les cendres de la Cause freudienne, la nouvelle Ecole de la Cause freudienne. L'intervention que j'y présentai fut appréciée. Miller cependant rejeta catégoriquement ma proposition de participer, au sein d'un collectif, à la rapide édition des séminaires de Lacan. Le Livre est l'instrument du pouvoir, théorisais-je bientôt. Pas question d'en lâcher la plus infime bribe.

Une intervention à ce Forum attira mon attention, celle de Charles Méla, spécialiste de littérature médiévale et ami normalien de J.-A. Miller, qui évoqua le Talmud, les rabbins massorètes. Je n'étais plus tout à fait seul à soutenir mon étrange discours sur le judaïsme.

Judith Miller venait de lancer un luxueux magazine, *L'Ane*. Elle me téléphona pour me proposer un entretien consacré à mon livre avec Charles Méla, sur une double page du mensuel, avec ma photo en prime. J'en bafouillai de joie. L'entretien était précédé d'une courte et élogieuse introduction de Charles Méla. Il assura définitivement au livre un honnête succès de librairie et fit taire les sarcasmes des collègues pour lesquels mon travail ne saurait appartenir au « Champ freudien », il ne serait pas lacaniennement *cacher*. Eh bien, il l'était devenu par la grâce baptismale de Judith.

Décidément, les Miller me comblaient. Mais leur appui n'eut pas toujours l'effet escompté. Ainsi l'intervention de Judith auprès de Catherine Clément, alors critique au journal *Le Matin* et chroniqueuse à *L'Ane*, en vue d'une recension de l'ouvrage rencontra un brutal refus. Mon livre lui était tombé des mains, dit-elle. J'appris plus tard la véritable raison de ce refus. J'étais une « canaille sioniste ». Cette anecdote illustre la réaction symptomatique que je provoquais chez certains juifs en rupture de judaïsme. Parler du Talmud à propos de Freud les rendait furieux. Après tout, le fameux toboggan de Canguilhem, qui conduit les élites de la rue d'Ulm dans l'amusante glissade de la réussite sociale, ne les dépose pas tous aux poubelles de la Préfecture.

J'aurai bientôt la confirmation de cette étrange réaction. Laurence Bataille qui appréciait ce que j'écrivais jugea bon de m'inviter à dîner avec Elisabeth Roudinesco, laquelle, depuis, s'est autopromue historienne de la psychanalyse, caudillo des recensions médiatiques des ouvrages traitant de la question freudienne. La chère Laurence avait une sympathique et fâcheuse manie. Quand elle aimait deux personnes, il fallait que ces deux-là se rencontrent et fatalement s'apprécient. Mal lui en prit. A peine étions-nous attablés qu'il me fallut essuyer la furie de « l'historienne et mémorialiste de la psychanalyse ». Qu'est-ce que j'avais donc à casser les pieds de tout le monde avec mes histoires de judaïsme ! La psychanalyse n'a rien à voir avec le judaïsme ! Lacan n'a rien à voir avec le judaïsme ! Paroles assenées comme un diktat qui ne tolérait aucune réplique. Laurence essaya bien, avec son habituelle douceur, d'expliquer mon projet, d'arrondir convivialement les angles. Trop, c'était trop. L'irascible mégère se leva de table entraînant, bien gêné, son compagnon qui n'avait dit mot devant cet ersatz de terrorisme stalinien. Laurence, une fois la porte claquée, aura ce soupir : « Elle est comme ça ! », un *comme ça* dont la psychanalyse ne cesse depuis de pâtir, compte tenu du pouvoir éditorial et médiatique conquis par ce censeur. A quelqu'un qui lui demandait pourquoi mon nom était forclos dans son *Histoire de la psychanalyse en France*, elle aura cette réponse exquise : « Parce que ce qu'il raconte est nul et non avenu. »

Ces réactions vérifient ce que Henri Meschonnic a su si bien exprimer : « Ramener la référence juive...

au centre du théorique participe décidément pour certains, ou peut-être pour davantage, dans notre paysage à la française, d'une insupportable faute de goût [1]. »

J'aurai droit aussi à des réactions plus subtiles. Ainsi Eric Laurent, premier directeur de l'Ecole de la Cause freudienne, crut me mettre amicalement en garde : « Tu ne trouves pas que tu exagères en prétendant que Lacan s'intéressait au judaïsme ? Juste le mot "talmudiste" dans la Proposition d'octobre 1967 dans une œuvre de plusieurs dizaines de volumes...

– Mais ce mot n'est-il pas déjà important en soi ? Et ce n'est pas tout, dans chaque séminaire... »

Mais le collègue avait déjà tourné les talons. Un mot... Depuis, un criblage à peu près exhaustif de l'ensemble de l'œuvre [2] m'a livré le dépôt de centaines de pages de notes dont je traiterai plus tard.

*

La crise de l'institution lacanienne avait eu d'autres effets. Le corps enseignant du département de psychanalyse de Paris-VIII avait lui aussi été balayé par une tornade de démissions. J.-A. Miller était devenu un pestiféré, ce qui le rendait d'autant plus sympathique à mes yeux.

---

1. H. Meschonnic, *L'Utopie du Juif*, Paris, DDB, coll. Midrash, 2001.

2. Accompli pendant des mois avec l'aide décisive d'Antonietta, mon épouse.

Gérard Miller me téléphona un jour de février 1981 pour me proposer un poste de chargé de cours à Paris-VIII pour un enseignement sur « psychanalyse et judaïsme ». Je crus que l'on reconnaissait le bien-fondé de la voie de recherche que je proposais dans le sillage de Lacan, de ce qu'il avait dit à Bruxelles au cours d'une émission radiophonique sur les liens du midrash et de la psychanalyse.

J'étais trop heureux, trop flatté, pour saisir que je ne représentais qu'un bouche-trou en un moment de crise. Mon erreur fut de croire qu'on espérait de moi l'exercice d'une critique constructive et non une fonction ancillaire. Cette erreur me valut, deux ans plus tard, sous le premier prétexte venu, de recevoir mon congé. On me chassa du département. J'avais alors déjà perdu toute illusion sur cette pseudo-Ecole et j'en profitai, avec le soutien de Laurence Bataille, pour démissionner de mes prétendues fonctions de responsabilité, vides de tout contenu.

Mais nous n'en étions pas encore là. Je vivais pour l'instant une lune de miel inattendue qui, semblait-il, ne finirait jamais. Je fus coopté au comité éditorial de *L'Ane*, où j'écrivis régulièrement. Psychanalyste, médecin psychiatre, écrivain, enseignant à l'université, membre de la rédaction d'un prestigieux magazine, collaborateur de la revue *Ornicar ?,* quel plus grand bonheur espérer ? La dissolution de l'EFP avait permis ces mois exaltants, assombris cependant par la tristesse et l'angoisse que l'état de santé de Lacan suscitait.

Malgré mon emploi du temps bien encombré, je me lançai de toute ma fougue dans l'aventure de l'enseignement. J'eus bientôt un petit groupe de fidèles qui me suivra pendant tout mon passage à l'université.

Ma réflexion sur cette étrange dissolution de l'EFP se développait à partir des reproches que Lacan fit à Freud. En premier lieu, celui de n'avoir pas osé la confrontation à El Shaddaï, dieu de ses pères. D'où mes recherches sur le judaïsme. En second lieu, d'avoir créé sa propre Eglise, l'Association psychanalytique internationale (IPA) qu'il avait surnommée Société d'assistance contre le discours analytique (SAMCDA). Ces deux reproches étaient sans doute liés. Selon Lacan, Freud ayant pris acte que ses meilleurs élèves, ses intimes, tels Ferenczi ou Otto Rank, ne semblaient pas avoir saisi la singularité de sa doctrine, préféra l'embaumer dans une institution sur le modèle de l'Eglise avec cet espoir qu'un jour un esprit novateur réveillerait la belle endormie. Lacan, à la fin de sa vie, se rendait compte que ses élèves, comme ceux de Freud, ne « pigeaient » pas vraiment son enseignement – sa fameuse plainte : « J'ai échoué dans mon enseignement ! » – et préféra peut-être lui aussi l'embaumer. L'ennui c'est que son acte ne donna pas naissance à une ou à plusieurs Eglises mais à une ou à plusieurs institutions totalitaires.

Freud et ses commentateurs, Lacan compris, ont beaucoup glosé sur ces deux formes d'organisation humaine qui leur semblaient paradigmatiques : l'Eglise catholique et l'armée. Aucun, me semble-t-il, n'a pris la mesure qu'une nouvelle forme d'organisation hante désormais toutes les institutions, à savoir le système totalitaire tel que Hannah Arendt sut le décrire. Cette méconnaissance fit retour dans le réel.

Peut-être aussi Lacan fut-il fasciné par la mélancolie de saint Thomas d'Aquin à la fin de son existence. Dès l'acte fondateur de l'EFP, la Proposition d'octobre 1967, il inséra cette citation pour caractériser la fin d'une analyse telle qu'il la concevait : *sicut palea*, que Lacan traduisait par « comme du fumier » (en vérité « comme de la paille »). Au bout de son parcours le sujet considère son œuvre comme une merde. La dissolution fut peut-être le *sicut palea* de son existence.

*

Les opposants à Miller s'agitaient de plus en plus : Lacan, disaient-ils, était dément, séquestré par sa fille et son gendre. On exigeait un démenti. La famille imagina alors une vilaine comédie. A deux reprises, Lacan fit une apparition publique. La première fois, ce fut à ces « éprouvantables » réunions de *Delenda*. On le vit entrer dans la salle tel Œdipe à Colonne, soutenu par Judith-Antigone. Il s'assit au premier rang, le corps parfois secoué par l'étrange rire silencieux qui était apparu depuis sa maladie. La scène à laquelle on assista fut proprement insensée. Certains qui, il y a peu, s'affichaient comme ses élèves, osèrent réclamer rien moins qu'une expertise psychiatrique là, sur-le-champ, en public. La dignité, le respect pour un maître adulé hier, laissait place à un comportement de furieux.

La seconde apparition eut lieu en un espace plus contrôlé, celui de la Section clinique, où Catherine Millot donnait une conférence. Je me trouvais assis non loin de Lacan. J'assistai, gêné, à sa bagarre avec la tablette pliée qui servait d'écritoire et qu'il ne parvenait pas à relever. Judith finit par le faire pour lui et y posa un carnet neuf et un stylo. Il s'agissait en fait d'un simulacre. Lacan ne prit aucune note, il en était désormais bien incapable et la feuille resta blanche. Douloureusement, je constatai que sa fille le traitait en enfant dont on exige qu'il reste sage.

Je n'imaginais pas la fin si proche. Pourtant, dans l'hypothèse où Lacan aurait été capable de rassembler ses énergies, qu'aurait-il eu à ajouter après un enseignement de trente ans ? Mais je ne me résignais pas à le voir disparaître dans un tel désastre.

J'étais sur le point de finir ma formation de psychiatre. La soutenance de mon mémoire était fixée au prochain automne. Le poste d'interne à l'hôpital de Meaux n'étant plus disponible, j'accomplis mon dernier stage à Aulnay-sous-Bois, dans le service du Dr Castets.

Au mois de juillet, nous nous séparâmes pour les vacances comme à l'accoutumée. Rendez-vous était pris pour le premier lundi de septembre. Le matin de ce jour, je reçus un coup de fil de Gloria pour m'informer que « le docteur était souffrant » et que je devais rappeler en fin de semaine. Jusqu'au bout, la famille avait décidé de jouer cette mise en scène. Mais le matin du 10 septembre, Jacques-Alain Miller me téléphona pour m'annoncer la mort de Jacques Lacan, mon analyste, qui s'était éteint la veille.

Je ressentis un terrible chagrin, une souffrance térébrante comme je n'en avais jamais éprouvé et que je n'ai de toute ma vie éprouvée qu'à deux autres reprises, à la mort de Yeshayahou Leibowitz, puis à celle de mon père. Je venais de perdre celui qui fut pour moi dans le transfert, comme je le lui dis un jour, un père et une mère de substitution, un maître aimé qui m'avait permis d'atteindre des régions de l'esprit que, sans lui, je n'aurais jamais connues.

J'appris la nouvelle à A. et tous deux nous éclatâmes en sanglots, avant de nous ressaisir. Quelques minutes après, je reçus mes premiers patients de la journée avant de me rendre à l'hôpital. Je me souvins de la manière dont Lacan m'avait reçu le jour où il avait perdu sa fille aînée fauchée par une voiture. Il fut, ce jour-là, d'apparence détendue, presque souriant, alors qu'un moment auparavant il était tout à son chagrin, comme me le confia Gloria. Je m'efforçai d'imiter ce stoïcisme. Mais il ne fallait pas prononcer ou penser ces trois mots : *Lacan est mort*, car alors la douleur échappait à ma maîtrise.

La disparition de Lacan fut un événement national. Les médias, les journaux surtout, en firent leur première page. En vérité, et le recul confirme la chose, cette mort marquait la fin d'une époque de la vie culturelle française dans son ensemble, plutôt brillante. La médiocrité bientôt s'abattrait sur la vie intellectuelle aspirée par la vanité médiatique.

On assista vite à un curieux phénomène, inconnu des ethnologues et de la bienséance. Il est de règle, en effet, d'observer à la mort d'un grand homme, au moins jusqu'aux funérailles, un moment de silence et d'hommage, de considérer en premier lieu son apport positif.

Or voici que la presse se trouva envahie d'articles veni-
meux, que l'on devait à la plume d'anciens élèves ayant
rompu depuis longtemps avec lui, mais, plus étonnant
aussi, de disciples de la dernière heure. Le journal *Libération* publiera ainsi une pleine page de réactions de
membres de la défunte Ecole freudienne. L'intervention
de mon attachée de presse me permit d'être de ceux-là.
Je rendis hommage à l'œuvre de mon maître, à ce que
je lui devais. Je fus consterné le lendemain, en lisant ce
journal, de constater que mon intervention était la seule
à saluer sans ambiguïté ni réserve la disparition de celui
qui nous avait tant donné. Des élèves qui furent ses proches jugèrent bon, dans les quelques lignes qu'on leur
accordait, de critiquer le disparu.

Mon texte, par sa singularité dans cet étrange
concert, toucha la famille. Laurence Bataille me téléphona pour me l'apprendre et m'informer que Judith
aussi l'avait apprécié et qu'elle attendait ma visite.

Je n'aurais, de mon fait, jamais osé. Malgré les liens
tissés ces derniers mois, je ne me sentais pas, avec
raison, appartenir au cercle des intimes. Je me rendis
donc, en compagnie de A., rue d'Assas, au domicile
des Miller, là où Lacan avait vécu sa dernière année.
Nous fûmes reçus avec beaucoup d'amitié.

« Merci pour votre article dans *Libé* », me dit
d'emblée Judith, dont le visage, terriblement amaigri,
était ravagé par le chagrin.

« Depuis la mort de son père elle ne mange plus »,
me dit Gloria.

Jacques-Alain Miller était présent, ainsi que Pierre
Martin, président de la nouvelle Ecole de la Cause

freudienne, avant qu'il ne se brouille quelques années plus tard, comme tant d'autres, avec Miller.

Après quelques propos échangés, Miller nous conduisit dans la chambre à coucher où reposait le corps de Lacan. Il y avait longtemps que la vue d'un cadavre ne m'impressionnait plus. Pourtant, devant ce corps qui me parut soudain bien petit, j'eus comme un spasme, peut-être un sanglot avorté. Après tout, ce n'était pas là Jacques Lacan, mais une simple dépouille. Lacan, lui, n'était plus, et c'était lui que je pleurais. Puis nous fûmes reconduits au salon pour une petite conversation.

Les funérailles avaient lieu le lendemain, un samedi, dans le cimetière de Guitrancourt où Lacan possédait une maison. Je souhaitais y assister. Miller s'y opposa catégoriquement. Se tournant vers Pierre Martin, il invoqua son témoignage.

« Au cours de votre voyage à Tokyo, ne vous avait-il pas dit : *sans fleurs, ni couronnes* ? »

Qu'est-ce que cette histoire de fleurs et de couronnes venait faire ici ? Etions-nous, ses derniers élèves, réduits au statut de végétal d'ornement ? Nous fûmes nombreux à ne pas pardonner à J.-A. Miller de nous avoir refusé ce dernier acte de deuil et de fidélité. Pierre Martin et un petit trio de fidèles (ils ne le resteront pas longtemps) furent censés représenter l'ensemble de l'Ecole.

Deux semaines plus tard, A. et moi, nous nous rendîmes seuls à Guitrancourt. Le petit cimetière et la tombe furent faciles à trouver. Celle-ci était recouverte d'un monceau de gerbes et de couronnes déjà fanées.

Me revint alors l'ironie du propos de Miller, *sans fleurs, ni couronnes*. Parmi les gerbes flétries, avec leur cellophane froissée, écrasée par les fortes pluies d'automne, l'une attira mon attention. Elle portait un calicot à moitié masqué avec une inscription en hébreu.

J'avais envie de dégager la gerbe, en lire l'inscription, mais là, sur le moment, cet acte me parut sacrilège. Qui avait pu l'envoyer ? Etait-elle l'hommage d'une de ces personnes avec lesquelles, discrètement, quasi secrètement, à l'insu de ses proches, Lacan étudiait des textes hébraïques dont je découvrirais plus tard, par hasard, l'existence ?

Devant cette tombe qu'aucune pierre ne recouvrait encore, mon chagrin retrouva sa vivacité et je me surpris murmurant les premiers mots du *kaddish*, la prière des morts juive, moi le mécréant, mais dont la mécréance devenait chaque jour plus suspecte.

La campagne de presse, elle, ne cessait pas. *Le Monde* publia une venimeuse tribune du psychanalyste André Green, lequel, des années durant, fut un fidèle du séminaire. Mais un tel comportement paraît fréquent chez les analystes : haïr férocement ce que l'on avait, la veille encore, adoré. Ce sera plus tard le comportement de la « biographe » Roudinesco, membre de l'Ecole des années durant. Pour Green, Lacan, tout simplement, n'était pas un clinicien, c'est-à-dire, en définitive, pas un analyste. Décidément, c'est une autre coutume de la profession : le meurtre mental des collègues. « Vous n'en êtes même pas un ! » J'avais essuyé, à mon échelle, la même exécution symbolique de la part de Clavreul. Lacan avait pourtant bonne moitié des analystes de renom de cel tion : Anzieu, Laplanche, Pontalis, Widlocher et *tutti quanti*. J.-A. Miller me téléphona le lendemain de la parution de ce scandaleux article.

« Vous avez noté, comme moi, ces infamies dans la presse, me dit-il. Pourriez-vous rédiger, à partir de votre expérience, un texte en trois feuillets ? Vous signerez de votre nom, psychanalyste, auteur de *L'Enfant illégitime*, et vous l'adresserez au *Monde*.

– Je vais essayer.

– C'est urgent. Essayez de le déposer chez moi avant dimanche soir. »

La tâche n'était pas facile. Je m'y attelai sur-le-champ, écrivant et réécrivant à plusieurs reprises ces trois feuillets que j'intitulai *Lacan, un clinicien*. Deux jours plus tard, une fin d'après-midi de dimanche, je déposai une copie de mon texte au domicile de Miller et adressai l'original au *Monde*.

Si mon article convint à Miller, *Le Monde* en refusa la publication. On avait brusquement décidé, après avoir laissé déverser un tombereau d'injures sur Lacan, de clore le débat.

« Nous trouverons un autre usage à votre texte », me dit Miller.

Nos relations étaient alors au beau fixe. Il faisait nuit et Miller me demanda de l'accompagner au Drugstore des Champs-Elysées pour y acheter la presse.

« Vous devriez lire l'ouvrage de Paul Ricœur sur l'Interprétation, me conseilla-t-il. En ce qui concerne votre travail sur le Talmud, intéressez-vous à ce qu'Aristote dit de l'analogie. »

En vérité, il voulait m'informer de quelque chose, d'une autre importance.

« Vous savez, finit-il par me dire, j'ai pris une grande décision, je commence à recevoir en tant qu'analyste.

– Vous avez donc attendu la mort de Lacan pour cela ? »

Ma réaction le surprit par sa vivacité.

Pendant des années, en effet, J.-A. Miller avait été l'incarnation d'un symbole que Lacan avait voulu planter dans l'Ecole, telle une vigie parmi les analystes, celle du *non-analyste*, averti par son savoir, voire un cursus analytique, de la problématique freudienne. La présence du non-analyste empêcherait le psychanalyste de céder à sa pente naturelle, celle d'un autisme ésotérique, d'un jargon. Il était sommé de rendre compte de sa pratique. Et voilà que ce symbole, qui m'avait fasciné, disparaissait. De quel œil Lacan aurait-il considéré la décision de son gendre, lui qui avait martelé que « l'analyste ne s'autorise que de lui-même » ? Nul évidemment ne saurait le dire. C'était certainement, en tout cas, la clôture d'une expérience, la fin d'une tension féconde.

Il partait le lendemain pour une tournée de conférences en Argentine, le nouveau terrain de chasse et d'expansion, accompagné par Eric Laurent. Des milliers d'auditeurs se pressaient pour les écouter. A ce moment, l'intérêt des Argentins pour la psychanalyse et pour Lacan était proprement inimaginable. Moi-même, dix ans plus tard, je fus invité à l'université de

Buenos Aires. Quand je pénétrai dans l'amphithéâtre que l'on m'avait désigné, je crus m'être trompé de lieu devant ces centaines de personnes agglutinées, assises par terre, dans les travées, debout.

Judith m'invita à dîner avec A. Nous prîmes notre repas dans sa vaste cuisine. Elle me parla de la tournée triomphale de « Jacques-Alain et Eric ». Scrutait-elle mon degré de fidélité à son époux ? Je dus la rassurer car j'eus l'honneur d'être invité à nouveau, au retour des deux missionnaires. Je lui demandai en la quittant l'autorisation de revisiter le 5, rue de Lille, ce lieu où j'avais vécu des moments si essentiels. Elle accepta.

« J'aimerais tant faire de ce lieu un musée à la mémoire de mon père. Malheureusement nous avons de gros problèmes avec Thibault et Sybille, mon frère et ma sœur. »

Je revins donc un matin au cabinet du bon docteur, désormais vide. Gloria m'accueillit. Je revis la petite salle d'attente, la grande bibliothèque, l'espace qui les séparait, occupé lui aussi par une bibliothèque, le cabinet où je m'étais allongé quotidiennement pendant plus de dix ans, où je croyais jour après jour jouer ma vie sur un coup de dés.

Cette visite me procura quelque surprise. Le lieu renfermait un grand nombre de beaux objets, de peintures, dont un grand tableau de Balthus, et surtout des bibelots que je n'avais pour ainsi dire jamais remarqués. La crispation et l'angoisse qui furent les miennes pendant mes longues heures d'attente m'en avaient empêché.

Mais une autre curiosité, quelque peu malsaine, me tenaillait. Une porte restait fermée, celle de la partie privée de l'appartement, par laquelle Lacan ou sa secrétaire s'éclipsaient, quand ils n'avaient pas à s'occuper de patients, et qui avait sa propre porte palière. Je surmontai ma gêne et demandai à franchir cette porte. Gloria hésita quelques secondes, puis accéda à ma demande.

« Je ne laisse entrer ici que les personnes qui étaient très proches de lui, et je sais combien vous l'aimiez. »

Derrière cette porte, il n'y avait en vérité qu'un petit réduit qui servait de secrétariat à Gloria. C'est dans cet espace confiné et sombre que la fidèle personne passa tant d'années de sa vie à taper ses textes, recevoir et filtrer les appels, à fumer aussi sans cesse. A côté de ce boyau de deux ou trois mètres, se trouvait la petite chambre à coucher de Lacan, presque entièrement occupée par un grand lit, une vraie cellule de moine.

« Il lui arrivait de travailler là jusqu'à trois heures du matin. Plus d'une fois, je l'ai trouvé endormi au milieu des feuilles de papier sur lesquelles il avait travaillé... »

La modestie de ce lieu m'émut profondément. Il me parut conforme à ce que j'avais compris de la véritable personne de Lacan, au-delà de l'allure qu'il affichait dans le monde, baroque, provocatrice, arrogante, ce monde de vain spectacle. Mais je savais, j'avais maintes fois perçu l'humilité profonde de l'homme, humilité sans laquelle aucune vie authentique de l'esprit n'est possible, et cette humilité s'incarnait en ce lieu où il vécut seul l'essentiel de ses dernières années.

Je remerciai Gloria pour sa confiance et quittai pour la dernière fois de mon existence le 5, rue de Lille, qui retourna du même coup à sa banalité d'appartement bourgeois. Oui, je quittai, réellement mais aussi symboliquement, ce lieu qui fut le cabinet de Lacan.

Le soir du grand dîner chez les Miller arriva. Parmi les convives se trouvaient des condisciples de l'Ecole normale, ainsi que Ahmed Sinaceur, alors ambassadeur du Maroc auprès de l'UNESCO avant de devenir ministre du roi Hassan II, accompagné de son épouse. J'étais assis face à Miller. Nous évoquions Canguilhem, la philosophie, quand soudain celui-ci me fixant du regard fit à haute voix cette surprenante remarque :

« J'ai retrouvé dans les papiers de Lacan un certain nombre de documents que vous lui aviez adressés. Ils sont maintenant en ma possession. »

J'avais en effet remis à Lacan le roman écrit pendant mon adolescence, deux plaquettes de poésie, des textes divers, et surtout quelques lettres, mon petit tas de secrets en somme, qu'en vérité lui seul, en connaissant le contexte, pouvait comprendre. Mais que signifiaient ces paroles ? Renfermaient-elles quelque menace voilée ? Cela ne pouvait m'impressionner. Je n'avais rien à cacher, sinon une certaine douleur intime. Au demeurant, en laissant fréquemment ouverte à tous les vents la porte de son cabinet, Lacan avait accoutumé ses patients à cette situation de non-secret. Mais sur le principe, les paroles de J.-A. Miller étaient proprement scandaleuses, un viol de la déontologie la plus élémentaire.

« Faites-en ce que bon vous semble, lui ai-je répondu, tout ceci appartient désormais à un passé révolu. »

Sicut palea, à mon tour.

J'apprendrai peu après, par Laurence Bataille, dont le différend avec sa sœur et son beau-frère commençait à s'aiguiser, que J.-A. Miller refusa de restituer, à quelqu'un qui les lui réclamait, les papiers et les lettres qu'il avait adressés à Lacan pendant son analyse.

Mais j'étais encore dans l'inertie de ma trajectoire, et je n'accordais pas trop d'importance à ces mesquineries. Bien au contraire, par amitié et courtoisie, je me devais de retourner la récente double invitation à dîner des Miller. Je pensai adroit d'inviter également le frère Gérard avec sa jolie épouse. N'était-il pas mon supérieur hiérarchique à l'université de Saint-Denis ?

« Est-ce bien raisonnable ? » objecta Jacques-Alain qui feignait toujours d'être brouillé avec son frère. Mais il accepta et la date du dîner fut fixée au début novembre.

Deux événements importants m'accapareraient entre-temps. Les premières journées d'études de la nouvelle Ecole de la Cause freudienne se tinrent à la fin octobre au Palais des Congrès, devant plusieurs centaines d'auditeurs. Toute la vieille garde ayant déserté, emportant avec elle la réputation d'expérience clinique de l'Ecole, nous nous retrouvions entre « bleus », encore allongés quelques semaines auparavant sur le divan de Lacan et n'ayant que peu d'« heures de vol » à notre actif. Il fallait faire contrepoids au persiflage de nos anciens collègues. Ces journées prirent donc le titre de « Journées Cliniques ». Pour ma part, j'y présentai un cas qui m'avait profondément troublé, celui d'une femme quadragénaire, non juive, qui rencontrait de sérieuses difficultés dans sa vie conjugale, son mari ayant soudain révélé et choisi d'assumer son homosexualité.

Elle visitait un jour une exposition à Beaubourg, quand elle fut confrontée à des images de la déportation, en particulier la photo d'un monceau de cadavres de femmes. Quelques pas plus loin une vitrine exposait des objets ayant appartenu à des hommes célèbres – renseignement pris, il s'agissait de faux objets, une sorte de dérision macabre. Soudain son regard se fige sur un objet singulier, *l'étoile jaune* de Max Jacob. Cette vision soulève en elle une infinie angoisse qui la pousse sérieusement à vouloir se jeter dans la Seine. Quelque chose l'arrête au bord de l'acte ultime, cette idée de consulter au préalable un psychanalyste, Claude Conté en l'occurrence, qui me l'adressa. Ce fut une cure passionnante. Elle contribua à m'enseigner, entre autres, ce qui deviendra une caractéristique de ma propre clinique, à savoir l'importance du génocide juif dans la formation de la subjectivité de l'homme moderne, sur son profond mal de vivre, y compris chez des non-juifs. A Auschwitz, on n'a pas tué que des juifs et des Tziganes, c'est l'être humain lui-même qui s'est trouvé gravement blessé. Rien dans la biographie de cette femme ne la prédisposait à une telle détresse.

Elle était la fille d'un modeste instituteur jurassien qui n'avait ni résisté ni collaboré.

Je pris la parole à la fin des deux journées d'études, épuisantes, assommantes, comme le sont tous les congrès, avec en prime le galimatias lacanoïde qui paraissait nécessaire à l'affirmation d'une fidélité doctrinale et dont Lacan lui-même m'avait un jour définitivement guéri. Je parlais depuis quelques minutes quand un incroyable fou rire s'empara de l'immense salle. Il n'avait rien d'hostile mais je n'en comprenais pas la raison. Le cas que je présentais était, de surcroît, particulièrement tragique. Etait-ce mon expression simple qui tranchait avec tout ce qui s'était dit ? L'auditoire semblait évacuer dans ce rire énorme, et qui ne cessait pas, toute l'angoisse accumulée pendant ces journées. Dès que je reprenais la parole, le rire reprenait. Il fallut le rappel à l'ordre de J.-A. Miller qui présidait, pour que je parvienne à la fin de mon exposé. Je relus plus tard le compte rendu publié de mon exposé. Rien ne pouvait y expliquer ce mouvement de foule. J'étais tout de même confus.

Mais Miller et d'autres responsables de l'Ecole vinrent me féliciter pour ma performance. C'est alors qu'il eut ces paroles :

« Vous avez là un style qui mériterait d'être cultivé. »

Quelques jours plus tard, à l'occasion de la rentrée universitaire, J.-A. Miller organisa, deux mois après la mort de Lacan, deux mois si pleins d'événements, une grande soirée d'hommage au maître disparu. Sous sa présidence, trois orateurs devaient prendre la parole et développer certains aspects importants de son œuvre. François Regnault parla du rapport de Lacan au théâtre, Eric Laurent tenta de brosser le portrait de *Lacan théoricien*, et moi-même, reprenant le texte refusé par *Le Monde*, je parlai de *Lacan, clinicien*. Des trois orateurs j'étais le seul médecin psychiatre, diplôme que j'avais obtenu deux semaines auparavant et en cours d'enregistrement au Conseil de l'ordre des médecins. Mon intervention simple, témoignage ému de ma propre expérience, fut particulièrement appréciée par l'auditoire. Seul, en vérité, j'avais évoqué l'homme réel, dans sa pratique quotidienne. Il me revint ainsi l'honneur insigne d'avoir prononcé l'éloge funèbre de Lacan en cette activité qui lui importait par-dessus tout, qui l'occupa jusqu'au seuil de sa mort, au-delà des souffrances de son cancer, sa *clinique*. N'était-ce pas en outre ce signifiant-là, dans son équivoque, dans son mal-bien-entendu qui m'avait conduit à lui et par lequel, en une boucle fermée, je saluais sa tombe ? Nos trois interventions parurent dans le magazine *L'Ane*.

Symptomatiquement, J.-A. Miller, depuis la mort de Lacan, n'avait rien écrit ni même dit qui témoignait de sa dette. Celle-ci, sans doute infinie, l'écrasait.

Nous nous retrouvâmes, à la fin de la soirée, avec Judith qui me remercia pour l'hommage rendu à son père. Elle rappela à son époux que deux jours plus tard, un jeudi, ils dînaient chez moi. Je profitai de ce moment de grâce pour demander à Miller de participer à son séminaire. Il refusa catégoriquement. Au-delà des effusions convenues de ces derniers jours, et dont je voulais encore être la dupe, Miller n'avait pas confiance en moi, confiance en la souplesse de mon échine. Il percevait en moi le radical insoumis, l'incontrôlable.

« A jeudi », lui dis-je.

Ce dîner fut une mauvaise idée, mais il m'aida à retrouver mon chemin. Ce soir-là, au-delà de nos efforts de convivialité, la fausseté de nos rapports me sauta au visage. Je ne faisais que jouer un rôle transitoire sur un vaste échiquier que je ne voyais pas, mais que je commençais à deviner. Une profonde gêne m'habita toute cette soirée, sans doute le pressentiment de la grave crise qui allait me conduire quelques mois plus tard à rompre avec cette Ecole dont j'étais l'un des dirigeants à la fois fondateur et potiche. Je confiai à Miller combien le pays d'Israël, où je me rendais de plus en plus souvent, m'attirait. Il ne comprenait rien à cet attrait, ni à mon goût pour les textes hébraïques. Nous nous séparâmes courtoisement, mais ce fut notre dernière rencontre amicale, hors des réunions collectives de travail. Quelque chose, ce soir-là, s'était définitivement brisé, ou avait révélé sa fracture. Nous n'étions vraiment pas du même monde, malgré nos communes origines juives.

Etrange chose que la psychanalyse ! En chacune des crises qu'il m'arrivera plus tard de connaître, Lacan m'apparaîtra en rêve et cet appel nostalgique à son souvenir m'aidera à les surmonter. Je fis ainsi, cette nuit-là, un rêve étonnant.

Lacan – c'était la première fois que j'en rêvais depuis sa mort – était assis sur le bord du grand canapé-lit, un meuble impressionnant, surélevé, de style Louis XV, qui nous servait de lit conjugal. Il paraissait très vieux et ses pieds ne touchaient pas le sol. De grosses larmes roulaient sur ses joues. Je lui demandai la cause de ce chagrin.

« C'est de ne pas avoir réglé *tous* vos problèmes », me dit-il.

Je le rassurai, je lui réaffirmai mon affection et ma gratitude.

« Oh ! Vous en avez réglé beaucoup. »

Il eut alors cette dernière phrase troublante.

« Vous êtes mon fils adoptif. »

Table

DU MÊME AUTEUR

Essais

L'ENFANT ILLÉGITIME. *Sources talmudiques de la psychana-*
lyse, Hachette Littératures, 1981 ; nouvelle édition Desclée de Brouwer, coll. Midrash, 1994.

MANGER LE LIVRE, Grasset, 1984 ; Hachette Pluriel, 1998.

LES BIBLIOCLASTES, Grasset, 1990 ; nouvelle édition : *Les*
Folies millénaristes, Le Livre de Poche Biblio, 2002.

Avec Antonietta Haddad, FREUD EN ITALIE. *Psychanalyse du*
voyage, Albin Michel, 1994 ; Hachette Pluriel, 1998.

MAÏMONIDE, Belles-Lettres, 1998.

Avec Didier Sicard, HIPPOCRATE ET LE SCANNER, Desclée de
Brouwer, 1999.

Récits

MOSHÉ GAASH, COMMENT FAIRE SON ALYA EN 20 LEÇONS,
Seuil, Point Virgule, 1987.

Traductions de l'hébreu

Œuvres de Yeshayahou Leibowitz :
 Israël et judaïsme, ma part de vérité, Desclée de
  Brouwer ; nouvelle édition, 1996.
 Brèves leçons bibliques, Desclée de Brouwer, 1995.
 Sciences et valeurs, Desclée de Brouwer, 1997.
 Peuple, Terre, Etat, Plon, 1995.

Eliezer Ben Yehouda et Ithamar Ben Avi, *La Renaissance*
de l'hébreu, Desclée de Brouwer, 1998.

Contes talmudiques, Hachette Littératures, 1999.

Composition réalisée par IGS-CP

Achevé d'imprimer en février 2011, en France sur Presse Offset par
Maury-Imprimeur - 45330 Malesherbes
N° d'imprimeur : 160718
Dépôt légal 1re publication : janvier 2005
Édition 04 - février 2011
LIBRAIRIE GÉNÉRALE FRANÇAISE - 31, rue de Fleurus - 75278 Paris Cedex 06

Schnelle Liebe
"es tut mir Leid, Bro"
27. 06. 17